21 世纪初中国志愿服务的发展和探索

——以 J 市和 S 市为例

许英　著

山东大学出版社
·济南·

图书在版编目(CIP)数据

21 世纪初中国志愿服务的发展和探索：以 J 市和 S 市为例/许英著.—济南：山东大学出版社，2020.10

ISBN 978-7-5607-6709-3

Ⅰ.①2… Ⅱ.①许… Ⅲ.①志愿－社会服务－研究－中国 Ⅳ.①D669.353

中国版本图书馆 CIP 数据核字(2020)第 176710 号

责任编辑 李孝德
文案编辑 孟希亚
封面设计 王 艳

出版发行 山东大学出版社
社 址 山东省济南市山大南路 20 号
邮政编码 250100
发行热线 (0531)88363008
经 销 新华书店
印 刷 济南华林彩印有限公司
规 格 720 毫米×1000 毫米 1/16
14.5 印张 236 千字
版 次 2020 年 10 月第 1 版
印 次 2020 年 10 月第 1 次印刷
定 价 48.00 元

序

康晓光

进入21世纪,我国志愿服务组织呈突飞猛进的发展态势。随着《志愿服务条例》《中华人民共和国慈善法》(以下简称《慈善法》)等法规的颁布实施,人们对志愿服务的规范化和专业化有了更高的期待。是知易行难,还是知难行易?知难,行也难!志愿服务从量变到质变的过程,除了需要广大一线工作者的艰苦努力外,也需要广大理论工作者的探索和努力。本书作者许英在我国本土志愿服务理论的建设和发展方面做出了有益的尝试。

本书不仅比较客观地呈现了我国志愿服务近二十年来的发展历程和现状,而且基于扎实的实证资料,提出了中国志愿服务组织的"分类坐标""道德资源""政治资本""志愿服务中的公共领域"等全新的概念视角,为建立我们自己的志愿服务理论做出了重大贡献。

首先,对于中国志愿服务组织的分类,作者跳出了以往研究将"官方"和"民间"二元对立的思维,强调现实中"官方"与"民间"特色实际上是一种类似连续统一的动态存在。这显然更符合我国志愿服务组织发展的现实情况。例如,众多具有官方背景的社会服务组织,对官方的依赖程度往往各不相同;一些成功的草根组织也有可能逐渐官方化;等等。同时,作者将组织的服务目标归纳为主要是"基于问题"还是"基于社区"两大类,既简化了依据具体服务内容分类所导致的无尽庞杂,又避免了仅依据组织的官/民背景划分所导致的意识形态偏见。我认为,这种借助坐标进行分类的方法比较合理,也符合作者追求尽量客观的后实证主义立场。

其次,在中国独特的语境下,作者基于经验事实,从大量的访谈资料中,提炼出“道德资源”和“政治资本”的概念；而且创造性地借鉴康德和阿多诺针锋相对的道德定义，将“道德资源”进一步区分为“自我选择的道德资源”和“社会认可的道德资源”；并基于布劳（Blau）和邓肯（Duncan）的地位获得模型思想，将“政治资本”概念进一步区分为“历史继承的先赋性政治资本”和“后天赢得的自致性政治资本”，进而借助这四个概念分析阐述了志愿组织如何赢得政府和公众信任的过程。可以说，这些研究发现都是开创性的、独到的理论贡献，结束了以往我国志愿服务研究领域缺乏我们自己的概念工具的历史。

再次，本书还探讨了“志愿服务中的公共领域”。作者以实证资料为基础，提出志愿服务作为一种超越个人私利的社会活动，至少部分参与者具备了参与公共领域的能力和意愿，从而使志愿服务参与者具有了参与或影响有关政策制定的可能性。最后一章，通过“中国志愿服务发展”的理论模型，讨论了中国志愿服务的各种主要影响因素之间的相互关系，将此前各章提炼的理论发现融会贯通。

最后，说一点题外话。我与本书作者相识于2011年我主持“中国公益文化研究项目”期间。当时作者在讨论会上关于“志愿服务”“公益文化”等概念的不同界定方式的发言，显示了其对学术脉络发展的清晰把握和扎实的理论功底，也引起了与会者的关注。但是，或许是为了便于分析及确保实证研究的严谨性，在本书的概念界定中，作者特别强调了“志愿服务”是有“组织”的行为。事实上，我国是相对低度组织化的社会，无组织的非正式的志愿行为可能正是我国志愿服务的特色之一。因此，在笔者看来，本书缺乏对非正式志愿服务的讨论，这可能是一个小的缺憾。

总体而言，本书立基于严谨的方法和丰富的资料，立足于本土发展我国志愿服务的原创性理论。细品本书，开卷有益！是为序。

2020年9月16日

目录

导　论 ………………………………………………………………… 1

第一章　志愿服务及其演进 …………………………………………… 4

第一节　概念梳理 ……………………………………………………… 4

第二节　发展历程 ……………………………………………………… 13

第二章　中国志愿服务之古今 ………………………………………… 20

第一节　发展概述 ……………………………………………………… 20

第二节　中国当代志愿服务的发展 …………………………………… 26

第三章　研究设计之思 ………………………………………………… 35

第一节　系统化的研究设计 …………………………………………… 35

第二节　理论框架与研究问题 ………………………………………… 51

第三节　研究方案的设计与实施 ……………………………………… 54

第四章　制度环境 ……………………………………………………… 70

第一节　管理制度的类型与特点 ……………………………………… 71

第二节　管理制度的执行与组织的应对 ……………………………… 93

第五章　道德资源与政治资本:组织发展的视角 …………………… 101

第一节　概念界定:道德资源与政治资本 …………………………… 101

第二节　道德资源、政治资本与官方或半官方志愿服务组织的发展 …… 114
第三节　道德资源、政治资本与民间志愿服务组织的发展 …… 122

第六章　志愿服务的参与模式:参与者的视角 …… 140

第一节　两种参与模式 …… 140
第二节　参与者视野下"官方主导"的志愿服务 …… 145
第三节　"民间自发"的志愿服务中的参与者 …… 159

第七章　服务过程与公共领域:制度发展的视角 …… 165

第一节　志愿服务与公共领域 …… 166
第二节　志愿服务过程与公共领域的建构 …… 169

第八章　讨论和总结:志愿服务的发展 …… 191

第一节　理论模型 …… 191
第二节　未来展望 …… 198

参考文献 …… 205

后　记 …… 224

导 论

长期以来，志愿服务不仅在防灾、救灾、减少贫困、促进社会融合等方面发挥着积极的作用，而且可以激发人类无私奉献、追求正义等最高贵的情操，是每个文明社会不可缺少的一部分。正如《全球志愿者宣言》指出的：志愿服务体现了人类的至高情操——“为世界追求和平、自由、机会、保障和正义”[①]。但是，随着后工业社会的来临，人们越来越重视个性的张扬。一些学者发现，在一些志愿服务发展成熟的国家或地区，志愿者参与的比例逐渐下降。[②] 例如，有数据表明，20 世纪 60～90 年代，美国通过正式组织参与志愿服务的人数已经下跌了大约 1/6。[③] 进入 21 世纪，加拿大的一些志愿服务组织也开始担心自己无法招募到年轻的志愿者。[④]

在中国，从 20 世纪 90 年代开始，内地有组织的志愿服务逐渐发展起来，并取得了长足的进步。1990 年 4 月，深圳市诞生了中国内地第一个正式注册的志愿服务组织“深圳市义工联合会”（简称“义工联”）。从全国范围看，我国志愿者人数持续增长，截至 2019 年，我国志愿者近 2 亿人。[⑤] 但是，也

---

① 此处采用了国际义工年策导委员会在《2001 国际义工年活动荟萃　中国香港：义工无疆界，关爱共欢怀》中的译文。

② Furlong, A. & Cartmel, F. , *Young People and Social Change: New Perspectives*, Maidenhead: McGraw-Hill/Open University Press, 2007.

③ Putnam, R. D., "Bowling Alone: America's Declining Social Capital," *Journal of Democracy*, 6(1), 1995.

④ Graff, L. L. *Emerging Trends and Issues in Volunteerism and Volunteer Program Management*, https://www.health.gov.bc.ca/library/publications/year/2006/keefe_social_isolation_final_report_may_2006.pdf, 2020 年 6 月 1 日访问。

⑤ 参见杨团主编：《慈善蓝皮书：中国慈善发展报告（2019）》，社会科学文献出版社 2019 年版。

有一些研究表明，即使在志愿服务比较发达的北京、深圳等地也存在志愿者流失率高、部分志愿者活动流于形式等问题。①

在制度建设方面，2016 年《中华人民共和国慈善法》颁布实施；2017 年《志愿服务条例》正式生效；各省、市制定的志愿服务地方性法规已超过 20 部。② 这些措施，为进一步规范和推进志愿服务事业提供了制度保障。不过，有不少学者指出，目前一些地区仍然存在已有的法规落实不到位以及志愿服务的组织与监管、志愿者的权利保护与激励等方面的法规还不够完善等问题。③

那么，进入 21 世纪，我国志愿服务事业的发展情况究竟如何？如何才能提高志愿者参与的可持续性？

本书立足于实证研究来回应以上问题。有关研究的基本定位是探索性的和前瞻性的。具体的研究目标包括以下三个：

第一，在事实的层面理解影响志愿服务发展的主要因素。

第二，在理论的层面探索影响志愿服务发展的因素之间相互作用的机制。

第三，从实务的层面为促进志愿服务的发展提供参考意见和建议。

围绕上述研究目标，除导论外，本书内容共分八章予以呈现。

第一、二章是文献回顾。第一章主要讨论“志愿服务”的概念、发展历程，并提炼了志愿服务的三个核心要素（即志愿服务组织、参与者和“服务”）；第二章在此基础上集中回顾了中国内地志愿服务的发展，并提出了一

① 参见《北京市社会发展七大领域发展指数的评价分析报告》，2005 年 5 月 13 日，http://www.stats.gov.cn/was40/detail? record＝4&channelid＝6697&presearchword＝%D6%BE%D4%B8%D5%DF；李保军：《深圳志愿服务的创新与可持续发展》，《特区实践与理论》2012 年第 4 期。

② 参见《中华人民共和国慈善法》，中国政府网，http://www.gov.cn/zhengce/2016-03/19/content_5055467.htm，2020 年 6 月 1 日访问；《志愿服务条例》，中国政府网，http://www.gov.cn/zhengce/content/2017-09/06/content_5223028.htm，2020 年 6 月 1 日访问；《福建省青年志愿服务条例》（2003 年版），中国志愿服务联合会，https://www.cvf.org.cn/cvf/contents/12098/5639.shtml，2018 年 5 月 2 日访问；彭云业、李清：《我国志愿服务统一立法刍议》，《中国法学会行政法学研究会 2010 年会论文集》，2010 年。

③ 参见张琳琳：《推动广东慈善事业依法规范发展——省人大常委会开展慈善法执法检查侧记》，《人民之声》2019 年第 10 期；鲍晓晔：《我国志愿者权益保护立法研究》，《湖北社会科学》2012 年第 6 期；宋喆：《我国志愿服务立法的实践困境与现实对策》，《江汉论坛》2014 年第 10 期；何荣山、宋宗宇：《志愿者激励机制法制化研究》，《西南民族大学学报》（人文社科版）2017 年第 2 期；姜广秀：《我国志愿服务立法刍议》，《东北农业大学学报》2020 年第 2 期；等等。

个旨在概括中国内地主要的志愿服务组织类型的分类坐标。

第三章是研究设计，主要包括三部分内容：第一，从方法论的角度探讨笔者对研究设计的思考，并介绍本研究的主要范式；第二，以前文的文献回顾为基础，提出本研究的理论框架（见图 3-1）及研究问题；第三，依据理论框架提出具体的研究方案。

第四章至第七章旨在阐述研究发现。其中，第四章以 J 市为例，集中分析志愿服务组织生存和发展的制度环境，第一次比较系统和全面地阐述了内地与志愿服务组织有关的各种管理制度，并讨论了有关的管理制度的执行及志愿服务组织的应对策略。

第五章的分析集中于志愿服务组织的层次。本章首先从研究资料中提炼和界定了“道德资源”和“政治资本”的概念，并借助这两个概念分析了 J 市和 S 市志愿服务组织的各种道德资源和政治资本（见表 5-1），进而分别探讨了道德资源和政治资本对官方和民间志愿组织发展的影响和意义。

第六章主要从志愿服务参与者的角度，分析志愿服务对参与者的社会参与能力的影响，介绍内地公众参与志愿服务的主要模式及其发展趋势，并分析指出有些“民间自发”的志愿者的参与是自愿自发的，有助于提高参与者的自我组织、相互协调等参与能力。

在第六章的基础上，第七章从服务过程的角度讨论了志愿服务过程对公共领域建构的积极影响：具有自我组织、自我管理的愿望和能力的参与者在志愿服务的过程中，理性地运用互联网等大众媒体，积极行动，主动服务社会，实际上体现了要求确立公共领域的合法性、建立制度化的社会参与机制的目标。

第八章对全书进行总结性评论，提出了一个旨在揭示中国志愿服务发展的分析模型（见图 8-1），进而反思本研究的局限并提出对未来研究的建议。

第一章
志愿服务及其演进

中文的“志愿服务”由英文“volunteer service”翻译而来，但在中国香港、澳门和深圳，“volunteer service”通常被译作“义务工作”。[①] 按照内地大部分地区的使用习惯，笔者将使用“志愿服务”一词，但涉及文献引用时笔者会尊重原文的使用习惯。本章共两节，第一节主要在文献回顾的基础上介绍本书对“志愿服务”概念的界定以及志愿服务的核心要素和主要作用；第二节概述志愿服务发展的历程。

第一节 概念梳理

一、什么是志愿服务

志愿精神(volunteerism)是志愿服务的价值基础，主要包括两个层面的内容：(1)价值层面，即一些在历史上具有连续性的支持志愿活动的一整套哲学和原则，如慈善的观念等。(2)组织层面，即一系列志愿的结构或组织。志愿组织及其结构可能是多元和复杂的，它们是可能存在于正式的社会福利体系内的组织，也可能是非正式的、独立的、纯民间的组织。[②] 相应地，“志

① 参见蔡汉贤：《志愿服务的理论与实务》，(台湾)社会福利研究所印行，第2～3页；谭建光、凌冲主编：《中国深圳义务工作发展报告》，广州：广东人民出版社2005年版，第127～139页。

② Brilliant, E. L. “Voluntarism,” in *Encyclopedia of Social Work (19th)*, New York: National Association of Social Work, 1997, pp.2469-2470.

愿服务”的概念大致也可分两类：(1)第一类概念仅强调“志愿精神”第一个层面(价值层面)的意义，包括任何体现自愿奉献精神的利他行为，即认为志愿服务未必通过组织，个人就可以完成，如某人在公交车上主动为老人让座的行为。这类概念有时也被称为“广义的志愿服务”或“非正式的志愿服务”(informal volunteering)。(2)第二类概念包含了志愿精神和志愿组织两个层面的内容，即不但强调“志愿”，而且强调“服务”是有组织的行动。这类概念也被称为“狭义的志愿服务”或“正式的志愿服务”(formal volunteering)。

1.强调“志愿”的意义

第一类志愿服务的定义强调“志愿”的意义。例如，邓恩(Dunn)认为志愿服务是“对社会责任的态度和行动方式，它不是一种义务，并且是付出不求回报的”。[①] 中国台湾“志愿服务法”将志愿服务定义为：“民众出于自由意志，非基于个人义务或法律责任，秉诚心以知识、体能、劳力、经验、技术、时间等贡献社会，不以获取报酬为目的，以提高公共事务效能及增进社会公益所为之各项辅助性服务。”[②]《福建省青年志愿服务条例》第二条对志愿服务的规定是：“指志愿、无偿地服务他人和社会的行为。”[③]类似的情况还有很多。

2.志愿服务是一种有组织的行动

第二类定义不但强调“志愿服务”是一种“志愿”的行动，也强调“服务”是一种有组织的行动。肯奈恩(Cnaan)、费米达(Femida)和玛格丽特(Margaret)、林胜义等学者认为，志愿服务是否通过组织进行是区分“早期的”与“现代的”志愿服务的主要标准之一。[④] 实际上，根据全球服务协会网(Global Service Institute Network)的界定，“服务”本身就是一个有组织的周期(period)，“在这个周期里，参与者的实质性承诺(substantial engagement)对地方、国家或国际社会做出贡献并得到社会的认可和重视，

---

① Dunn, P.C., “Volunteer Management,” in *Encyclopedia of Social Work* (19th), New York: National Association of Social Work, 1995, p.2483.

② 曾中明：《志愿服务法规汇编》，(台北市)内政部社会司，第1页。

③ 《福建省青年志愿服务条例》(2003年版)，中国志愿服务联合会，https://www.cvf.org.cn/cvf/contents/12098/5639.shtml，2018年5月2日访问。

④ 参见 Cnaan, R. A., Femida, H. & Margaret, W. “Defining Who Is a Volunteer: Conceptual and Empirical Consideration,” *Nonprofit and Voluntary Sector Quarterly*, 25(3), 1996；林胜义：《志愿服务与志工管理》，台北：五南图书出版公司 2006 年版。

而且给予参与者最低限度的货币补偿”①。

很多正式文件都采用了第二类定义。比如，联合国认为志愿服务是“有组织、有目的、有方法地在调整与增进个人对环境的适应的工作”；《全美社会工作百科全书》也指出：“志愿服务是指那些没有报酬，自由奉献志愿组织的人们，从事各种类型的社会福利。包括家庭、儿童福利、教育、心理卫生、休闲娱乐、小区发展及住宅与都市更新等方面之工作。”②北京国际志愿人员协会(BIVA)也强调志愿服务具有志愿性、无偿性、公益性、组织性四大特征。③

---

① 全球服务协会网 2005 年在 *GSI's Working Definition of CIVIC SERVICE*(http://gwbweb.wustl.edu/csd/gsi/library/def.htm)一文中指出，“服务”具备以下特征：

(1)“组织的周期性”(Organized period)意味着服务角色的界定非常类似于由劳动力市场界定的一个工作职位。服务也规定了一定的时间周期，比如六个月或一年，而不是无限期的。从这个意义上说，服务不完全是个人行为。服务是通过一个项目或组织(a program or organization)来实现的，项目或组织提供职位给个人“任职”(“fills”)。服务角色的特点包括性质、条件、时间长度和服务状态，根据的是事前组织与提供服务的个人达成的协议。

(2)“实质性承诺”(substantial engagement)是比一般的水平更高(例如，每月多于几个小时)，甚至比一般的时间周期更长(例如，多于一个月)。实质性承诺的界定还没有定论，关键是它与偶然的志愿活动与服务不是一回事，与只是每周投入一个小时或整个期间投入一周的志愿活动与服务也不同。这不是说那些偶然的志愿活动和有限的精力投入是无价值的，它们确实有价值，只是它不是我们在此界定的服务。

(3)“贡献”(contribution)指的是服务使参与者把自己的能量、智慧和资源结合起来，应用于改善环境、物质基础、组织、小区或者是个人的状况。

(4)“地方、国家和国际社会性”(local, national, or world community)是指服务于自身以外的他人，或者在附近，或者在其他的国家或省，或者在地球的另一边。无论是为地方提供服务，还是为国家或者国际社会服务，都具有同等价值。

(5)“得到社会的认同和重视”(recognized and valued by society)是指一个特定的服务通过信息和沟通以及大力宣传为人们所认识。确切地说，服务的角色通过理念、尊严、球衫、帽子等被认识，也可以通过助学金、服务奖励、教育资助等形式来估价。

(6)“对参与者给予最低货币补偿”(minimal monetary compensation to the participant)是指给予服务者很少的钱或者不给钱。服务与就业的不同就在于，前者的价值不是完全通过货币补偿来计价的。当然，人们可以通过其他方式来计价服务，比如，自我满足以及获得经验、技能和建立社会联系，等等。

② 转引自郑赞源：《志愿服务之法律环境：新世代志工运用与管理的冲击与挑战》，(台北市)内政部全球志愿服务信息网(2005)，http://vol.moi.gov.tw/ScholarArticle_1.aspx? NO=13&ClickNo=1&CurPageNo=1，2006 年 3 月 2 日访问。

③ 参见《志愿精神在中国》，北京国际志愿人员协会(BIVA)(2005)，http://www.civa.org.cn/public/one-1.htm，2006 年 1 月 23 日访问。

二、本书的界定："志愿服务"的概念

对问题的定义直接影响到研究的结果。[①] 第一类"志愿服务"定义的范畴太过宽泛，不利于研究的深入。例如，丁元竹教授在《我国志愿服务的发展现状与问题》中提出："我国 2001 年共有 7.69 亿年满 18 岁以上的居民以正式或非正式的方式参加志愿服务，志愿服务参与率为 85.2%。"[②]这一数据受到《南方周末》(2002 年 8 月 29 日)记者的质疑：中国的志愿服务参与率竟然如此之高，真的远高于美国吗？丁元竹教授对此的解释是："因为我们的界定标准不同。国外的界定一般是指有组织的投入个人时间而不计报酬的服务，如果属于个人行为，不在界定范围内。而我们之所以要把个人界定进来，甚至哪怕他一年只服务 1 个小时，是因为中国是发展中国家，我们的社会组织刚刚起步，界定范围如果宽泛些，可以起到促进的作用。如果不计个人行为，我们的参与率为 30%～40%。"[③]

参考采取第二类"志愿服务"的定义的研究数据，上述"我们的参与率只在 30%～40%"的估计可能是偏高的。例如，纪秋发选择了 7 个有组织的志愿服务项目，对北京市青年参与志愿服务现状进行的调查显示"志愿服务的参与率介于 11.7 至 23.7 之间"；而潘跃从中国社会工作协会了解到的信息字是"世界志愿服务活动的平均参与率都在 10%左右，发达国家一般是 30%

---

① 遗憾的是，笔者以"志愿服务"为关键词，在"中国学术期刊网"检索的 1994～2005 年在内地期刊正式发表的 186 篇学术文章中，不仅没有任何一篇讨论或介绍中国内地关于"志愿服务"的界定，而且一些采用量性方法进行有关志愿服务调查的文章，也没有清晰地给出"志愿服务"的定义。研究者似乎把"志愿服务"当成一个不言自明的概念，而实际上，每位研究者对"志愿服务"的理解相当不同，于是不同的研究得到了非常不同的结果。由于缺乏明确的定义，这些研究之间也缺乏交流和对话的基础。这对内地志愿服务研究的发展显然是非常不利的。

② 2001 年年底，丁元竹教授所在的中国志愿服务计量课题组受联合国开发计划署的委托，对北京、上海、新疆、四川、黑龙江和广东的志愿服务状况进行抽样调查。"这次调查采用随机抽样方法选择样本 2000 个，用自填问卷和入户访谈相结合的方法，对农村和城市小区居民的老年人进行入户访谈，由调查员根据问卷提问，其余的对象则自填问卷。这是在我国开展的第一次大规模志愿活动调查。这次调查结果表明，我国志愿资源丰富，活动领域广阔。"(丁元竹：《我国志愿服务的发展现状与问题》，《志愿服务论坛》2001 年第 1 期)；不过，在同一篇文章中，丁元竹也指出："目前公众对于志愿者的了解还不广泛，也不深刻。""目前广大市民对于志愿者和志愿活动的了解主要还停留在'听说'或者'认知'的层次。"

③ 《有关志愿者及中外志愿活动比较》，中国网，http://big5.china.com.cn/chinese/ch-yuwai/196850.htm。

到40%;而2005年我国的城市人口参与率只有3%”[①]。

综上所述,本书认为,过分宽泛的界定,不但不利于研究的深入,也不利于志愿服务实务工作的提高和长远的发展;对于学术研究特别是经验研究来讲,更应该对“志愿服务”的概念尽可能界定清楚。因此,笔者采取第二类“志愿服务”定义,提出:志愿服务是任何人在不为物质报酬的前提下,通过参与有关组织或机构的社会服务项目,为推动社会福利或人类发展而自愿贡献个人时间、精力或劳动的过程。

换言之,本书所讨论的志愿服务需要同时满足如下四个条件:

其一,参与服务是民众自由意志的选择。

其二,参与者不以获取报酬为目的。

其三,服务项目的目标是增进社会或人类的福祉。

其四,参与者通过有关的组织提供服务。

这样,笔者给出的“志愿服务”的定义排除了个人偶然的善行。举例来说,如果某人在一定时期内参与某个公益机构组织的街头募款活动,就可以说他参与了一项志愿服务;而被这个人拦住的路人,不管有多少参与了捐款,也不管捐了多少款,都不能说他们参与了志愿服务。

三、志愿服务的核心要素

在上述定义的基础上,笔者认为,志愿服务组织、志愿服务的参与者和志愿服务的“服务”是当代志愿服务的三个核心要素。

1.志愿服务组织

志愿服务组织(voluntary service organization)指那些有特定的组织目标且把志愿服务作为其主要的组织目标之一、具有三人或三人以上的固定

① 参见潘跃:《我国社区志愿者已达1600万 城市人口参与率仅3%》,《人民日报》2005年12月6日。

成员并保持某种权责结构的团体。[①] 这样,各种以推动志愿服务为主要宗旨的各种民间或官方的组织、机构、协会等都属于“志愿服务组织”的范畴。[②]

当代正式的志愿服务都是通过有关组织进行的。正如前文指出的,近代工业革命导致急剧的社会变迁,各种民间力量自发地组织起来,响应大量出现的社会问题,“志愿服务组织”于是应运而生。

20 世纪以后,不少政府把志愿服务看作应对社会问题的一种方法,并提出了一些旨在促进和推动志愿服务发展的社会政策。志愿服务组织与市场、政府之间的关系和互动也日益受到学术界的关注。例如,魏斯布罗德(Weisbrod)提出“政府失灵”理论(government failure theory),他通过分析政府与市场在公共物品的供给方面存在的局限性,论证了志愿组织存在的必要性,认为政府与志愿组织之间应该互相补充。萨拉蒙(Salamon)则提出“志愿失灵”理论(voluntary failure theory),论证了志愿组织与政府建立伙

① 这一界定受到李路路(2006)教授执笔的《中国大百科全书·智慧藏》“社会组织”词条的启发。李路路指出:“社会组织的特征主要有:(1)特定的组织目标。组织目标一般是明确的、具体的,表明某一组织的性质与功能,人们围绕某一特定的目标才形成从事共同活动的社会组织。组织目标是组织活动的灵魂。它可以是单一的,也可以是具有内在联系的目标体系。(2)一定数量的固定成员。社会组织是由至少两个人或两个以上的人组成的系统。组织成员是相对固定的,成员明确地意识到自己属于某一组织;社会组织如无固定的成员就失去了自身存在的实体基础。进入或退出一个组织必须按照一定的程序进行,特别是组织成员资格的取得一般都要经过组织的考核与审查。(3)制度化的组织结构。为了实现特定的目标并提高活动效益,一般都具有根据功能和分工而制度化的职位分层与部门分工结构。只有通过不同职位的权力结构体系,协调各个职能部门或个人的活动,才能顺利开展组织活动并达到组织目标。(4)普遍化的行动规范。它一般是以章程的形式出现,并作为组织成员进行活动的依据。组织的行动规范是每个成员必须遵守的,它通过辅助的奖惩制度制约组织成员的活动,以维护组织活动的统一性。(5)社会组织是一个开放的系统,就每一个社会组织来说,它不仅自身要与周围环境进行物质、人员、信息的交换,而且还根据与其他组织的关系,组成不同的组织体系,在更大的范围内和更高的水平上与外界环境进行各种形式的交换。一个组织如果绝对地自我封闭,组织的生命也就停止了。社会生活中实际存在的工厂、机关、医院、学校、商店等都是社会组织的具体形式。”(http://134.208.10.81/cpedia/Content.asp? ID=17922)此外,该书提出的组织为“三人或三人以上”,一方面是由于在社会学研究中一般认为三人即可称作一个“群体”;另一方面《J 市志愿服务联络站管理办法》也要求“有 3 人以上的注册志愿者”(《志愿服务工作手册》第 44 页,J 市志愿服务网,2007a)。

② “组织”一词,在汉语里,既可以做名词,指“按一定宗旨和系统建立起来的集体”(对应的英文为“organization”或“organized system”);也可以做动词,指“按照一定的目的、任务和形式加以编制;安排事物使有系统或构成整体”(对应的英文为“organize”或“structure”“form”,参见“在线汉典”,2006 年版)。此外,做名词时,“组织”的意义还有两种解释:一是“[tissue]:通常由一类或几类特殊的细胞与其胞间质(胞间质是结构物质之一)一起组成的聚集体,动植物体即由这些聚集体构造而成”,如“结缔组织”;二是“纺织品经纬纱线的结构”,如“斜纹组织”。做动词时,还有一个意思,即“[spinning and weaving]:纺织”。但这些意义与本书无关,故略去不谈。

伴关系的必要性。[①] 他认为，一方面，政府能够通过立法手段获得足够的资源来发展慈善事业、克服慈善供给不足、特殊性和业余化等问题，并且通过民主政治程序来防止慈善服务方面的家长作风；另一方面，政府由于过度科层化往往对社会需求反应迟缓，而志愿组织则可以弥补政府的不足。魏雁滨教授进一步区分了政府与非政府福利机构的角色：政府的角色主要包括"福利政策制订与服务规划者、福利与法规的执行者、资源分配者、监督与评估者、服务提供商"五类，而非政府组织的角色则主要包括"福利服务提供商、政府福利服务项目的承办者、福利资源发掘者、政府福利服务政策规划的咨询者、新服务项目的开拓者、人权社会公义和平等的倡导者"六种。[②] 政府与非政府福利机构"分别处于不同的社会位置，依附着不同的权责"，因而在社会福利的发展中，双方应"发掘多渠道的沟通与合作"。[③]

2.志愿服务的参与者

不管有没有组织，志愿服务都需要有人自愿地为他人、为社会付出。因此，参与者是志愿服务的一个核心要素。对当代志愿服务来说，其参与者主要包括志愿者和志愿组织的工作人员。

"Volunteer"（志愿者），在中文中也被译为"义工"或"志工"，是指不为物质报酬，基于良知、信念和责任，自愿为社会和他人提供服务和帮助的人。志愿组织的工作人员指在志愿组织中支薪的工作人员。

---

① 萨拉蒙所谓的"志愿失灵"主要是指志愿组织四个方面的缺陷：(1)慈善供给不足(philanthropic insufficiency)。公共物品供给中普遍存在"搭便车"的现象，慈善资金来源容易受经济波动影响，从而导致供给不足。(2)慈善的特殊性(philanthropic particularism)。慈善组织的服务对象往往是社会中的特殊人群，如残疾人、儿童、外来移民等，因而忽视了其他社会次级群体，不仅留下严重的缺口，也造成了资源浪费。(3)家长式作风(philanthropic paternalism)。控制慈善资源的人往往根据自己的偏好来提供慈善服务，而忽略了小区需求，由此往往导致提供较多富人喜爱的服务，而穷人真正需要的服务却供给不足。(4)慈善工作业余化(philanthropic amateurism)。志愿组织往往受到资金来源不足的限制，因此由业余志愿者来提供慈善服务，从而导致工作业余化的问题。[Salamon L.M.,"Rethinking Public Mangement: third-Party government and the Changing forms of government action," *Public Policy*, 29(3), 1981]

② 参见魏雁滨：《福利发展：政府与非政府福利机构的角色》，杨允中主编：《澳门社会福利发展：特点与趋势》，澳门：澳门大学澳门研究中心，2006年，第294页。

③ 参见魏雁滨：《福利发展：政府与非政府福利机构的角色》，杨允中主编：《澳门社会福利发展：特点与趋势》，澳门：澳门大学澳门研究中心，2006年，第293页。

有关志愿服务参与者的研究非常多,不可能一一列举。[①] 这些研究大致包括三个方面的内容:(1)志愿者参与志愿服务的动机,比如,关于人们为什么愿意做志愿者的研究;(2)参与志愿服务的经历对志愿者的影响,比如,关于志愿服务的经历与参与公共事务的能力之间有怎样的关系的研究;(3)志愿者和志愿组织的工作人员之间以及志愿者与志愿者之间的关系进行的研究;等等。

3.志愿服务的"服务"

志愿服务的目标是增进人类福祉。这一目标最终能否实现取决于服务的质量。因此,"服务"也是志愿服务的一个核心要素。[②]

当代志愿服务组织的服务内容相当广泛,涉及的领域主要包括健康照顾(health care)、人类服务(human service)、政策和咨询、募款、倡导和激进行动(advocacy and activism)等。[③]

当代志愿服务越来越重视"服务"的质量,有关的研究也越来越具体和深入,包括服务的类型、过程、影响等与服务有关的方方面面。例如,皮可特(Pickert)把志愿服务分为"基于社区"和"基于问题"两种类型;[④]而更多的研究则探讨了有关志愿服务培训的知识与技能、类型和目标、方法的选择、时间的安排、地点的选择、材料的准备、讲师的聘请、经费的准备、成效的评估等。[⑤]

---

① 目前有关志愿服务参与者的研究数量非常多,其中很多研究非常具体,也比较严谨深入;但是,其中一些研究和本书的主题关系不大。因此,笔者此处仅对这些研究简要提及,不进行泛泛的讨论,待后文围绕具体的问题再展开讨论。对志愿者参与志愿服务的动机感兴趣的读者可以参阅本书最后"参考文献"部分所列的 Morrow-Howell & Mui(1989)与谭建光、凌冲、朱莉玲(2005)及谭建光(2001)等文献;关于参与志愿服务的经历对志愿者的影响,读者可参阅 McFarland & Thomas(2006)、魏雁滨(2006)等文献;围绕志愿者和志愿组织的工作人员之间以及志愿者与志愿者之间的关系,读者可参阅 Perlmutter & Cnaan(1993)、Wandersman & Alderman(1993)、Carroll(1997)、Netting(2004),等等。

② 关于"服务"的界定,请参阅前文 Global Service Institute Network (GSI) 2005 年在 GSI's Working Definition of CIVIC SERVICE 中的解释。

③ Dunn, P.C., "Volunteer Management," *Encyclopedia of Social Work (19th)*, New York: National Association of Social Work, 1995, p.2484.

④ Pickert, M. A., *Creating Citizens: Volunteers and Civil Society, Japan in Comparative Perspective*. Unpublished doctoral dissertation, University of Washington, 2003.

⑤ Doelker, R. & Lynett, P. A., "Strategies in Staff Development: An Ecological Approach," *Social Work*, 18(5), 1983; Mylers, J., "Developing Managers: A View from the Non-profit Sector," *Journal of European Industrial Training*, 28, 2004.

综上，对于当代志愿服务来说，参与者、志愿服务组织和志愿服务的“服务”这三个要素相互联系，缺一不可。例如，根据全球服务协会网(Global Service Institute Network)的界定，“服务”本身就是一个有组织的周期；志愿服务组织的管理必然涉及有关的参与者；志愿服务的“服务”则是一个把志愿服务组织、参与者和服务对象联系在一起的过程。

四、志愿服务的作用

志愿服务的积极作用不胜枚举，比如，增进人与人之间的接触，拉近人与人之间的距离，丰富个人的生活体验，激发潜能，为社会提供丰富的人力资源，协助福利机构与小区的沟通，促进社会和谐，等等。下文仅从社会、政府和个人三个角度概述志愿服务的作用。

首先，在社会层面，志愿服务有助于培育社会资本(social capital)、提升社会服务的质量。志愿服务主要有“互相帮助”(mutual aid)、“为他人服务”(service to others)、“参与”(participation)、“倡导”(advocacy)四种类型。[①] 在这些类型的志愿服务中，小区居民组织起来并一起努力改善他们的生活条件。这些努力不但提高了地方居民管理自己事务的能力，而且有助于增进人与人之间的信任，使整个社会能够建立一个有规律、秩序及相互信任的人际网络，从而促进了小区的发展，增强了社会凝聚力和归属感。因此，志愿服务“助人自助的善意循环”是“重要的公民教育环节”，它可以促进社会资本的成长，进而成为良好的社会治理的基石。此外，斯科尔斯(Scioli)和库克(Cook)的研究表明，志愿者无偿贡献的服务常常与正式的雇员一样有效。[②] 因而，志愿者提供的服务，若是折合成正式组织的聘雇人员费，将是一笔相当大的经费，所以对整个社会而言，志愿服务在经济效益上的贡献也是相当大的。例如，志愿服务人员加入后，即使在非营利组织经费有限的情况下，也有适当的人力可供运用，从事各种相关的服务工作。没有志愿服务者，社会服务的发展将会受到相当大的限制。一言以蔽之，对于社会而言，

---

① 参见陈金贵：《志愿服务工作的功能与推行》，内政部全球志愿服务信息网，http://vol.moi.gov.tw/ScholarArticle_1.aspx? NO=9&ClickNo=1&CurPageNo=1，2005年11月9日访问；Saxon-Harrold, S. K. E., “Levels of Participation and Promotion of Volunteering Around the World,” *Journal of Youth Studies*, 4(2), 2001；等等。

② Scioli, F. R. & Cook, T. J., “How Effective Are Volunteers? Public Participation in the Criminal Justice System,” *Crime and Delinquency*, 22(2), 1976.

志愿服务的主要功能就是提供多元的社会服务(social service),满足不同服务对象的要求。

其次,从政府角度看,国内的志愿服务实际上是公民积极参与公共事务的过程。借由民众积极涉入公共事务,政府既可以收集民意,又可以传达政府的政策;而支持民间参与国际人道主义救援等志愿服务,更能将政府的善意通过民众这座桥梁推向国际社会。另一方面,虽然志愿服务来自民间,可以在没有政府和国家干预的情况下存在,然而如果得到政府和地方的支持,志愿服务将会获得更大的发展空间。目前,在全世界范围内,政府都扮演着志愿服务的主要资助者的关键角色。①

最后,就个人而言,志愿服务可以使志愿者在服务中学习成长。一些研究者认为,志愿服务者在参与服务的过程中,并非单向的奉献牺牲,而是双向的,即从服务中获得心理上的满足或是学习到新的技能。通过志愿服务,志愿者不但可以在服务中认识新朋友,获得团体的支持、鼓励和分享,产生团体归属感,而且成功的服务也可以使志愿者产生成就感、提升自信心。此外,为了有效地达成服务目的、提高服务质量,志愿服务者一般要参与训练或是在工作中完成自我学习,所以志愿者不仅在服务中习得与人共事和团队合作的经验,而且也可以在专业服务技术方面有所精进。②

简言之,志愿服务有助于提升全人类的福祉。如联合国经济及社会理事会在2001年《社会发展委员会第三十九届会议的报告》中所指出的,志愿服务在减少贫穷、促进可持续发展和社会融合以及克服社会排斥和歧视的任何战略中,都是重要的组成部分。

第二节　发展历程

不少文章提到,西方志愿服务的发展经历了三个阶段:19世纪初的萌芽

① Falk(1992)、陈金贵(2005)、Saxon-Harrold(2001)等不少学者都表达过类似观点。

② 因篇幅和出版格式要求,参考文献未在文中一一列出。有关观点可进一步参阅Chambre(1995)、Field和Johnson(1993)、Falk(1992)、陈金贵(2005)、Saxon-Harrold(2001)等学者的论述,具体文献信息请查阅本书"参考文献"。

阶段、19 世纪末 20 世纪初的扩展阶段、第二次世界大战以后的规范阶段。[①]需要指出的是,如果把视野扩展到欧美以外的地区,从时间上划分志愿服务的发展阶段的做法似乎没有太大的意义:即使是共同拥有西方传统的国家,各国、各地志愿服务的发展也不是完全同步的。但是,着眼于西方志愿服务组织和志愿精神的发展,志愿服务在各国或各地的演进在时间上有所差别,但从总体上看,志愿服务的发展历程有一些相通之处。为此,本节侧重于通过回顾志愿服务发展的主要历程探究其演进中的共性。

一、民间的萌芽:个人或宗教的善

一些西方学者提出志愿精神起源于两个重要观念:(1)希腊—罗马时代提供给付(payment)作为一般福利的博爱观念(philanthropy)与人类的爱;(2)犹太—基督徒将做好事视为宗教职责或获得救赎的慈善观念(charity)。[②]不过,就世界范围看,博爱、利他(altruism)等价值观并不仅限于西方文明,宗教背景的志愿服务的价值基础也不仅限于犹太—基督徒的慈善观。例如,中国战国时期孟子(约公元前 372～公元前 289 年)"老吾老以及人之老,幼吾幼以及人之幼"的主张明确地体现了博爱、利他的精神;中国具有宗教背景的慈善活动可以追溯到东魏初年佛教信徒提供的济贫赈灾、免费"义食"和医疗服务:"释僧诠精练三藏,化洽江南。性好檀施,周赡贫乏,居无缣币。"[③]"明六度以除四魔之病,调九候以疗风寒之疾,自利利人。"[④]

可见,个人和宗教的博爱、利他等善的观念在东、西方文化中都是存在的,而且还是推动志愿服务萌芽的重要力量。中国古代的守望相助、捐粮输帛、施医施药等传统的善行义举都可以被看作志愿服务的萌芽。[⑤] 萌芽阶段的志愿服务的特点是临时、偶然、缺乏规范。

---

① 不少学者做过类似的划分,如:张敏杰:《欧美志愿服务工作考察(上)》,《青年研究》1997 年第 4 期;刘军:《国外志愿服务的发展与 2001 国际志愿者年的发起及各国的活动》,《志愿服务论坛》2003 年第 1 期。

② 有关观点可进一步参阅 Gurin & Van Til(1990)、Lohmann(1992)、Brilliant(1997)等学者的文章。

③ 《释氏通鉴》卷四,转引自全汉升:《中古佛教寺院的慈善事业》,《现代佛教学术丛刊》第 9 册《佛教经济研究论集》,台北:大乘文化 1980 年版,第 20 页。

④ 《高僧传初集》卷十《晋罗浮山·单道开》,转引自全汉升:《中古佛教寺院的慈善事业》,《现代佛教学术丛刊》第 9 册《佛教经济研究论集》,台北:大乘文化 1980 年版,第 23 页。

⑤ 参见陆光:《我国志愿服务推展之过去、现在及未来》,《社区发展季刊》1994 年第 65 期。

二、志愿服务组织的发展:政府推动和社会正义

工业革命以前,没有任何一个国家建立起比较完善的志愿服务体系。组织理论认为,组织是制度环境的产物。[①] 施威尼茨(De Schweinitz)则具体解释说,在封建制度下,不可能出现无人照顾的不幸者,因为所有农奴都由地主负责保护:农奴献身地主,而地主负责保护辖内农奴的经济安全;农奴虽然不自由,却获得了安全。在欧美等工业化较早的国家,伴随着封建制度的解体,农奴获得了自由却牺牲了安全,获得人身自由却找不到工作的农奴成为失业者。[②] 于是出现了一些自发的民间志愿组织,这些组织致力于应对失业、贫困以及社会治安恶化等问题。

从19世纪开始,西方民间有组织的志愿服务逐步开始发展。社会福利史上首次号召知识青年志愿为贫民服务的是英国伦敦东部圣犹太教区牧师巴奈特(Barnett)于1884年创设的汤恩比馆(Toynbee Hall)。汤恩比馆旨在团结发动小区居民自动自发、互助合作,以改善伴随工业社会而来的问题。19世纪,美国很多私人机构也在大城市中建立起来。1843年,纽约改善贫困协会(The New York Association for Improving the Condition of the Poor)运用了"友好访问"(friendly visitors)的方法为贫民提供有组织的救济(organized relief)。19世纪80年代末,纽约(New York)、芝加哥(Chicago)和其他城市的一些慈善团体举办的娱乐、教育和社会中心(settlement houses)广泛兴起社区工作(community work)和社会革新(social reform)运动,带动和促进了志愿服务的发展。从美国国内战争到20世纪前十年,为了应对不断增加的城市化、工业化和移民问题,志愿机构从城市扩展到乡村。[③]

值得一提的是,自发的志愿服务组织通常会受到政府及社会的重视及鼓励。由政府推动和介入的志愿服务始于德国。1788年,德国开始实行汉堡制(Hamburg System),将全市分为若干区, 分别对贫困者实施救济, 或介绍职业、医疗疾病等,并设立了总管全市救贫行政事务的中央办事机构。1852年,又对汉堡制加以修改完善,开始实行爱尔伯福制(Elberfeld

---

① Walter, P. W. & Dimaggio, P. J., "The iron cage revisited: institutional isomorphism and collective rationality in organizational fields," *American Sociological Review*, 48 (Apr.1983).

② De Schweinitz, Karl., *England's road to social security: from the Statute of Laborers in 1349 to the Beveridge Report of 1942*, New York: Barnes, 1961.

③ 参见白秀雄(1972)、Brilliant(1997)等学者的论述。

System)。爱尔伯福制对志愿服务的推动作用尤为显著。爱尔伯福制将城市各区进一步分为若干小地区,每个地区由市民组成志愿人员委员会(Volunteer Commission)来分配救济物资。志愿人员大多是富裕的市民,他们把金钱、衣服、粮食分配给每一个贫户,而且特别强调用他们的道德影响来改变贫民的生活方式。

20世纪前十年后,美国民间志愿服务组织与政府的交流互动也逐渐增多。布润列特(Brilliant)把1900～1932年称为"进步的时代"(The Progressive Era)。美国一些努力改善妇女、儿童和移民生活条件的运动和活动,对地方和国家层次的社会政策产生了影响;地方青年群体活动(local youth-group activities)也开始与那些和那个时代的"美利坚精神"(americanization spirit)紧密相连的国家机构(national agencies)建立了联系。1932～1980年,美国民间志愿服务组织与政府建立了"伙伴关系"(Partnerships with Government)。作为对"大萧条"(Great Depression)的反应,富兰克林·德拉诺·罗斯福(Franklin Delano Roosevelt)于1932年当选美国总统后推行"新政"(New Deal),联邦政府开始代替志愿部门(voluntary sector)承担起救济贫民的责任。联邦募款的组织(Federated Fundraising Organizations)扩展到400多个城市。1969年的《税收改革法案》(*Tax Reform Act*)和20世纪70年代的经济"滞胀"(stagflation)提升了人们对志愿组织有效性的关注,这种关注促使一个设法鼓励私人(private)和法人(corporate)支持志愿服务组织的委员会(commission)形成。

中国香港志愿服务的发展,也大致经历了民间自发、官方推动进而逐步成熟的过程。从开埠之初至20世纪80年代是志愿服务的起步时期。开埠初期,在香港的外国教会的传教士及修女经常为有需要的人提供食物、医疗和教育等方面的援助,这可算作香港义务工作的起源。19世纪60年代,东华三院在一群富有的中国商人支持下成立,为贫困人士提供医疗等紧急援助,开始了由中国人自发的慈善服务和义务工作。随后,一些慈善机构,如保良局、儿童游乐场协会(现在的香港游乐场协会)和儿童会(现在的小童群益会)相继成立。这些机构成立初期均由创办人及一群义工志愿提供服务,及至后来,有了受薪的职员。1966年和1967年香港发生的两次骚动,促使政府把义务工作视为稳定社会的有效方法之一加以推动。1970年,在社会福利署的资助下,专责发展及推动香港义务工作的民间团体"义务工作人员协会”成立。①

总之，自20世纪初期开始，一些较发达国家或地区的政府先后通过了一系列有关社会福利方面的法律与方案，志愿服务逐渐成为一种制度化的社会福利服务。在此过程中，理论界、民间机构和政府开始思考、讨论和抉择一系列有关社会正义的问题。比如，如何分配福利资源才是正义的？社会福利政策怎样才能既鼓励个人之间的公平竞争又向弱势群体提供服务？政府与民间志愿组织分别应该承担哪些责任？等等。这样，除了宗教和个人的善以外，社会正义也成为志愿精神中一个重要的价值观念。②

三、当代志愿服务：专业化、价值关怀与全球化

当代志愿服务的发展主要表现在三个方面：①管理和服务趋于专业化；②平等、环保等多元的价值关怀；③志愿服务全球化的程度提高。

组织管理方面，一些志愿组织聘用专业的经理人对志愿者进行管理、甄选、培训和督导，“在组织管理上有了比较专门的方法和专业化的队伍”。

---

① 香港“义务工作人员协会”于1981年7月更名为“义务工作发展局”。

② 正义理论中蕴含的福利观点，常常是福利资源分配的理论依据。对于如何分配福利资源才是正义的问题，几乎每种福利意识形态都会有自己独到的解释。比如，新右派对政府干预持否定态度，认为政府不应该干预社会；他们支持NGO的介入和小型政府；强调个人责任；认为社会福利应该采取剩余模式；等等。而经典的马克思主义认为，只有用生产资料公有制来取代私人所有制，才能使福利成为一种制度化的中心价值(Mullaly, Robert P., *Structural Social Work: Ideology, Theory, and Practice* 2nd ed., New York: Oxford University Press, 1997, p.85)，而且马克思主义者不太能够容忍私人社会服务的角色并主张取消它们(George, V. &Wilding, P., *Welfare and Ideology*, New York: Harvester Wheatshelf, 1994, p.125)。可见，人类社会中并没有绝对的“正义”，各种意识形态都要通过追求和保卫各自所相信的“正义”的过程证明自己存在的正当性和价值。作为社会福利的核心论题，正义的相对性先天地决定了福利意识形态的多元特征。不同的意识形态系统对“社会正义”的不同的诠释会衍生出不同的获得“幸福”的福利手段，但这些分歧主要在于手段方面而不是目标方面。各种福利意识形态其实都有一个共同关注的目标，即“社会的正义”。

服务质量方面,社会工作专业的发展对志愿服务专业化的发展有重要影响。[①]“专业化的社会工作使志愿服务工作在理论指导上得到提升,在服务实践上有了明确的目标与方向。”[②]

在价值层面,当代志愿精神中还包含了平等、环保主义等多元的价值:一方面,每个人都有能力贡献和付出,社会应向每个人提供参与社会活动的机会,从而通过共同努力提高社会生活的质量;另一方面,每个人都对社会有一份责任,参与志愿服务、促进环境保护是对社会负责任的表现,志愿服务是社会可持续发展的基础。[③] 此外,“服务、社会正义、人的尊严和价值、人际关系的重要性、廉正和能力”这些社会工作的核心价值(National Association of Social Workers, 1999)也对志愿服务的价值观产生了影响,强化了社会正义和善的观念。

服务内容方面,王丽容教授在以台北为例探讨妇女福利团体的发展时提出,妇女福利团体的发展内涵并不限于“创新服务的提供者”和“互补服务的提供者”,而且包括“福利政策的倡议者”这一角色,以影响社会福利政策的制订、促进妇女权益和福利的落实。[④] 可见,当代一些志愿服务组织除了致力于改善被救助者的社会生活之外,还致力于影响社会政策,进而改善整个社会结构与社会关系。[⑤]

当代志愿服务的另一个特点是:跨国的志愿服务不断发展,全球化程度不断提高。跨国的志愿服务可以追溯到1863年“伤兵救护国际委员会”(国

---

① Carr-Saundeders和Wilson(1933)主张,任何专门职业必须有一个正式的专业组织来反映其专业者的特征,这个组织必须与其成员息息相关,紧密地联合到一起。Greenwood(1957)进一步提出专业的五个特征(attributes of profession):(1)一套有系统的理论体系(a body of theory)或专业知识和技术。(2)专业的权威(professional authority),比如,案主可以通过社会工作专业的权威获得安全感。(3)共同信守的伦理守则(code of ethics),如尊重、保密等。(4)小区的认可(sanction of the community),即社会人士或小区居民承认该专业在特定范围内的一些权利和特权,如社会工作专业对训练机构的控制、案主对专业人员因信任吐露心中的秘密等。(5)专业的文化(professional culture),指正式或非正式的专业机构团体(如专业科系、训练中心及专业人员协会)所要求的社会角色之间相互影响而产生的独特社会形态,包括专业的价值观、象征符号及行为规范[Greenwood, E., "*Attributes of a Profession*," *Social Work*, 2(3),1957, pp.45-55]。

② 张敏杰:《欧美志愿服务工作考察(上)》,《青年研究》1997年第4期。

③ Campbell(1997)、Tindall(2003)、Ru(2004)等学者都表达过类似观点。

④ 参见王丽容:《妇女与社会政策》,台北:巨流图书公司1995年版,第575～578页。

⑤ 参见张敏杰:《欧美志愿服务工作考察(上)》,《青年研究》1997年第4期;刘军:《国外志愿服务的发展与2001国际志愿者年的发起及各国的活动》,《志愿服务论坛》2003年第1期。

际红十字会的前身)的成立。[①] 20世纪中叶以后,在有关政府和国际机构的推动下,志愿服务全球化的趋势日益明显。1961年,美国成立了隶属联邦政府的"和平工作团"(Peace Corps),推动青年参与海外志愿服务。1970年,联合国也成立了志愿者机构。1979年,中国接受15名联合国志愿者来华服务。20世纪最后的20年中,随着冷战的结束和信息技术的进步,国际志愿服务的形式也有了更大的发展。许多志愿者甚至可以在完成国际志愿服务任务的同时,不必放弃原来的本职工作。据联合国志愿机构的人员介绍,2006年大约有5万人参加联合国的志愿项目,他们通过互联网在线提供服务。[②] 现在,国际志愿服务已经成为"一种被用于国际发展援助、人道主义信仰和增进国际理解的政策和项目工具"[③]。

谢拉登等学者(Sherraden et al.)对"国际志愿服务"(International Voluntary Service,IVS)的形式和结构进行了研究。他们从服务期限(duration)、服务性质(nature of service)和"国际"(internationality)的程度几个方面,建立了一个用于分析国际志愿服务的网络、支持组织、提供服务和接受服务的组织的"分类方法"(typology),并且以此为基础讨论了国际志愿服务本身的角色及其在国际公民社会中的角色,以及国际志愿服务可能对人类生存状态和跨文化理解方面的冲击。

---

① 国际红十字组织的成立,须回溯到1859年。当时瑞士银行家亨利·杜南(Henry Dunant)先生出差旅行,途经意大利伦巴底,那时正逢奥地利与法国及萨丁尼亚联军作战。在索尔贾星诺(Solferino)一役中,双方死伤惨重,战场上无人照顾的伤兵哀号遍地、随处可见。回国后,杜南无法忘记他亲眼所见的情景,于是将这一次的经历写成《苏法利诺之回忆》一书,并于1862年自费出版。此书在朋友、慈善工作者、军官、政治家以及一些有社会地位的显赫家族间传阅。索尔贾星诺(Solferino)事件震惊了这些人,得到广泛的注意与重视。为了防止同样的事件再度重演,杜南先生极力呼吁成立一个民间中立的救援组织,以便在战争发生时能及时救助战场上受伤的士兵。1863年2月9日,亨利·杜南和古斯塔夫·莫伊尼耶(Gustave Moynier)、纪尧姆-亨利·杜富尔(Guillaume-Henri Dufour)、路易斯·阿培伊语(Louis Appai)和西奥多·毛诺尔(Theodore Maunoir)等在日内瓦公共福利会下成立了"伤兵救护国际委员会"(International Committee for the Relief of the Wounded),即人们常说的五人委员会;它的首任主席由杜福尔将军担任,杜南是该国际委员会的秘书。到1880年,五人委员会正式易名为"红十字国际委员会(International Committee of the Red Cross)"(参见 http://www.education.ntu.edu.tw/school/civics/doc/%E5%9C%8B%E9%9A%9B%E7%B5%84%E7%B9%94/%E5%9C%8B%E9%9A%9B%E7%B4%85%E5%8D%81%E5%AD%97%E6%9C%83.doc)。

② 参见张娟:《志愿活动在中国——访北京大学志愿服务与福利研究中心主任丁元竹教授》,《今日中国》2004年第11期。

③ Sherraden, Stringham, Sow & McBride(2006),第163页。

第二章
中国志愿服务之古今

正如很多中国学者和海外的“中国研究”学者指出的，中国具有独特的、不同于西方的传统和文化，在社会的发展方面也具有非常独特的经验。[①] 本章将简要回顾志愿服务在我国历史进程中大致的发展脉络，进而围绕志愿服务的三个核心要素探讨志愿服务在我国当代的发展情况。

第一节　发展概述

一、20 世纪中叶之前：个人或宗教的善

在中国历史上，东汉时期已经有佛教寺院提供济贫、赈灾、医疗服务；[②] 战国时期，孟子提出了“乡田同井，出入相友，守望相助，疾病相扶持”等蕴含志愿精神的思想。但是，由于福利事业的优劣关系到政府的威信和民心的向背，所以在中国古代，民间有组织的志愿活动基本上是不被鼓励的。早期

---

① 也许 13 世纪马可·波罗（Marco Polo）的《马可·波罗游记》是最早记载并广泛传播了中国与西方的不同之处的著作。清末张之洞“中学为体，西学为用”的观点、当代中国人类学和社会学前辈费孝通（1999）的“差序格局”概念以及海外的中国研究学者罗威廉（William Rowe，2003）、黄宗智（Huang Phllip C.C.，1994）等的研究，都强调了中国社会和文化的独特之处。

② 参见吴美慧、吴春勇、吴信贤：《义工制度的理论与实施》，台北：心理出版社 1995 年版，第 5 页。

的儒家思想中已经出现了政府应是主要的社会福利提供者的政治观念。[①]据《孔子家语·致思》记载，孔子的弟子子路在卫国将要以箪食壶浆救济饥民时，孔子制止他："汝以民为饿也，何不白于君，发仓廪以赈之？而私以尔食馈之，是汝明君之无惠而见已之德美矣。汝速已则可，不则汝之见罪必矣。"在《礼记·月令》中也有"天子布德行惠，命有司发仓廪，赐贫穷，振乏绝"的记述。

中国唐代武宗皇帝担心佛寺影响力过于强大，在845年"废天下僧寺"，政府由此接管了原来由佛寺负责的"悲田养病坊"等社会福利机构，从而削弱了佛教组织的社会影响力。当然，政府的社会责任也相应增加了。[②]清末年，虽然武训靠行乞筹资办"义学"的个人善举，作为典型的博爱、利他行为备受世人称赞，但有组织的志愿服务并没有发展起来。[③]

民国时期，社会动荡，战争不断。一方面，政府的社会救助能力比较薄弱；另一方面，社会也需要自我组织起来应对灾荒、战乱等。由西方传教士和民间精英推动的慈善事业和志愿服务有所发展，但普通民众并没有广泛地参与进来。[④]

慈善不但是志愿服务的价值基础之一，而且也是志愿服务的重要途径，因为很多志愿者通过慈善组织来提供服务，甚至很多志愿服务组织的经费也来自慈善捐款。[⑤]

20世纪50～70年代，中国政府扮演的是全能政府的角色，民间组织低度发育；在特殊的历史时期（1966～1976），民间组织几乎停止了活动，曾经强大的宗族组织也被取缔。在这种情况下，民间自发的志愿服务也很难开展。[⑥]

---

① 类似的情况在西方也曾发生过。例如，在英国，亨利八世（Henry Ⅷ）和爱德华六世（Edward Ⅵ）也曾经没收医院和行会的财产。（[美]迈克·赫德森（M. Hudson）：《未被开发的"域"》，李亚平、于海编选：《第三域的兴起——西方志愿工作及志愿组织理论文选》，上海：复旦大学出版社1998年版，第41～72页）但相对而言，中国对慈善活动进行控制的思想、历史和时间相对较长。

② 参见梁其姿：《施善与教化：明清的慈善组织》，石家庄：河北教育出版社2001年版，第30～33页。

③ 参见陶行知：《武训先生诞辰》，《武训研究资料大全》，济南：山东大学出版社1991年版。

④ 参见赵宝爱：《近代济南慈善事业论略（1904～1937）》，《济南大学学报》2005年第1期；周秋光：《现代城市社会福利事业的兴起、变迁与模式转换》，《湖南师范大学社会科学学报》1994年第3期。

⑤ 不少学者表达过类似观点，如白秀雄（1972）、Falk（1992）等。

⑥ 参见秦晖：《公共权力、公共责任与限权问责》，《吉林大学社会科学学报》2006年第3期。

二、改革开放后的志愿服务发展:政府推动

1978年以后,中国政府开始推动由计划经济向市场经济转变的体制改革。与日益市场化的中国经济相适应,中国的社会保障体制趋于社会化,社会组织开始复苏。在此过程中,政府的福利观念和政策也发生了一定的改变,中国政府开始宽容和鼓励慈善事业。20世纪90年代之后,中国政府开始推动志愿服务,民间有组织的志愿服务也得到一定程度的发展。事实上,在推动志愿文化发展方面,中国政府起到了非常关键的作用:志愿服务组织的发展得到了政府的鼓励。

1.官方推动中国志愿服务组织的发展

中华人民共和国成立以后,最早在内地开展志愿服务的人是于1979年来华的15名联合国志愿人员[①],而内地有组织的志愿服务工作的正式开展则始于20世纪90年代初的北京亚运会;1993年年底,共青团中央决定实施“中国青年志愿者行动”;1994年初,共青团志愿者“一助一”长期结对服务开始实施;[②]1994年12月5日,中国青年志愿者协会成立。[③] 中国内地从2001年3月5日开始依照国际上通行的做法,全面推行志愿者注册登记制度和志愿服务时间储蓄制度。[④] 此后,中国各地共青团组织、民政部门、民间团体、大学生社团、海外慈善团体等各类组织都经常在我国境内组织开展各种志愿服务活动,如西部志愿者、大学生支教、保护母亲河行动等。[⑤]

官方推动是当代中国志愿服务发展的突出特点。就西方的经验来说,志愿服务发展的主要方式有三种:(1)自上而下的官方推动;(2)自下而上的社会力量的支持;(3)由外而内的外部因素的影响。[⑥] 而中国的传统文化和社会制度则倾向于限制后两种力量的发展,国内自下而上的民间志愿服务

---

① 参见张娟:《志愿活动在中国——访北京大学志愿服务与福利研究中心主任丁元竹教授》,《今日中国》2004年第11期。

② 参见陈泽伟:《认识身边的志愿者》,《瞭望新闻周刊》2002年4月15日。

③ 参见中国青少年研究中心、团中央青年志愿者行动指导中心课题组:《中国青年志愿者行动研究报告》,《中国青年研究》2001年第2期。

④ 参见方奕:《利他精神的弘扬与志愿服务的发展》,《当代青年研究》2002年第4期;江汛清:《关于志愿服务若干问题的探讨》,《中国青年政治学院学报》2002年第4期。

⑤ 参见中国青少年研究中心、团中央青年志愿者行动指导中心课题组:《中国青年志愿者行动研究报告(续)》,《中国青年研究》2001年第2期。

⑥ 不少中外学者表达过类似的观点,如Salamon(1994)、邓国胜(2002)、韩克庆(2006)等。

组织的数量、规模和行动能力都非常有限。因此，与18世纪欧洲和美国的民间志愿组织主动应对工业革命时期出现的种种社会问题的情况不同，中国内地志愿服务发展的最初的动力是官方自上而下的推动，其中中国政府和中国共产党领导下的中国共产主义青年团(简称“共青团”)是最重要的推动力量。①

如果说中国政府确立了支持发展志愿服务的方向，那么共青团则是推动志愿服务发展最直接、最主要的力量之一。中国共青团是一个半官方半民间的组织，也是国内唯一覆盖全国、有固定经费来源的青年组织。《中国共产主义青年团章程》规定：“中国共产主义青年团是中国共产党领导的先进青年的群众组织，是广大青年在实践中学习中国特色社会主义和共产主义的学校，是中国共产党的助手和后备军。”“中国共产主义青年团坚决拥护中国共产党的纲领。”“中国共产主义青年团中央委员会受中国共产党中央委员会领导，团的地方组织和基层组织受同级党的委员会领导，同时受团的上级组织领导。”②上述规章表明，共青团是一个“官方”组织。一方面，它不仅有明确的政治纲领和科层架构，而且团中央的所有决定几乎都要与中共中央保持一致，具有浓厚的官方色彩；另一方面，共青团并不直接参与经济调节和社会管理，因而它并不是隶属于政府的行政单位。

官方的身份使共青团具有比较强大的组织能力，成为推动中国志愿服务发展的一个很重要的动力来源。共青团利用其组织优势，可以非常方便地与学校或小区联合倡导和推动各种志愿服务活动。例如，从1997年开始，每年暑期约有100万的青年学生以志愿者的身份参加文化、科技、卫生“‘三

① 参见田凯：《组织外形化：非协调约束下的组织运作——一个研究中国慈善组织与政府关系的理论框架》，《社会学研究》2004年第4期；中国青少年研究中心、团中央青年志愿者行动指导中心课题组：《中国青年志愿者行动研究报告》，《中国青年研究》2001年第2期；中国青少年研究中心、团中央青年志愿者行动指导中心课题组：《中国青年志愿者行动研究报告(续)》，《中国青年研究》2001年第2期。

② 共青团的由来、地位和作用家喻户晓，所以本书省略了这一部分内容，而仅转引官方网站“中国共青团”对其社会职能的概括，供参考。“共青团的主要社会职能包括三个方面：(一)团结、教育、引导青年为实现党在社会主义初级阶段的基本路线而奋斗，在建设有中国特色的社会主义实践中锻炼成长为有理想、有道德、有文化、有纪律的一代新人，发挥党的助手和后备军作用。(二)参与社会协商对话、民主管理和民主监督，承担政府委托的有关青年工作事务，指导和帮助青联、学联、少先队等青少年组织开展工作，发挥党和政府联系青年群众的桥梁和纽带作用。(三)在维护全国人民总体利益的前提下，代表和维护青年的具体利益，全心全意为青年服务，发挥青年利益的社会代表作用。”(http://www.ccyl.org.cn/tzbgzwd/200104001.htm)

下乡'社会实践活动”,深入农村特别是贫困落后和欠发达小区开展文化、科技、卫生服务。1998年,团中央先后发布了《关于青年志愿者为大型活动提供志愿服务的暂行规定》《关于青年志愿者参加抢险救灾的暂行规定》《关于建立青年志愿服务站若干问题的意见》《关于加强青年志愿者规范管理的暂行规定》《中国青年志愿者行动评选表彰工作条例(试行)》等一系列文件,规范和鼓励广大青年参加志愿服务活动。

2.中国民间志愿服务组织的产生与发展

20世纪90年代,相对于改革开放以前,各种社会团体渐趋活跃,数量日增,越来越多地承担起社会事务。[①] 当时,这些社会团体中有很大一部分是学术性、行业性和专业性的,其主要功能是进行学术交流、技术交流、行业管理等;[②]它们一般不会组织志愿者提供社会服务,也基本不会涉足公共政策或政治活动,而且这些社团中有不少是直接依托于各级政府部门建立的,与政府有着极其紧密的联系,甚至这些组织中的主要领导也由政府官员兼任[③],是典型的“政府组织的非政府组织”(GONGO)。[④] 然而,值得注意的是,这些依托政府部门建立的社团却愿意公开宣称其民间慈善团体的性质。[⑤] 这一现象表明,中国的社会经济改革带动了福利观的变化,突破了“政府应该是唯一的福利提供者”的观念,对民间慈善团体和志愿服务的评价趋于正面。这样,内地的志愿服务组织越来越多元化,既有像上海基督教青年会这样具有宗教背景的慈善组织,也有直接依托于各级政府的民政部门建

---

① 清华大学NGO研究所的邓国胜(2004)教授认为,1949年以后中国NGO的发展大致经历了四个阶段:第一个阶段是从1949年到1966年的初始发展阶段。这一阶段出于政治吸纳的需要,建立了青联、妇联、工商联、科协等大型人民团体和大量学术性、文艺类社会团体。第二阶段是从1966年到1978年的停滞期。这一阶段已成立的社团几乎停止了活动,也没有成立新的社团。第三阶段是从1978年到1995年的恢复发展时期。这一阶段为了适应改革开放的需求,社会团体大量涌现,特别是行业协会、基金会发展非常迅速。第四阶段从1995年至今。与前几个阶段相比,这一阶段中国NGO有了一些实质性的变化,NGO在社会经济乃至政治发展中扮演了新的角色。(参见https://wenku.baidu.com/view/0b0d6f6105a1b0717fd5360cba1aa81145318fd0.html)

② 参见吴忠泽、陈金罗:《社团管理工作》,北京:中国社会出版社1996年版。

③ 参见康晓光:《转型时期的中国社团》,《处于十字路口的中国社团》,天津:天津人民出版社2001年版,第3~29页。

④ “GONGO”在英文中对应着几个相近的词语,如“government-organized nongovernmental organization”“government-operated Non-governmental organization”“government-owned NGOs”等。

⑤ 参见田凯:《组织外形化:非协调约束下的组织运作——一个研究中国慈善组织与政府关系的理论框架》,《社会学研究》2004年第4期。

立、其负责人和工作人员也大多直接来自政府的官方或半官方的“社会团体”,以及少量完全自发的民间“草根”组织。

但是,民间志愿服务组织的发展仍然处于起步阶段。在社团管理方面,中国政府对社团的登记和管理作了比较严格的规定。[①] 这是因为,一方面,“一些业务主管部门出于利益方面的原因不愿意放弃对民间组织的控制权”,从而影响了民间组织的发育和成长;另一方面,中国还没有形成良好的捐赠环境和志愿文化,公众对志愿服务还缺乏了解,再加上民间组织的整体公信度不高,缺乏公众的认同,甚至出现了本来十分需要别人帮助的居民却婉言谢绝志愿人员服务的情况。因此,在政府削减财政支持后,民间组织并不容易从国内企业和公众那里筹集资金、招聘志愿人员。[②]

3.志愿服务组织发展历程的中西对比

回顾志愿服务的发展历程(表 2-1),概括地讲,中国与西方的志愿服务最初都是源于无组织的个人善行(第一阶段),随后在志愿服务组织的发展方面出现了差异(第二阶段)。中国志愿服务的发展轨迹,不是像西方那样首先由民间自发组织志愿服务以应对社会危机,相反,志愿服务组织的发展最初是由中国政府推动的。但是,在第三阶段,中国与西方志愿服务组织的发展在一定程度上都受到了政府的政策鼓励。在第四阶段,尤其是 20 世纪以后,西方发达国家的志愿服务组织不仅可以按照一定的规则与政府建立合作、互补的关系,共同满足社会需求,而且其服务更加趋于国际化和专业化。[③] 目前,中国志愿服务的发展处于逐步迈向第四阶段的过程之中,官方与民间志愿服务组织之间进行合作或协商的制度化机制、服务的专业化和国际化水平也有待提升。

---

① 参见康晓光:《转型时期的中国社团》,《处于十字路口的中国社团》,天津:天津人民出版社 2001 年版,第 3~29 页。

② 不少学者表达过类似观点,有关文献可参阅:丁元竹、江汛清:《志愿活动研究:类型、评价与管理》,天津:天津人民出版社 2001 年版;邓国胜:《我国 NGO 的变化与发展趋势》,2004 年 2 月 22 日,https://wenku.baidu.com/view/0b0d6f6105a1b0717fd5360cba1aa81145318fd0.html。

③ 参见 Heiderich, K. W., "Working with volunteers," *Employee Services and Recreation Programs*. Champaign, IL: Sagamore Publish, Inc, 1991。

表 2-1 中西志愿服务发展历程对比

	西方	中国
第一阶段	个人善行	个人善行
第二阶段	大约于 18 世纪，民间自发志愿服务组织开始出现并得到发展	20 世纪 90 年代，官方组织的志愿服务组织开始出现
第三阶段	18 世纪中叶以后，政府出台各种政策（如德国的汉堡制），以促进民间志愿服务组织发展	20 世纪 90 年代，稍晚于官方组织的志愿服务组织，民间志愿服务组织开始出现
第四阶段	民间志愿服务组织与政府的合作逐步制度化，志愿服务趋于专业化和国际化	政府与民间志愿服务组织之间逐渐建立起制度化的合作或沟通机制，志愿服务趋于专业化和国际化

总之，西方有组织的志愿服务大约始于 18 世纪的工业革命，而中国正式开展志愿服务则始自 20 世纪 90 年代。从总体上看，中国有组织的志愿服务从无到有，仍然处于发展的过程之中。

第二节 中国当代志愿服务的发展

本节将围绕志愿服务的三个核心要素，首先，讨论有关我国内地志愿服务参与者的研究；进而提出一个旨在概括中国主要的志愿服务组织类型的分类坐标；最后，划分并讨论内地志愿服务的“服务”类型。

一、志愿服务的参与者

志愿服务的参与者主要包括志愿者和志愿服务组织的工作人员两类人群。目前，关于中国志愿者的研究已经比较丰富，但关于志愿服务组织工作人员的研究还不多见。截至 2020 年 8 月 18 日，除了探讨志愿服务管理体系和关注社会工作机构社工职业发展的相关文章之外，“中国期刊全文数据库”(China Academic Journals Full-text Database)中还没有专门以志愿服务组织的工作人员为研究对象的论文发表,探讨志愿服务督导的文章也仅有4篇。[1]

事实上,督导(supervision)工作关乎志愿服务工作的成效。如果没有训练有素的人员对志愿者进行培训(training)和督导,有时单凭热心与爱心提供服务的志愿者不仅不能完成工作,而且某些不恰当的行为(比如,只说不做、泄密、抱怨等)有可能对服务对象和志愿机构造成伤害,甚至有时志愿者还需要机构人员关照他们的情绪或对他们进行辅导,如此一来,就给机构增加了不必要的负担。[2]

此外,基于收集的资料,笔者发现,民间志愿组织内部的管理者流动性较大。例如,J市的组织—丙和S市的组织S4都只有会长是全职授薪员工,其他人都是兼职,没有绩效考核,他们只是出于兴趣和热爱参与组织管理。这些参与者的本职工作往往比较繁忙,承受着较大的压力,即使志愿服务活动大多数是在周末开展,许多管理人员也会因为工作和家庭等原因无法持续参与。

综合志愿者参与方面的有关研究,笔者发现,中国的志愿者已经呈现出多元化的趋势。资料显示,越来越多的中老年人、外来非户籍人口开始热心参与志愿服务、助人自助。[3] 不过,也有一些研究提醒大家注意志愿者流失的问题。例如,林爱菊指出:"随着民政、物管及其他中介组织、群众团体的参与,共青团组织以志愿服务方式参与小区精神文明建设的影响力、号召力日渐削弱,小区青少年的参与程度也受到影响。"[4]

为减少志愿者流失、提高志愿者的保持率,不少学者将研究聚焦于志愿

---

① 这4篇文献分别是:黎新宏、陈希、何茹:《高校志愿服务项目督导评估机制实现路径探析》,《齐齐哈尔大学学报》(哲学社会科学版)2018年第1期;邓慧芬:《教育性督导在大学生志愿服务中的实务研究》,华南理工大学硕士学位论文,2018年;张莉萍:《助残志愿服务督导的角色、特点及问题——以广州市"志愿在康园"志愿服务督导为例》,《中国社会工作》2017年第16期;彭华民:《论志愿服务的社会工作督导模式》,《中国青年研究》2010年第4期。

② McNulty, G. & Klatt, S., "Volunteer and Volunteer Coordinator: Working Together and Liking it," *The Journal of Volunteer Administration*, 7(3), 1989; Wilson, J. & Musick, M. A., "Who Cares? Toward an Intergrated Theory of Volunteer Work," *American Sociological Review*, 62(5), 1997.

③ 参见许英、穆玉娇、孙茜:《深圳志愿服务社会组织发展报告(2019)》,《深圳社会组织蓝皮书》,北京:社会科学出版社2020年版;《中国志愿者已达8千万》,新华网(2002),http://news.xinhuanet.com/newscenter/2002-12/04/content_649328.htm,2005年5月14日访问。

④ 林爱菊:《青年志愿者与小区建设》,《广西青年干部学院学报》2002年第2期。

者的参与动机。多数中外研究表明，志愿者的参与动机同时存在自我目的和满足社会需要两种趋向。[①] 例如，共青团中央青年志愿者行动指导中心与中国青少年研究中心在全国范围内开展的一项中国青年志愿者行动发展状况专题调查显示："当代青年对于利他和利己的辩证关系已经有了足够清醒的认识，他们在肯定奉献价值的同时也意识到利他行为对自身发展的积极作用。""对于参加志愿活动的主观意愿有41.8%的青年志愿者表示想借此多学点东西；31.4%的青年志愿者认为可以借此发掘潜能，了解自己的长处；56.1%的青年志愿者说，参加志愿活动使人生更有意义；59.9%的青年志愿者试图从志愿活动中增加社会经验；在评价青年志愿者行动的作用时，高达57.7%的青年志愿者认为参加志愿活动有助于青年自身的成长。"[②]谭建光、凌冲、朱莉玲对中国深圳市志愿者的问卷调查则显示，深圳市志愿者参与服务的最主要原因是帮助有需要的人(62.3%)、热心公益和做有益社会的事(56.3%)等。[③] 简言之，"我为人人，人人为我"这句中国俗语已经简练且恰当地概括了志愿者的参与动机。

谭建光把志愿者的动机研究推进了一步，他在对深圳青年志愿者进行调查后指出："在志愿服务过程中，青年志愿者个人的动机对团体行为影响不大，反而志愿组织的氛围对个人动机的改变影响很大。如有些青年志愿者叙述，在最初加入志愿团体时带着好奇的心理，但参与几次服务后被其他志愿者的奉献精神所感动，自己也越来越希望做好人。"[④]谭建光的研究结果在一定程度上验证了"参与—学习"理论，即参与服务的过程对志愿者的参与动机发生了正面的影响。不过，因为目前相关的实证研究仍然不足，讨论也有待进一步深入，诸如：哪些项目更容易对志愿者的参与动机发生积极的影响？志愿者通过不同的组织参与志愿服务时，他们的参与动机会不会有所不同？志愿者的参与动机与志愿服务项目或内容本身的关系怎样？

---

① 关于志愿者的参与动机的研究非常多，对此有兴趣的读者也可以参阅本书最后"参考文献"部分列出的 Morrow-Howell & Mui(1989)和谭建光、凌冲、朱莉玲(2005)及谭建光(2001)等文献。

② 中国青少年研究中心、团中央青年志愿者行动指导中心课题组：《中国青年志愿者行动研究报告(续)》，《中国青年研究》2001年第2期。

③ 参见谭建光、凌冲、朱莉玲：《现代都市志愿者心态分析》，《中国青年研究》2005年第1期。

④ 谭建光：《深圳青年志愿者的个案研究》，《中国青年政治学院学报》2001年第6期。

二、志愿服务组织的类型

志愿服务组织是志愿服务的三个要素之一。当代志愿者一般是通过志愿服务组织向服务对象提供服务的。为了便于分析，借助皮可特(Pickert)、康晓光、田凯等学者的研究并结合中国志愿服务组织的现实，笔者提出了一个中国志愿服务组织的坐标结构(如图 2-1 所示)。[①] 这个坐标系将中国志愿服务组织分为四种主要的类型，绝大多数中国志愿服务组织都可以归入这一坐标中。

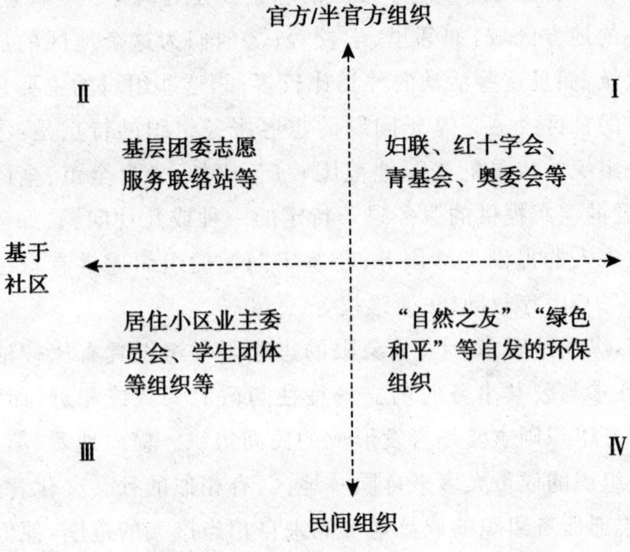

图 2-1　中国志愿服务组织类型

需要指出的是，坐标本身强调的是连续的思想而非二元对立思路。图 2-1 中的横、竖坐标都采取了双向的箭头，更加表明了一种连续的趋势。该坐标纵轴考察的是组织的性质，即组织是更接近于官方还是更接近于民间；横轴考察的是组织自身的定位，即组织开展的服务项目主要是基于某个小区还是基于某类问题；坐标轴采用了虚线，表示各象限之间并非一种绝对的划分。

---

① 不同学者对志愿服务组织有不同的类型划分，有兴趣的读者可进一步参阅本书最后“参考文献”部分列出的丁元竹、江汛清(2001)以及康晓光(2001)、Pickert(2003)、田凯(2004)等文献。

坐标纵轴有“官方/半官方组织”(official/semi-official organizations)和“民间组织”(grass-roots organizations)两个维度。前文指出,在中国社会化取向的福利政策改革中,政府和共青团是起初推动志愿工作发展的最主要和最直接的力量。在此过程中,政府对慈善活动和志愿服务的态度愈来愈宽容,越来越将其视为积极、正面的活动,所以各种自发的本土民间志愿服务组织和在国内开展活动的境外的民间慈善组织有了一定的发展空间。

坐标横轴的划分借鉴了皮可特(Pickert)的研究成果,即认为志愿服务组织的服务目标大多介于“基于社区”(Community-based)和“基于问题”(issue-based)两个维度之间。基于社区的志愿服务组织有三个特点:①成员限于一个较小的地方区域,如邻里、学校等;②他们为这个地区的居民提供广阔的工作区域,而且这些活动的种类比较多;③这些组织的主要目标通常是致力于地方的社区发展。基于问题的志愿服务组织的特点是:①基于问题的志愿服务组织的成员的来源地范围较广,比如,来自全市、全国甚至全球;②基于问题的组织提供的服务限于特定的一种或几种问题,如环境组织就不会为低收入人群提供义诊服务;③基于问题的组织通常有自己专门的目标,如环境保护、医疗救助、法律维权等。[①]

相对而言,纵向地看,第Ⅰ、Ⅱ象限的志愿服务组织具有比较浓厚的官方色彩,因而在参与公共事务时的立场往往与政府一致或相近;而第Ⅲ、Ⅳ象限的志愿服务组织则主要是自发形成的民间组织。横向地看,第Ⅱ、Ⅲ象限的志愿服务组织的成员大多来自同一地区,有相似的社会文化背景;而第Ⅰ、Ⅳ象限的志愿服务组织的成员则可能来自相当广大的范围,他们相互之间常常有很多差异,但共同的价值或信念使他们投入到同一种志愿工作中。当然,现实中可能某些志愿服务组织同时具有几种特质(如可能会有仅面向某个居民小区的基于问题的志愿服务组织),但是归类时只需根据其主要性质的主要方面。下文将按图2-1的归类,介绍中国志愿服务组织的情况。

1.“官方—基于问题”型组织(第Ⅰ象限)

通过“官方—基于问题”型志愿服务组织(第Ⅰ象限)参与志愿工作的志愿者的动机是多元的。相对而言,这些“官方”组织具有较多的资源,但也有一些弊端,如:“往往是上面确定模式,下面千篇一律,缺乏竞争动力”,服务

---

① Pickert, M. A., *Creating Citizens: Volunteers and Civil Society, Japan in Comparative Perspective*. Unpublished doctoral dissertation, University of Washington, 2003, pp.27-31.

形式不够灵活等。[①] 而且，这类志愿服务组织中的志愿者具有各种不同的参与动机。以奥运会、亚运会和城市运动会志愿工作等受到政府大力支持的体育志愿工作为例，有些志愿者是出于个人的动机，如希望通过参与志愿工作结交来自各地的志愿者或运动员；也可能是出于服务社会等利他的目的，如认为这是响应政府号召、回报社会的机会等；也可能是多少有点"被要求"参与，如在某些运动会的开幕式或闭幕式中，成千上万的中小学生要按照学校要求，带足几种色彩的大纸板或服装，坐在观众席的某些区域，根据信号变换纸板或服装，以排出和变换出不同文字或图案。

2."官方—基于社区"型组织（第Ⅱ象限）

通过"官方—基于社区"型志愿服务组织（第Ⅱ象限）参与志愿工作的志愿者的动机往往是兼顾个人目的和社会责任的。各街道办事处、各企业或事业单位的基层团委等组织是比较典型的"官方—基于社区"型的志愿服务组织。

这类组织的管理者常常由具有官方背景的人兼任，比如，街道办事处的志愿服务由街道团委书记负责等。由于地缘原因，志愿者之间常常互相认识，所以常常有一定的参与保持率。官方—基于社区型志愿服务组织的志愿者参与志愿工作的原因常常是服务于特定社区或某居民小区、打发闲暇、受到同伴影响等。

3."民间—基于社区"型组织（第Ⅲ象限）

通过"民间—基于社区"型志愿服务组织（第Ⅲ象限）参与志愿工作的志愿者的动机也常常是兼顾个人目的和社会责任。居住小区业主委员会、自发的学生团体则是典型的"民间—基于社区"型志愿服务组织。这类组织的管理者也绝大部分属于兼职，比如，居住小区业主委员会的成员有自己的职业，学生领袖首先是学生等。与官方—基于社区型组织类似，民间—社区型组织的志愿者之间也常常有一定的参与保持率，参与志愿工作的原因也常常是服务于居民小区、打发闲暇、受到同伴影响等。

4."民间—基于问题"型组织（第Ⅳ象限）

通过"民间—基于问题"型志愿服务组织（第Ⅳ象限）参与志愿工作的志愿者的动机也常常是利他的和利己的动机交织在一起，比如，因为喜欢亲近

---

① 参见谭建光、凌冲：《中国深圳义务工作发展报告》，广州：广东人民出版社 2005 年版，第 137 页。

大自然而选择加入国际环保组织参与跨国植树工作，而不是去偏远的山区做义务教师。但是，这类组织中的志愿者参与志愿工作的动机比其他类型组织中的志愿者更加强烈，在工作中通常会更加主动、积极，因为他们参加志愿工作完全是志愿的、主动的个人选择，是“我要参加”而不是“要我参加”。

但是，由于缺乏政府或社区的支持，这些志愿者在服务中往往面对更多的困难，比如，在缺乏资金的情况下开展服务，或由于不被社会信任，出现了本来十分需要帮助的人却婉言谢绝民间组织的情况。[①] 志愿者只有具有足够强烈的参与愿望、信心和能力，才能面对和克服这些困难。

综上所述，志愿服务组织的类型坐标，既能直观地体现不同志愿服务组织的特点，又有助于将众多的志愿服务组织归纳到一个比较容易掌握的框架中，使研究有可能从总体上把握和分析中国志愿服务的特点。

三、志愿服务的“服务”类型

对有关内地志愿服务的文献进行回顾，可以发现，内地志愿机构的基层人员、大众媒体甚至一些研究人员在组织、宣传或描述志愿服务的时候，常常使用“志愿者活动”“志愿者行动”以及与“志愿者运动”等相似的一些名称。笔者认为，这些相似的称谓正表明中国目前主要存在以下三种类型的志愿服务：

(1)志愿服务行动。这种类型的志愿服务相对理性和注重长远效益。一般来说，组织“志愿服务行动”的机构有明确的服务目标、固定的长期服务项目和规划、希望有效的监测服务质量，而参与者也达到了一定的保持率和较高的参与率。例如，自1993年起，共青团中央在倡导和实施志愿服务的过程中，使用的一直都是“中国青年志愿者行动”的称谓。

(2)志愿服务活动。这种类型的志愿服务比较注重短期效果。“志愿服务活动”是有服务对象、旨在使服务对象受益的具体的服务，可以组织一次或多次。“志愿服务活动”在内地很常见。例如，清明节、五四青年节期间，中国内地中小学经常组织学生去烈士陵园扫墓；职业学校组织学生在志愿者日根据所学专业在闹市区免费为别人理发、修理电器等。

---

① 参见丁元竹、江汛清：《志愿活动研究：类型、评价与管理》，天津：天津人民出版社2001年版。

(3)志愿服务运动。这种类型的志愿服务比较关心组织和动员的规模和声势。“志愿服务运动”往往会使用大众媒体等宣传工具，使目标群体对志愿服务的参与率和民众的知晓率达到较高水平。一个比较典型的例子是一些环保主义者开展签名、游行等“环保运动”。

关于上述类型划分，笔者有三点说明：

第一，活动与行动的含义有所差别。举例来说，一个人独自进行的劳动，不能称之为“劳动行动”，而只能称为“劳动活动”。阿隆(Aron)指出，如果行动者把自已的举止与某种意义结合起来，那么这种态度就成了一个行动；进一步，按照行动者赋予行动的意义，如果这个行动与其他人的态度发生关系，那么行动就具有了社会性，也就成了社会行动。① 在比较严格的意义上，“志愿服务”应该被称为“行动”而不是“活动”。“志愿服务”的定义已经规定了它不仅兼备“利他”和“自主”精神，而且以增进社会或人类的福祉为目标，所以志愿者服务的过程也是他们将自已的愿望、意志甚至感情投向服务对象的过程。因此，在本质上，志愿服务不仅是一种“行动”，而且应该是一种“社会行动”。

第二，以上三种志愿服务形式(活动、行动和运动)各有特色，志愿服务的健康发展需要它们同时存在、相互补充。作出上述区分，有助于我们从总体上把握国内志愿服务的发展现状和趋势。例如，20世纪60年代，中国内地还没有引进“志愿服务”的概念，所以虽然有提倡“助人为乐”的“学雷锋活动”或“运动”，却没有开展“志愿地”服务的“行动”。因此，当代意义上的志愿服务在那时的中国内地并不存在。再如，某城市号召市民参加义务劳动、争创“全国卫生城市”的“运动”能够取得一些暂时的成果，但由于市民缺乏持久的“行动”，“短短的几个月之后”，这个“全国卫生城市”就成为“成堆的垃圾随处可见”的“垃圾城”。②

第三，上述划分并不是绝对的，志愿服务行动中可能包含志愿服务活动；一系列志愿服务活动也可能构成志愿服务行动；而着重宣传推广的志愿服务运动则可能会包括一连串的行动或活动。比如，自2003年起由团中央、教育部、财政部、人事部等部门联合实施的“大学生志愿服务西部计划”，既

① 参见阿隆(Aron, R.)：《社会学主要思潮》，葛智强译，北京：华夏出版社2000年版，第369页。

② 参见《全国卫生城竟成“垃圾城”》，新华网，http://big5.china.com.cn/chinese/kuaixun/126753.htm，2006年5月14日访问。

可以说是一种"志愿服务行动",也可以说是一种"志愿服务运动"。不过,一方面,可能与中华人民共和国建立初期一些"运动"中不愉快的历史记忆有关;[①]另一方面,也可能与发起"志愿者运动"的难度有关,发起者不仅要有很高的权威或声望,还要投入大量的人力、物力,因而代价大、成本高的"运动"手法很少被采用,"志愿服务运动"的提法也相对少见。

综上所述,在内地的有关文献中,志愿服务"活动"和"行动"所占的比例大体相当。志愿服务的服务内容通常由志愿机构的宗旨、服务项目的定位和管理者及参与者的能力与意愿共同决定。相对而言,"志愿服务行动"注重长远效益,因而发起"行动"的组织往往拥有一定的经济实力和人力资源;发起"志愿服务运动",除了有经济实力,还要有较高的权威或声望;"志愿服务活动"的开展则相对灵活。把这一逻辑反过来,同样成立。在不同实力和性质的力量的推动下,志愿服务会相应地具有不同的风格。例如,北京奥组委为2008年的奥运会制订了详尽的《北京奥运会志愿者行动计划》;而一些基层组织,由于资源和声望相对不足,就往往会以开展相对容易实施的志愿服务活动为主,如中学的团委,经常会在志愿者日组织团员开展宣传环保或清洁环境等服务活动。

---

① 参见李庆刚:《近几年"大跃进"研究若干问题综述》,《当代中国史研究》2010年第1期;王善中:《建国初期三反五反运动述评》,《中共党史研究》1993年第1期。

第三章
研究设计之思

对实证研究而言，研究的设计是相当关键的环节，它几乎决定了研究的方向、收集和分析资料的方法、研究伦理的信念等关乎研究的所有问题。笔者相信，尽量详尽地呈现研究设计和实施过程，有助于读者判断、评价、质疑和发展包括本研究在内的相关研究。本章共分三节：第一节，从方法论的角度探讨笔者对研究设计的思考，并介绍本书的主要范式；第二节，与本书的研究范式相呼应，并以前两章的文献回顾为基础，提出本书的理论框架及研究问题；第三节，依据理论框架提出具体的研究方案。

第一节　系统化的研究设计

20世纪中叶以后，学术界对研究方法日益重视，但同时，社会科学研究的质量却受到了越来越多的批评。那么，通常什么样的研究设计可以被认为是一个比较“好”的设计？这些批评评价的主要标准之一是研究设计的系统化(systematic)，即在研究准备、研究设计及资料的收集、整理与分析等整个的研究过程中，研究者都应清楚这些具体的研究方法背后的哲学立场以及选择这些方法的理由。范式中蕴含着明确的系统化思想，所以笔者首先讨论范式与系统化研究设计的关系，然后说明系统化思想在本研究中的应用。

一、研究设计的评价:"范式"与系统化

系统化已经成为评价社会科学研究质量的一个主要标准。例如,弗雷泽等(Fraser et al.)学者在对 20 世纪 80 年代以后十年间社会工作学期刊刊登的 1825 篇文章进行分析后指出,尽管有些文章反映了对本体论、认识论或方法论的某些关注,但没有一种系统化的方法被广泛采用,只有很少的知识产生于严密的方法和相应的系统分析。量性的方法大多被用于"描述"(describe)而不是"确证"(confirm)和"发现"(discover)。[①] 石丹理等(Shek et al.)学者也发现,他们抽取的 1990～2003 年发表的 28 篇质性研究文章中,只有 8 篇清楚地说明了研究的哲学基础。[②]

也许由于范式中蕴含着明显的系统化思想,弗雷泽等学者以文章中是否介绍了研究时所采用的范式,特别是除了介绍研究方法之外是否还讨论了范式中的本体论和认识论作为评价该文章是不是采用了"系统化的方法"的标准,却没有对"系统化"进行明确的定义。

不过,笔者认为,"范式"思想的突出特点是从系统化的视角来看待研究方法,但是"系统化"的研究设计并不完全等同于"在研究中引入范式"的研究设计。表 3-1 概括了系统化的研究设计与研究范式的异同。

表 3-1　系统化的研究设计与研究范式

	系统化的研究设计	研究范式
成立条件	研究者对研究过程的各个环节进行尽可能全面和清晰的解释	一组规范或信念在一段时间内得到学术共同体的认可
采用者	某项研究的一位或多位研究者	学术共同体、一群科学家或社会科学家
形成时间	研究将要进行或正在进行	过去形成且已被认可

① Fraser, M., Taylor, M.J., Jackson, R. & OJack, J., "Social Work and Science: Many Ways of Knowing?" *Social Work Research & Abstracts*, 27(4), 1991.

② Shek, D. T. L., Tang, V. M. Y., & Han, X. Y., "Evaluation of Evaluation Studies Using Qualitative Research Methods in the Social Work Literature (1990-2003): Evidence That Constitutes a Wake-Up Call," *Research on Social Work Practice*, 15(3), 2005.

续表

	系统化的研究设计	研究范式
适用范围	某项特定的研究	在某个研究领域内不同的研究项目中得到广泛应用
两者关系	系统化的研究设计包含对范式的选择	系统化的研究设计有可能成为新的范式
共同特点	都具有“自省的”(reflexive)特点	

1.范式的概念

1962年,库恩(Kuhn)在《科学革命的结构》(*The Structure of Scientific revolutions*)中提出了“范式”(paradigm)①的概念:“范式”是科学共同体在从事“解谜”活动过程中所秉承的一种规范和信念,“是一个共同体成员所共享的信仰、价值、技术等等的集合”。② 里泽(Ritzer)在库恩的基础上提出:“范式是存在于某一科学论域内关于研究对象的基本意向。它可以用来界定什么应该被研究、什么问题应该被提出、如何对问题进行质疑以及在解释我们获得的答案时应遵循什么样的规则。范式是一个科学领域内获得最广泛共识的单位,我们可以用来区分不同的科学家共同体或亚共同体。”③

20世纪60年代以来,社会科学界关注的焦点也逐渐从某种方法论本身转向对方法论中蕴含的哲学立场(philosophical position)、研究信念和方法体系的全面反思。20世纪90年代以后,谷巴和林肯(Guba &Lincoln)等学者主张从本体论(ontology)、认识论(epistemology)和方法论(methodology)

① 中文的“范式”一词由英文的“paradigm”翻译而来,英文的“paradigm”源自希腊语“paradeigma”,该词在15世纪融入英语语汇。“paradigm”有三层含义:(1)范例、样式,尤其是特别清楚或典型的例子和原型;(2)表示一个词在它的所有变化中的变格或变位;(3)科学学派或学科的哲学框架或理论框架,在这个框架内,理论、定律、概括以及为支持它们而做的实验被系统地阐述(Merriam-Webster, *Merriam-Webster's Collegiate dictionary*, Springfield, Mass: Merriam-Webster, U.S.,2003,p.898)。李醒民指出,“paradigm”的前两个含义早已有之,最后一个释义则是在的《科学革命的结构》出版之后才逐渐写进英语词典的。

② 实际上,库恩并没有给出“范式”的明确定义。据Masterman(1994)统计,库恩在《科学革命的结构》中所涉及的“范式”概念至少包含了21种不同的用法。例如,“范式”作为一种普遍承认的科学成就、一个神话(myth)、一门哲学、一个完整的传统等。引文参见Kuhn, T. S., *The Structure of Scientific revolutions*, 2nd ed., Chicago: University of Chicago Press,1970, p.175。

③ Ritzer, G., *Sociology: A Multiple Paradigm Science*, Boston: Allyn and Bacon,1975,p.7.

这三个角度理解范式的观点被广泛接纳。[①] 研究设计中是否蕴含了范式的思想开始成为评价该研究是不是"系统化"的一个重要标准。

但是,"我们想探索的世界在很大程度上是个未知的实体。因此,我们必须保留自己的选择权,切不可预先就作茧自缚。……要增加自由,要过充实而有价值的生活,以及相应地要发现自然和人的奥秘,就必须拒斥一切普遍的标准和一切僵硬的传统"[②]。因此,本书认为,系统化的研究设计不应该被等同于在既定的研究范式之内进行选择,也不应该被等同于套用特定的

① 除了谷巴和林肯的论述之外,许多学者都讨论过关于本体论、认识论和方法论的问题。(1)简单地讲,本体论是关于"被认识的对象其本体究竟是什么"的思考与回答。黄光国(2001)认为,对这个问题的回答可以追溯到希腊哲学有关"存在"(being)和"流变"(becoming)两种世界观的对立。在荷马(Homer)撰写的史诗《伊利亚特》(*Iliad*)中,荷马祈求众神,以"神授知识"(divine knowledge)纠正"谣传"(rumor)。这样,Homer 在"真理"与"表象"之间作出了区分。这一区分促使哲学家不断思考:人类应该怎样从不可靠的"感官信息"中认识"实在",从而产生对于"实在"的稳定知识? 主张"存在"的人认为,在不断变化的世界中有永恒的真理和价值,这些真理和价值不是存在于物理世界而是存在于纯粹的"存在"领域,所以人们应当努力地追求真理。主张"流变"的学者则认为,没有纯粹的存在领域,唯一不变的就是"不断变化"。从以上两种主张出发,西方哲学发展出"唯实论"(realism)和"唯心论"(idealism)两种相互对立的本体论。唯心论并不否认客观世界的存在,但他们认为实在并非独立于人类的思想而存在,人们所认识到的"实在"实际上已经经过思想、意识和行为等的加工或处理,是人的内在思维和外在事物相互作用的综合结果。唯实论认为,外在的客观世界独立于人的意识而存在。唯实论还可以进一步分为朴素唯实论(naive realism)、直接唯实论(direct realism)和间接唯实论(indirect realism)等。朴素唯实论认为,人类感觉到的一切都是真实的;直接唯实论主张,当人类的感觉器官接触到外部世界时,其实在性就直接呈现出来;间接唯实论相信有独立于人类意识之外的存在物,感觉器官不能使人类直接认识到事物的实在性,科学家的任务就是要用各种方法揭示表象之下的"更深远的实在"。(黄光国:《社会科学的理路》,台北:心理出版社股份有限公司 2001 年版,第 20 页)(2)"认识论"对应的英文"epistemology"来源于希腊语"episteme"(知识)和"logos"(科学、学科),它主要探讨人如何认识外部世界的问题。西方的传统哲学把主体和外部世界对立起来,文艺复兴以后,笛卡尔(Descartes),将这一传统发展为"主官/客官"二元对立的哲学,对近代科学产生了深远的影响。(黄光国:《社会科学的理路》,台北:心理出版社股份有限公司 2001 年版,第 17 页)例如,哲学家兼数学家奎因(Quine)(1969)认为:"认识论,或类似认识论的东西,只是作为心理学的一部分,因而是作为自然科学的一部分。它研究一种自然现象,也就是研究一种自然的人类主题。"(Quine, W. V., *Ontological Relativity and Other Essays*, New York: Columbia University Press, 1969, pp.82-83)但是,诠释学派对此持相反的意见,他们认为世界是通过人的意志、思想等进行主观建构的结果。例如,法兰克福学派哈贝马斯(1999)认为,彻底的认识论必然具有社会理论的形式,认识论研究的主旨是揭示支配认识的兴趣(interest)。不同的认识体现为不同的知识类型,形成不同的科学系统;而每一种类型的科学知识都包含各自不同的认识兴趣,受着不同的认识兴趣的指导:经验—分析的科学包含着技术的认识兴趣,历史—解释的科学包含实践的认识兴趣。([德]尤尔根·哈贝马斯:《公共领域的结构转型》,曹卫东等译,上海:学林出版社 1999 年版,第 82~83 页)认识论分为实证的、建构的和后实证的等多种不同的派别,后文将对它们作进一步的解释。(3)方法论则指某种学科或知识的领域内,探索知识的原则或方法的特定的分析或解释体系。

② Feyerabend, P., *Against Method: Outline of an Anarchistic Theory of Knowledge*, London: NLB; Atlantic Highlands, N.J.: Humanities Press, 1975, p.3.

范式的本体论、认识论和方法论。

2.系统化的研究设计与研究范式

英文中“系统”(system)一词来源于古代希腊文“systεmα”,意为“部分组成的整体”。对系统化(systematic)的关注,始于20世纪中叶。[①] 系统化的观点认为,总体大于各部分之和,各部分可能较差但总体可以优化,解决总体优化问题应从复杂问题的总体入手。按照笔者的理解,在社会科学研究领域,所谓“系统化的研究设计”是指研究者除了依据研究问题的特点选择研究方法之外,在研究准备、研究设计以及资料的收集、整理与分析等整个研究过程中,还应对研究者及研究对象所持的价值论(axiology)、本体论(ontology)、认识论(epistemology)和方法论(methodology)等有较清晰的认识,并以此为基础反省自己采用的研究方法的优势与局限。

“系统化的研究设计”可以借鉴“范式”的思想,但不应局限于现存的范式。库恩的范式概念原本是通过对科学史的考察提出的,被用于解释科学的发展。库恩认为,科学的发展也是“范式”的发展:科学是由本原的无范式前科学,经由竞争与选择的意见分歧而又达成了具有一定范式的常规科学,在常规科学时期,以一定范式为指导进行解谜活动;但是,在这一过程中,反常现象出现并不断增多,范式遭遇了危机,使旧范式发生动摇,从而产生了科学革命,再经由意见的分歧,在竞争和选择的体制下又达成一致,形成了新范式,即进入新常规科学时期。科学就是这样分阶段地发展着。可见,范式的提出源于学者们对学术界已经形成而且被广泛采用或认可的信念和方法的归纳、总结和反思,具有自省的特点。所以范式在时间上属于“过去时”,即关于这些方法或信念,学术界已经形成而且被广泛采用或认可。因此,如果系统化的研究设计就是机械地套用范式思想,那么这种“系统化”将会导致研究方法的僵化。

“系统化的研究设计”同“范式”一样,需要对研究方法中蕴含的哲学立场(philosophical position)、研究信念和方法体系进行比较全面地反思,因而也具有自省性。但是,与“范式”相比,“系统化的研究设计”比研究范式灵

---

① 20世纪中叶之前,西方自然科学和社会科学研究都基本遵循笛卡尔1637年在《方法论》(*Discours de la méthode*)中提出的“怀疑一切”、将复杂问题分解、从简单问题着手等规则。但是,随着运筹学(Operations Research)、计算器科学等学科的发展,科学家们发现,有的复杂问题无法分解,必须以复杂的方法来对待。因此,系统性和综合性的方法日益受到重视。1940年,美国贝尔实验室首先使用了“系统工程”(Systems Engineering)一词。

活、多样:(1)"系统化的研究设计"成立的基本条件是研究者对研究过程的各个环节进行尽可能全面和清晰的解释,而无须像研究范式那样需要得到该学科学术共同体的认可;(2)"系统化的研究设计"针对的是正在进行或将要进行的某项特定的研究,而不像"范式"那样"是一个科学领域内获得最广泛共识的单位"、在某个研究领域内的不同的研究项目中得到广泛应用;[①](3)"系统化的研究设计"在时间上属于现在或将来,而不像"范式"那样在时间上属于过去;(4)"系统化的研究设计"的设计者可以是一位,也可以是多位研究者,而不像"范式"那样被许多科学家或社会科学家广泛采用;(5)"系统化的研究设计"包括一系列自省的选择,除了对现有研究范式的选择之外,还包括对研究题目的选择、研究范式的选择、研究方法的选择、研究地点的选择、样本的选择、数据收集和分析方法的选择以及对上述这些"选择"的选择等一系列的选择;[②](6)当现在的"系统化的研究设计"得到学术界多数学者的认可,它就有可能发展成为未来新的研究范式。

因此,虽然按照某种范式进行的研究设计通常是系统化的,但系统化的研究设计不应该等同于在既定的研究范式之内进行选择,也不应该等同于套用特定的范式的本体论、认识论和方法论。一个系统化的研究设计可以借鉴研究范式的思路,但无须局限于特定的范式。

二、范式的选择

"系统化"的研究设计中包含了对研究范式的选择,而范式中也包含了一定的系统化的思想。那么,有哪些范式可供我们选择?是选择一种范式选择,还是选择多种范式?笔者如何选择?这就是下文将要讨论的问题。

1.范式的类型及发展

作为人类知识积累的一部分,范式的类型和分析的角度都有逐渐增加的趋势,所以讨论范式的类型需要结合范式的发展进行讨论。谷巴和林肯在1994年出版的《质性研究手册》(*Handbook of Qualitative Research*)中把"范式"看作一套基本的信念(或形而上学的)体系,并从本体论、认识论、方法论三个角度分析了实证主义(positivism)、后实证主义(post

---

① Ritzer, G., *Sociology: A Multiple Paradigm Science*, Boston: Allyn and Bacon, 1975, p.7.

② 笔者认为,虽然系统化的研究设计并不一定要回答上述所有问题,但是需要"对上述这些'选择'"进行选择并说明理由。

positivism)、建构主义(constructivism)、批判理论(critical theory)四种主要的范式。

谷巴和林肯对范式类型的划分及其范式分析的思路在社会科学研究领域产生了较重要的影响。晚近很多关于范式的讨论都可以看作在谷巴和林肯1994年关于范式的讨论的基础上的发展,比如,莫里斯(Morris)讨论了实证主义、后实证主义、建构主义、批判理论四种范式在社会工作研究中的应用;[①]黄光国在《社会科学的理路》中也沿着谷巴和林肯的分析思路,从本体论、认识论、方法论三个角度分析了实证主义、后实证主义、结构主义、诠释学、批判理论五种研究范式。[②]

如果莫里斯和黄光国是以肯定的态度发展了谷巴和林肯1994年的观点,那么赫伦和里森(Heron&Reason)的观点则较具挑战意味。赫伦和里森提出,除了以上四种范式之外,"参与的研究范式(participatory inquiry paradigm)"也是一种重要的范式;界定范式时,除了要考察本体论、认识论、方法论三个角度的问题之外,价值论(axiology)也是一个相当重要的问题。赫伦和里森认为,价值论问题是关于何为固有的价值(intrinsically worthwhile)、关于对于人的状态来说何物本身就是其价值之所在(what it is about the human condition that is valuable as an end in itself)。本体论、认识论、方法论的问题都是关于事件与真实的问题(about matters to do with truth),而价值论则是关于存在的价值、关于人类的陈述本身的价值(human states are to be valued simply by virtue of what they are)。[③]

谷巴和林肯在《质性研究手册》(*The Sage Handbook of Qualitative Research*)(第3版)中接纳了赫伦和里森提出的"参与的研究范式"和"价值论"的视角;同时,他们也指出,尽管赫伦和里森提出了一种新的范式,但这种范式实际上是综合了后后实证主义的(post-postpositive)、后现代的(postmodern)和批判的(critical)取向。随后,克雷斯韦尔和普莱诺·克拉克(Creswell & Plano Clark)从本体论、认识论、方法论、价值论和修辞(Rhetoric)五个角度讨论了后实证主义、建构主义、倡导和参与(advocacy

---

① Morris, T. "Social work research methods: four alternative paradigms, Thousand Oaks," Calif.: SAGE Publications, 2006.

② 参见黄光国:《社会科学的理路》,台北:心理出版社股份有限公司2001年版。

③ Heron, J. & Reason, P., "A participatory inquiry paradigm," *Qualitative Inquiry*, 3, 1997.

and participation)以及实用主义(pragmatism)四种范式。[①]

随着范式的增多,范式之间的边界日益模糊,研究者已经不能再把研究方法看作一套可被应用的普遍规则。[②] 谷巴和林肯把除实证主义和后实证主义之外的范式统称为"后现代范式"(postmodern paradigms),如"后现代的批判理论"(post-modernist critical theory)"后现代的建构主义"(post-modernist constructivism)等。[③] 这些"后现代范式"的合法性(legitimacy)已经得到很好的确立,而且其合法性的程度至少与常规的范式相当(conventional paradigms)。

以谷巴和林肯、黄光国、陈向明、莫里斯等学者的研究为基础,笔者将社会研究的主要范式及相应的逻辑和常用的方法进行归纳,如表 3-2[④] 所示。

① 所谓"修辞"(Rhetoric)是指"研究的语言是怎样的"(what is the language of research?)。(Creswell, J. W., & Plano Clark, V. L., *Designing and Conducting Mixed Methods Research*. London: Sage Publications, 2007, p.24)

② Geertz's, C., *Works and lives: The Anthropologist as Author*, Cambridge: Polity, 1988; Geertz's, C, *Local Knowledge: Further Essays in Interpretive Anthropology*, London: Fontana, 1993.

③ Guba, E.G. & Lincoln, Y. S., "Paradigmatic Controversies, Contradictions, and Emerging Confluences," in N.K. Denzin & Y.S. Lincoln, eds., *The Sage Handbook of Qualitative Research* (3rd ed.), Thousand Oaks, C.A.: Sage Publications, 2005, p.191.

④ 表 3-2 前四种范式是目前比较公认的主流范式(Guba & Lincoln, 1994, 2005; 黄光国, 2001;陈向明,2000;Denzin & Lincoln, 2005; Morris, 2006)。"后现代主义"思潮则较具争议。高宣扬(1999)认为,后现代主义强调的是不确定性、模糊、偶然、不可捉摸、不可表达、不可设定和不可化约。"你无法站在语言之外去理解语言。"(转引自[英]理查德·阿皮纳那西(Richard Appignanesi):《后现代主义》,黄训庆译,台北:立绪文化有限公司 1996 年版,第 78 页)"理性之确定性是一种暴政。"(转引自[英]理查德·阿皮纳那西(Richard Appignanesi):《后现代主义》,黄训庆译,台北:立绪文化有限公司 1996 年版,第 80 页)"议题必须保持开放的讨论空间。"(转引自[英]理查德·阿皮纳那西(Richard Appignanesi):《后现代主义》,黄训庆译,台北:立绪文化有限公司 1996 年版,第 83 页)……尽管目前大部分方法学学者仍然把后现代主义作为颇具争议和颠覆特征的思潮对待,但已有学者把后现代主义作为一种范式应用于自己的研究,如 Slattery(2000)。因此,尽管很难在一个表格中表达后现代主义思潮的所有要点,但笔者认为,也许在某种程度上,我们不妨以"后现代"的方式去理解和表达"后现代主义"。表 3-2 中有关"后现代主义"范式的内容是多种可能的表达中的一种表达。

表 3-2　社会研究的主要范式、逻辑和方法①

范式＼角度		本体论	认识论	方法论	价值论	逻辑	方法
现代范式	实证主义	客观现实外在于人类的经验,人类可以认识这些不变的法则和机制	二元论/客观主义,发现真理	实验法/证实假设	关于世界的命题的认识(propositional knowing)本身就是目的,具有内在的价值	演绎法	量性方法
	后实证主义	客观现实外在于人类的经验,人类不可能完全理解这些客观法则和机制	修正的二元论/客观主义,接近真理	实验法/理论的批判/对假设进行证伪		演绎法和归纳法	质性/量性/质性和量性结合的混合方法
后现代范式	建构主义	不存在超越人类经验的独立的、客观的世界	交往的/主观的认识论;研究结果是建构出来的	阐释的/辩证的方法论	命题的(propositional)和交流(transactional)的认识作为一种社会解放的手段具有工具性的价值,该价值本身就是目的,具有内在的价值	归纳法	质性方法
	批判理论	存在社会现实,但研究者对现实的理解会受到其价值观念的影响	交往的/冲突的认识论	理论的批判/阐释的/辩证的方法论,重视权力关系和意识形态		演绎法和归纳法	质性/质性和量性的混合方法,但一般以质性方法为主
	参与范式	参与的现实:精神和外在秩序共同创造的主观—客观的现实	有秩序的参与交流的批判的主观性;扩展的经验的认识论,命题的和实践的知识;共同创造的发现	在合作行动研究中的政治参与;主要是实践的;在分享经验的情境下对语言的使用	关于怎样令自治、合作和等级制度在一种文化中既平衡又繁荣的实践的认识本身就是目的,具有内在的价值	归纳法	质性/量性/质性和量性的混合方法

---

① 本表的部分内容参照了古巴和林肯的研究成果(Guba, E.G. & Lincoln, Y. S., "Competing Paradigms in Qualitative Research," in Denzin, N. K. & Lincoln, Y. S., ed., *The Sage Handbook of Qualitative Research*, Thousand Oaks, London, New Delhi: Sage Publications, 1994, pp.105-117; Guba, E.G. & Lincoln, Y. S., "Paradigmatic Controversies, Contradictions, and Emerging Confluences," in Denzin, N. K. & Lincoln, Y. S., eds., *The Sage Handbook of Qualitative Research*(3rd ed.), Thousand Oaks, C.A.: Sage Publications, 2005, pp.191-215)以及黄国光(黄光国:《社会科学的理路》,台北:心理出版社股份有限公司 2001 年版,第 23 页)。关于"社会科学基本范式"的表格中的部分相关项目。与前人的研究相比,表 3-2 增加了"现代范式"与"后现代范式"的划分、对"参与范式"的介绍以及"方法"和"逻辑"两个项目。

2.整合不同范式的可能性

库恩、费耶拉本德(Feyerabend)等学者认为范式之间是“不可通约的”(incommensurable)。“不可通约性”(incommensurability)意指新旧范式之间有本质的差别,这种差别程度使得两者无法完全兼容。“只有承认牛顿的理论是错误的,爱因斯坦的理论才能被接受。”①但是,也有很多社会科学家认为,在社会科学领域的不同范式之间并非绝对不可通约。“如果我们不参加这种争论,从旁观者的角度观察实质性的分析和它们的含义,就会发现一种高得多的意见一致程度。”②

如果认为范式之间是“不可通约的”,那么除非以一种范式代替另一种范式,否则研究者将只能在既定的研究范式之内进行选择。但社会科学研究的发展表明,不少有影响的研究并没有局限于有限的范式。20 世纪 80 年代以来,吉登斯(Giddens)的结构化理论、布迪厄(Bourdieu)的“反思社会学方法”、哈贝马斯的“批判理论”等学说,“都试图将相互对立的哲学和理论传统整合起来。例如,将结构主义和来自诠释派社会学的灵感相融合,试图超越决定论和唯意志论的对立”③。

近年来,越来越多的学者开始接受一项研究中可以同时应用几种范式的观点。特莎寇瑞和特德利(Tashakkori& Teddlie)甚至提出了一种新的范式——“革新的—解放范式”(transformative-emancipatory paradigm)。“革新的—解放范式”的研究对象往往是有受歧视或压迫经历的人,研究者必须理解多种情境(multiple contexts),研究者和参与者必须建立信任,发展有意义的方法并发现不同群体所关心的事情。特莎寇瑞和特德利强调,选择研究方法时,研究问题的重要性甚于世界观,应该摈弃(abandon)必须在后实证主义和建构主义之间进行选择的二元论(forced-choice dichotomy)和“真

---

① Kuhn, T. S., *The Structure of Scientific Revolutions*, 2nd ed., enl. Chicago: University of Chicago Press, 1970, p.98.

② [美]约翰逊(D.P.Johnson):《社会学理论》,南开大学社会学系译,北京:国际文化出版公司 1988 年版,第 68~69 页。

③ Baert, P., *Social Theory in the Twentieth Century*, New York: New York University Press, 1998, pp.3-4.

理"(truth)、"现实"(reality)等形而上的概念(metaphysical concepts)。[①]

综上所述,笔者主张,在社会科学领域,一方面,并非所有范式之间都可以通约,如实证主义与建构主义的主要观点就针锋相对,它们之间很难"通约";另一方面,不同范式间并非绝对不可通约,如实证主义与后实证主义之间、建构主义与批判理论之间的很多观点相似,因而可以相互借鉴。[②]

三、研究设计的准备:以本研究为例

"系统化"的研究设计,不仅有助于研究者把握研究的全局,而且对研究的每个环节有更加清晰的认识和定位。下文将以本研究为例,讨论笔者对研究设计的准备和思考。[③]

1.采取后实证主义范式

克雷斯韦尔提出,范式的选择主要基于以下三点:研究问题的性质(the nature of the problem)、研究者的世界观(the researcher's worldview)以及研究对象(the audience)。[④] 在笔者看来,研究者的世界观对范式的选择有较大的影响:研究者对研究题目的选择往往受其研究兴趣或偏好的影响,其研究兴趣往往与其世界观有关,而研究题目往往又决定了研究对象;而且,即使是同一个研究题目,不同的研究者也可以采取不同的范式和方法进行研究。

笔者有关本体论、认识论和价值论的看法非常接近后实证主义的立场,所以本研究采取后实证主义的研究范式。

首先,笔者认为存在外在于人类的经验的客观现实,虽然人类不可能完全理解(fully comprehended)这些客观法则和机制,但可以努力理解和接近这些法则和机制,而且这种努力本身是有意义的。

其次,笔者认为理论演绎和从事实中归纳这两种逻辑都是有价值的、获

---

① Tashakkori, A. & Teddlie, C. eds., *Handbook of Mixed Methods Research in Social and Quantitative Approaches*. Thousands Oaks, CA: Sage, 2003; Mertens, D. M., "Mixed Methods and the Politics of Human Research: The Transformative-enmancipatory Perspective," in A. Tashakkori, & C. Teddlie, eds., *Handbook of Mixed Methods in Social and Behavioral Research*, Thousand Oaks, CA: Sage, 2003, pp.135-164.

② 实证主义、后实证主义、建构主义和批判理论的有关主张可参阅表 3-2。

③ 具体的研究设计将在本章第三节介绍。

④ Creswell, J. W. *Research design: qualitative & quantitative approaches*, Thousand Oaks, C.A.: Sage Publications, 1994.

取知识的方法。数理逻辑、控制论、人工智能等新兴学科甚至已经为演绎和归纳两种逻辑的交融而付诸实践。在笔者看来,获取新知识的一个比较理想的途径是:运用演绎和归纳这两种逻辑,把从实证资料中归纳出来的相关的理论和解释与前期由演绎而得出的理论观点进行比照和修正。因此,在选定研究领域之后,笔者进行了较广泛和深入的文献回顾,从中提炼研究目标并演绎出一个初步的研究框架,作为实地收集资料的指导(详见本章第二节)。

同时,笔者也同意费耶拉本德的看法,即理论是我们看世界、知觉世界、理解世界的方式,因而也影响我们对"实在"(reality)的观念,左右我们对"经验"的诠释。换言之,任何观察或实验都会受到理论的"浸染",经验观察没有纯粹中立、独立、客观的,都具有理论依赖性(theory-dependence or theory-laden)。因此,笔者以开放的态度对待自己的理论框架,而且随着实地资料的收集、分析以及对文献资料的进一步解读,相信理论框架甚至研究问题都有可能得以进化。

2.方法的选择:质性方法的采用

在研究方法方面,学术界存在争论:谷巴和林肯认为,质性(qualitative method)和量性(quantitative method)方法可以被恰当地应用于任何一种范式,所以与被定义为指引研究者的基本的信念系统或世界观的"范式"相比,关于方法的问题是居于第二位的(secondary)。[①] 但是,也有一些学者主张范式与研究方法之间存在密切的联系。比如,克雷斯韦尔和普莱诺·克拉克认为后实证主义大多采用量性方法;而莫里斯则认为,为弥补实证主义的缺陷,后实证主义的研究范式更加强调质性方法。不过,弗雷泽等后实证主义者主张持有批判的态度、运用多元的方法和使用多样的数据。因此,在后实证主义范式下,可以使用量性方法、质性方法甚至量性与质性相结合的混合方法(mixed methods)也可以被采用(陈向明,2002: 18; Morris, 2006)。[②]

具体到本项研究,笔者对质性或量性方法并没有特别的偏好。但是,对

---

① Guba, E.G. & Lincoln, Y. S., "Competing Paradigms in Qualitative Research," in N.K. Denzin and Y.S. Lincoln, eds., *The Sage Handbook of Qualitative Research*, Thousand Oaks, London, New Delhi: Sage, 1994, p.105.

② 不少学者表达过类似观点,有关文献可参见陈向明:《社会科学质的研究》,台北:五南图书出版股份有限公司2002年版;Morris, T., *Social Work Research Methods: Four Alternative Paradigms*, Thousand Oaks, C.A.: SAGE Publications, 2006;等等。

于探索性和前瞻性的问题，采取质性的研究方法较为适宜。一方面，与量性的研究方法相比，质性方法比较适宜于对少数个案在微观层面进行深入的、多侧面的分析，同时更加注重对调查对象的社会和文化背景、历史状况与发展过程进行动态的考察。而且，质性研究是一种在自然情境下对社会现象进行的整体性研究，其研究设计比较开放、灵活，“允许采用多重资料收集方法，也允许研究者在研究过程中根据研究情境事先设定的方案进行调整”。[①]

另一方面，由于本研究的研究对象是应该尽量全面地包含各种类型的志愿服务，而不是某一类志愿服务或某一个志愿组织，但是J市和S市的相关负责人均表示，目前的志愿者登记系统尚未能涵盖所有的志愿者。因而若采取量化方法，本研究找不到总体，无法进行随机抽样，因而也无法运用推论统计的方法进行推论。如果采取先抽取志愿服务组织、再选择志愿者的分层抽样方法，则有可能将国内自发的、未登记的志愿服务组织排除在外。而且，目前国内自发的志愿服务组织的规模往往比较小(10人以下)，也不符合随机抽样的要求。因此，采用量性方法的意义不大。

3.自省的原则：研究的效度与研究者

“自省的”思考贯穿于本研究的整个过程。所谓“效度”(validity)，是指“研究的描述、结论、解释、诠释，以及任何其他说法的正确性或可信度”[②]。本研究采取质性方法。在质性研究中，“效度是一种目的，而不是一种成品；效度不能用任何事物来证明，也不能被视为理所当然就能具备；效度也是相对的，效度必须要由研究的目的与情境的关系来确认，而不是使用任何独立

① 陈向明：《社会科学质的研究》，(台北)五南图书出版股份有限公司2002年版，第89～90页。

② Maxwell, J. A.：《质化研究设计——一种互动取向的方法》，高熏芳、林盈助、王向葵译，台北：心理出版社2001年版。

于情境之外的方法或结论”[①]。

努力排除“效度威胁”(validity threats)是“效度”概念的核心内容。简单地讲,效度威胁即“我们怎么知道你的结论是有效的?”或“我们为什么要相信你的研究?”[②]在质性研究中,研究者基本上不可能如量性研究那样,通过控制研究条件,由事先设计的方法来排除效度威胁。因此,采取质性方法的研究者对研究的效度负有更大的责任。为了尽量排除效度威胁,研究者须将“自省的”思考贯穿于研究的始终。

在本研究中,笔者的自省主要包括两个方面:①研究过程中各种可能的“效度威胁”及其应对;②对研究者的研究视角的反省。

---

① Maxwell, J. A.:《质化研究设计——一种互动取向的方法》,高熏芳、林盈助、王向葵译,(台北)心理出版社 2001 年版,第 130 页。需要说明的是,围绕“在质性方法中效度概念是否适用”的问题,学术界存有很多的争论(Lincoln &. Guba, 1985;KirK & Miller, 1986;陈向明, 2000;Maxwell, 2001)。一种意见认为,质性研究可以采用“效度”概念,但不应该机械地沿用量性研究中对这一词语的定义。例如,KirK 和 Miller(1986)主张“效度”概念适用于质性研究:“社会科学在各个方面都同自然科学一样具有‘科学性’,并且像其他科学一样需要信度和效度。”(KirK, J. & Miller, M., *Reliability and Validity in Qualitative Research*, Beverly Hills, C.A.: Sage, 1986,p.14)需要注意的是,他们对质性研究的“效度”进行了一些修正,认为效度有三种类型:(1)明显效度(apparent validity),指研究的测量工具与被观察的现象非常吻合,并能够提供有效的数据。明显效度是工具效度和理论效度的基础,而一个具有表面效度的工具未必具有工具效度和理论效度。(2)工具效度(instrumental validity),又称“实用(pragmatic)效度”或“效标(criterion)效度”,指运用测量工具所获得的数据与某一项被证实的有效工具所测量的结果相似。(3)理论效度(theoretical validity),指研究所收集的资料能与研究所运用的理论架构相呼应。而 Maxwell(1996)则把质性研究的效度分为描述效度(descriptive validity)、解释效度(interpretive validity)、理论效度、评价效度(evaluative validity)、推广效度(generalizational validity)。另外一些研究者认为,信度和效度都是传统的量性研究的判定标准。质性研究强调研究的独特性和唯一性,因而“效度”和“信度”的概念都不符合质性研究的实际情况。例如,在量性研究中,“效度”的概念也表达了通过客观的测量和量化的推论寻求普遍法则的愿望;而质性研究所重视的人际互动、事件发生的过程是很难用“效度”的概念独量的(参见陈向明:《社会科学质的研究》,台北:五南图书出版股份有限公司 2002 年版,第 132～134 页)。因此,一些研究者提出用“真实性”“可信性”“一致性”等词语来代替“效度”的概念。例如,古巴和林肯(1985)提出质性研究的标准是“可信性(trustworthiness)”。“可信性”的概念包括四个方面的内容:(1)真的价值(truth value)。就研究对象和情境而言,一个特定研究的发现是否可以信以为“真”。(2)运用性(applicability)。一个特定研究的发现运用于其他情景或其他研究对象的程度。(3)一致性(consistency)。在相同或相似的情景以及相同或相似的研究对象之下,研究发现是否可以重复。(4)中立性(neutrality)。研究发现源于研究对象和研究状况,而非研究者的偏好、动机、兴趣或视角。他们指出,在朴素实证主义范式下,这四个方面分别应用于内在效度(真的价值)、外在效度(运用性)、信度(一致性)和客观性(中立性)。

② Maxwell, J. A., *Qualitative Research Design: An Interactive Approach*, Thousand Oaks: Sage, 1996.

(1)各种可能的“效度威胁”及其应对

质性研究的效度威胁，主要有两类：“第一类效度威胁”是指，由于收集到的证据缺乏可信度，研究者基于不充分的证据而得出虚假的结论。由于质性方法是通过研究者与研究对象的互动来收集数据的，所以研究者的沟通能力、研究对象是否合作等都有可能影响证据的可信度。“第二类效度威胁”是指，虽然拥有具有可信度的证据，但由于研究者过度执迷于自己的理论预设，可能会忽略一部分证据而过度强调另一部分证据，因而研究发现并不是完全建立在这些证据的基础上。[①]

在研究进行过程中，研究者在不同的研究阶段可能面临的效度威胁及能够采取的措施会有所不同。在开始收集资料之前，研究者面临的主要是“第一类效度威胁”，即“收集到的证据缺乏可信度，研究者基于不充分的证据而得出虚假的结论”。为避免这类效度威胁，笔者在实地研究开始之前进行了两方面的准备：①广泛阅读相关文献，深入理解研究问题和研究情境；②走访相关机构，与主要机构的主要人员接触，了解与研究问题相关的社会情境。这些准备，有助于具体研究问题的进一步提炼，增进笔者对研究情境的理解，并且能训练访谈技巧；同时便于正式的访问中资料的收集，从而更好地应对第一类效度威胁。

为降低“第一类效度威胁”，笔者采取了三种方法：其一，在实地资料收集阶段，为了避免基于不充分的证据得出结论，注意及时记录有关的感想，却不急于对数据进行分析。面访期间，笔者仅对数据进行了简单整理，大规模的、比较系统的数据整理与分析都是在结束实地调查之后的一个月之内集中完成的。其二，为了收集到足够的、可信的材料，采取合众法(triangulation)的设计思路，即：使用不同的方法，从不同的人或情境入手去收集数据。比如，通过对志愿服务机构的志愿者和管理者、官方管理人员进行深度访谈来收集数据；收集访问对象的职业、年龄、参加志愿服务组织的时间等基本信息以及与志愿服务组织或志愿者有关的文本资料；整理笔者通过参与特定的志愿服务活动亲身观察所得到的资料；等等。其三，采取长时间追踪调查，持续收集调查对象的资料，理解其不断发展变化的实际状况。

---

① Le Compte, M. D. & Goetz, J. P., “Problems of Reliability and Validity in Ethnographic Research,” *Review of Educational Research*, 52(1), 1982.

“第二类效度威胁”，即“虽然拥有具有可信的证据，但由于研究者过度执迷于自己的理论预设，可能会忽略一部分证据而过度强调另一部分证据，因而研究发现并不是完全建立在这些证据的基础上”，主要出现于数据收集完成以后的数据的整理与分析阶段。在资料的整理与分析阶段，笔者继续采取合众法的思路，运用参与者检查和反馈法等多种方法应对“第二类效度威胁”。①

(2)研究者的视角

在质性研究中，研究者本身也是研究工具。② 研究者的研究视角将会对研究的结果产生很大的影响。③ 因此，研究者应对自己的研究视角(perspective)有清醒的认识。

由于本书的研究目标具有探索性和前瞻性，目前学术界直接相关的实证研究论文还鲜有发表。为了降低“第二类效度威胁”，使研究不局限于自己的理论预设，笔者在本书中借鉴建构主义的认识论视角作为对后实证主义认识论的补充。

建构主义的认识论与后实证主义的研究范式并不矛盾。例如，后实证主义取向的认识论认为，虽然“现实”或“真理”是存在的，但我们不一定能够探究出这个“现实”，我们的认识只能是“我看到的事实”，所以不同的人对同一件事会有不同的理解。而采取建构主义的认识论认为，“现实”总是存在多重建构和多重现实，所谓的“现实”或“真理”都是社会建构的结果，所以研究者应尝试从数据中尽可能多地了解局内人(insiders)对事物的看法以及局内人赋予现象哪些社会意义，进而建立相关的理论和解释。

一方面，建构主义的认识论提醒笔者注意认识的有限性，即不管是研究者还是研究对象的认识都是有限的。质性研究者的优势在于：一方面，有机会同时了解不同的研究对象的观点；另一方面，与大部分的研究对象相比，研究者在理论层面具有一定的优势。因此，笔者在研究中不仅尊重研究对

---

① 有关本书应对两类效度威胁的详细说明请参阅本章第三节。

② 参见陈向明：《“本土概念”分析》，《外语教学与研究》2000 年第 3 期。

③ Denzin 和 Lincoln(2005)讨论了“范式”和“视角”的区别，他们认为，尽管视角可以分享范式的许多基本原则(elements)，如一套共同的方法论假定(a common set of methodological assumptions)或一种特定的认识论(a particular epistemology)，但视角不像范式那样巩固(solidified)和统一(unified)。

象的观点，而且会运用发散思维、尝试变换理论视角解释收集到的数据。①

另一方面，笔者采取后实证主义的认识论立场，具有比较明确的"主体意识"，也就是说，作为研究者应该努力将自己"看到的"事实和各种可能的解释加以整合：作为研究者"我看到了什么"？我怎么解释我所看到的？我解释的依据有哪些？②

综合以上讨论，本书主要采取后实证主义的研究范式，同时借鉴建构主义的认识论视角，以质性方法的方法收集数据。从后实证主义范式出发，本书运用理论演绎与经验归纳两种逻辑，重视文献数据、实地数据等多种数据源，力图获得相对准确的认识，但同时承认这些认识不可能是绝对准确的。借鉴建构主义的认识论视角，笔者重视被访者的描述和解释以及被访者所处的情境，努力构建多重现实。总之，"没有一成不变的、常恒适用的规范性指导准则……必须自己尝试运用各种可能的方法和规则，甚至要自己去创新方法和规则，找出在具体场合中能产出最丰富成果的方法"③。本书的目标是进行系统的设计，自省地应对研究过程的各个环节或步骤中可能出现的效度威胁，从而提高研究的效度。④

第二节　理论框架与研究问题

理论框架(theoretical framework)是在对研究问题的思考和文献的回顾的基础上，为将要进行的研究提供的一种可能的参考理论解释。它反映了研究中关键的概念以及概念之间的联系，是"在解释被研究的主要事物，也

① 例如，在访问中，笔者的一位研究对象多次谈到他对"道德"和"道德的作用"的理解。受这位研究对象的启发，笔者发现，将康德(2004)从个人出发的道德观点和阿多诺(Adorno)(2000)从社会角度理解的道德概念加以整合之后，就能比较全面地理解"道德"对国内支持服务组织发展的作用；笔者在此基础上提出了"道德资源"的概念(详见第五章第一节)。

② 例如，一位J市志愿者协会的工作人员以介绍他们工作成绩的口吻，向笔者详细地介绍了他们推动《J市志愿服务条例》通过的具体过程。透过这位工作人员的介绍，笔者看到了共青团"以地位促作为，以作为求地位"的过程(谢伟，2006：85)，并在此基础上提出了"政治资本"的概念(详见第五章第一节)。

③ Feyerabend，P.：《反对方法》，周昌忠译，台北：时报文化出版企业股份有限公司1996年版。

④ Feyerabend(1996)认为："我们已远离旧的(柏拉图的)科学观念，按照它，科学是随着实验和观察而增长的陈述(statement)体系……显然，这种新的形势需要一种新的哲学以及尤其新的术语。"(p.xxiv)"系统的研究方法"范式是否可以算作一种新的范式并不重要；重要的是，本书的整体设计是系统的，而整体的各个部分或步骤也是明确的和清晰的。

就是关键因素、概念或变量，以及它们之间的假设关系”①。这项暂时性的理论构想在研究设计中是非常重要的，它协助研究者评估自己的研究目的、发展并选择实际且相关的研究问题和方法，帮助研究者考虑可能的研究结论和可能的效度威胁。对质性研究来说，理论框架是研究者解释发生了什么以及为什么会发生的暂时的理论构思。②

基于前文的文献分析，本节提出一个初步的理论框架，以帮助研究者理解影响志愿服务发展的主要因素以及这些因素之间相互作用的机制，进而在此基础上发展出本书的主要研究问题（如图 3-1 所示）。

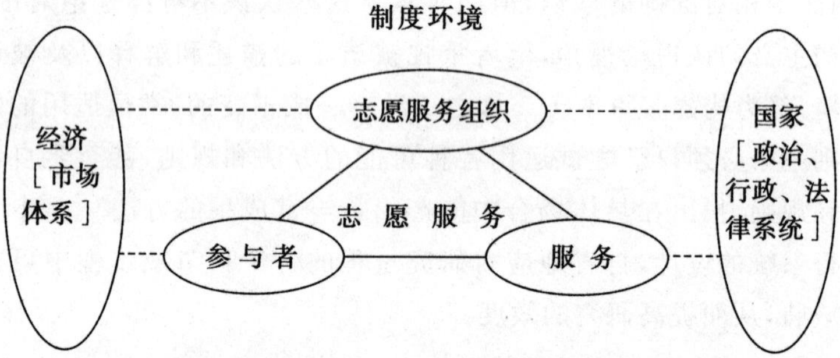

图 3-1　理论框架：志愿服务的要素及其联系

一、初步的理论框架

概括地讲，该理论框架中间的部分——三个椭圆构成的一个三角形，表示志愿服务的概念及其核心要素；四条虚线连接着的左右两侧的两个竖长的椭圆，则强调了志愿服务是在一定的制度环境下发展的。

1.志愿服务

本书所讨论的志愿服务是有组织的志愿服务。图 3-1 中的三个椭圆分别表示了志愿服务的三个要素：志愿服务组织、志愿服务的参与者、志愿服务的“服务”。这三个要素相互联系，相互作用，例如，志愿者与志愿服务组织之间会存在双向选择；志愿服务组织会选择、管理服务项目，而服务项目

① Miles, M., & Huberman, M., *Qualitative Data Analysis An Expanded Sourcebook*. Thousand Oaks, C.A.: Sage Publications, Inc, 1994, p.18.

② Maxwell, J. A., *Qualitative Research Design: An Interactive Approach*, Thousand Oaks: Sage, 1996.

又会影响志愿服务组织的发展;志愿者对服务项目会有所选择,而不同的服务项目对志愿者也可能有不同的影响。

因此,笔者把这三个要素用实线相互联结,构成一个三角形,表示的是"志愿服务"的概念,即任何人在不追求物质报酬的前提下,通过参与有关组织或机构的社会服务项目,为推动社会福利或人类发展而自愿贡献个人时间、智力或劳动的过程(详见第一章第一节)。

2.志愿服务发展的制度环境

国家体系和经济系统是对志愿服务的发展具有重要影响的制度环境。从志愿服务发展的历程来看,政府的各种政策和经济的发展对志愿服务组织的发展具有重要的影响。① 因此,在图3-1中,以左右两侧两个椭圆分别表示国家体系和经济系统并用虚线相连接,从而将志愿服务置于一定的制度背景下进行研究。

二、研究问题

对应理论框架,可以进一步明确所要研究的问题及相应的副问题。

1.研究问题一:志愿服务的制度环境有哪些特点?

理论框架(图3-1)的左右两个椭圆强调志愿服务是在一定的制度背景下发展的。与理论框架的这部分内容相呼应,在实地资料收集阶段,关于志愿服务发展的制度环境,笔者的研究重点主要包括:①主要有哪些政策或管理制度影响到国内志愿服务组织的发展?②在这些政策或制度中,有哪些是全国统一的政策或制度?哪些是地方性的政策或制度?③这些政策在现实中的执行情况怎样?对志愿服务组织的发展有什么样的影响?

本书第四章将集中讨论上述问题。

2.研究问题二:在特定的制度环境中,志愿服务组织如何发展?

政府在积极推动志愿服务的过程中,志愿服务组织的注册管理制度也在调整(详见第四章)。那么,在此过程中,除了政府推动的志愿服务之外,国内民间志愿服务组织是如何发展的?有哪些力量可以支持这些民间组织的发展?

---

① 不少学者对此进行过论述,如 Cohen, J. & Arato, A., *Civil Society and Political Theory*, Cambridge, Mass.: MIT Press, 1992;[美]泰勒(Taylor, C.):《原民间社会》,文一郡译,《社会主义:后冷战时代的思索》,(香港):牛津大学出版社1996年版,第39~69页;等等。

在综合分析收集到的各种资料的基础上，本书第五章将初步回应这些问题。

3.研究问题三：志愿服务的参与者与志愿服务组织、服务内容及有关制度环境之间存在怎样的联系？

围绕理论框架的“参与者”要素，可以发展出以下几个具体的副问题：①志愿者和管理者如何选择志愿服务组织和服务内容？②除了参与志愿服务以外，他们有参与其他社会公共事务的意愿吗？③志愿服务组织的管理者和志愿者参与志愿服务或公共事务的实际情况怎样？

本书第六章和第七章将集中回应这些问题。

4.研究问题四：志愿服务的“服务”与志愿服务组织及有关制度环境之间存在怎样的联系？

围绕理论框架中的“服务”要素，笔者提出以下几个具体的研究问题：①志愿服务过程中，场所/媒介的使用情况怎样？②各志愿服务组织与志愿者或服务对象之间有哪些沟通渠道？效果如何？③志愿服务中，志愿者和管理者有哪些政治要求？又有哪些行动？

本书第七章将集中分析研究资料并响应上述问题，同时还将对“志愿服务、和公共领域的发展”进一步讨论。

综上所述，在文献回顾的基础上，本节提出了一个初步的理论架构，并以此为基础，发展出四个主要的研究问题及相应的副问题。要通过实证研究回答这些问题，仍需有更进一步的、详尽的研究设计。具体的研究设计笔者将在下一节阐述。

第三节 研究方案的设计与实施

基于系统化设计思路，笔者主要运用分层目的抽样的策略、采取质性研究的方法收集资料，在整个研究设计过程中关注“效度”、保持自省。本研究历时15年，调查地点以2016年，即《中华人民共和国慈善法》实施前后为界：2005～2016年，调查地点主要在我国J市；2016～2019年，主要在S市收集资料。

需要指出的是，虽然作为北方典型的二线城市的J市和作为南方典型的一线城市的S市在产业结构和城市面貌等方面各具特色，但是自秦代已降中国确立的大一统格局使J市和S市在社会制度、政治文化等方面具有共性，而且S市志愿服务发展的现状在一定程度上被J市等地定为学习的目标和未来发展的方向，可以说在某种程度上S市接近J市发展的未来。因此，综合考察J市和S市的数据有助于提升研究发现的适用性，以及展望中国志愿服务的发展前景。

一、研究地点的选择

概括地讲，选择J市和S市作为中国志愿服务的调查地点，理由主要有三个：第一，与乡村相比，城市往往是一个区域的政治、文化、经济和教育中心，能更加集中地反映当代中国社会的各种问题和发展方向。第二，同时考察J市和S市，可以相对全面地了解中国志愿服务发展的现状与未来。J市是典型的二线城市，与中国大多数城市的情况更为相似；S市是超大城市，是中国先进城市的代表，《慈善法》等新法在该市实施的步伐更快。第三，笔者相关的背景知识有助于数据的收集和整理。

1.城市与乡村：选择城市

质性研究应尽可能选择有代表性的地点和样本。中国有数千年的农耕文明，农业大国的形象根深蒂固。有关中国本土的社会学文献，如晏阳初、陶行知、梁漱溟等前辈学者在20世纪20～30年代推动的“乡村建设运动”和当代学者黄宗智关于清末民初中国华北农村“公共领域”或“第三领域”的讨论，也都不约而同地将研究地点选择在中国的乡村。[①] 那么，为什么笔者不循着这些前辈的足迹继续研究乡村却把地点转向城市？[②]

首先，中国志愿服务的发展处于起步阶段，城市里集中了中国目前绝大部分的志愿者和志愿服务组织。当代中国有组织的志愿服务的讨论都始于

---

① Huang, P.C.C., "'Public Sphere'/'Civil Society' in China? The Third Realm between State and Society," *Modern China*, 19(2), 1993, pp. 216-240.

② 什么样的地区可以称为“城市”？《简明不列颠百科全书》(1985)第2卷中对城市的定义为“一个相对永久性的、高度组织起来的人口集中的地方，比城镇和村庄规模大，也更重要”；《中国大百科全书·社会学卷》对城市的界定是“大量异质性居民聚居，以非农职业为主，具有综合功能的社会共同体”；美国人口普查局为统计方便，把常住居民不少于5万人的地区称为“城市”(Agnes, Michael, *Webster's New World College Dictionary*, 5th ed., Boston, Massachusetts: Houghton Mifflin Harcourt, 2014)。联合国为了进行国际性的对比调查，建议所有国家的人口普查和官方统计，把集中居住人口达10万人以上的地方称为“城市”(参见麦夷、江美球编著：《城市社会学概论》，贵州人民出版社1988年版，第25页)。总之，虽然关于“城市”的概念还没有统一的认识，但城市的共性越来越凸显，它不但聚集了大量的人口，而且兼有生产、流通以及科学、文化和社会活动等多种功能。

20世纪90年代(请参阅本书第一章),虽然有很多志愿服务项目的目标是服务农村,如"送科技下乡""支持边远地区教育"等,但项目的发起、组织却基本上是在城市里进行的。

其次,西方志愿服务的发展与工业化、城市化及与之相联系的社会需要密切相关;而中国20世纪90年代城乡分隔的户籍政策进一步松动以后,各种主要的社会问题和需要也与城市和城市化有关。例如,城市的开放令大量农民进城务工,而大量农民进城务工又引起乡村的凋敝,令城市下岗职工就业更加困难;由于城市实行各种与户籍有关的排斥性的福利政策,所以外来务工者在诸如医疗、住房、子女教育等方面处于不利的地位,需要各界给予关注;等等。

最后,20世纪中叶至今,中国一直处于城市化的进程中。[①] 根据国家统计局公布的第一次全国人口普查的数据,1953年中国只有13.26%的人居住在城镇;而《中华人民共和国2019年国民经济和社会发展统计公报》显示,"城镇常住人口84843万人,占总人口比重(常住人口城镇化率)为60.60%,比上年末提高1.02个百分点。户籍人口城镇化率为44.38%,比上年末提高1.01个百分点"[②]。

因此,笔者认为,与乡村相比,城市不但可以更加集中地反映中国社会的各种变迁和问题,也更能代表中国社会的发展趋向。因此,将有关中国志愿服务的发展置于城市而不是乡村的背景之下讨论是恰当的。

2.城市的选择:J市和S市

既然城市比乡村更能代表当代中国社会的发展方向,而且由于种种主、客观条件的限制,包括本研究在内的多数研究都不可能普查所有的中国城市,那么挑选哪个城市进行调研才更切合本研究的主题呢?

---

① 《简明不列颠百科全书》(1985)第2卷中对"城市化"的定义是"人口集中到城市或城市地区的过程。这种过程可能有两种方式:一是城市地区数量的增加;二是每个城市地区内人口的增长。"(《简明不列颠百科全书》编辑部编:《简明不列颠百科全书》第1版,北京:中国大百科全书出版社1985年版,第272页)而在联合国教科文组织出版的《社会科学词典》中,则有四种关于"城市化"概念的解释:(1)城市中心向周围影响及扩展(地理及经济学家的提法);(2)人口中城市特征的出现(农村社会学家经常使用的提法);(3)人口集中的一个过程(人口学家经常使用的提法);(4)人口集中的过程,其中城市(镇)人口占地域人口比例的增加(转引自张钟汝等,2001:4)。

② 中华人民共和国国家统计局:《中华人民共和国2019年国民经济和社会发展统计公报》,http://www.stats.gov.cn/tjsj/zxfb/202002/t20200228_1728913.html,2020年8月12日访问。

(1)J 市和 S 市:重视志愿服务的典型城市

首先,就城市定位而言,J 市和 S 市是两个分别具有北方和南方特色的城市。J 市地处华北,是一个典型的二线内陆省会城市,在规模、经济、社会发展和文化等方面与众多处于中等发展水平的城市具有可比性。作为 S 省省会,J 市属于副省级城市,是 S 省的政治、文化、教育、科技和经济中心。S 市属于华南地区,是副省级市、计划单列市,其 GDP 和志愿服务发展一直居于中国前列,属一线沿海城市,是中国先进城市的典型代表。

其次,在志愿服务发展方面,北方的 J 市是具备一定的慈善和志愿服务传统的文化古城;南方的 S 市是改革开放的前沿,也是新兴的"志愿者之城"。而且,J 市等中小城市都曾到 S 市学习其志愿服务方面的经验。在一定程度上,J 市等中小城市以 S 市的现状为发展目标。

J 市是国务院公布的历史文化名城,其历史几乎可以反映所有中国重要的社会文化变迁。[①] 清代前期,J 市是区域性的政治和文化中心,城市结构和功能单一,除了育婴堂、普济堂和粥厂等机构外,真正民间兴办的慈善设施并不多见。但自 1904 年开埠后,在短短的十余年时间里,J 市就成为 S 省第一大商贸中心,慈善社团也随之兴起。1929 年,仅呈请市社会局注册的就有 33 家之多,尚不包括其他兼办善举的社团和省会慈善事业公所等。无论是参与的人数、资金来源的渠道还是活动范围,在省内都是首屈一指的。到 1935 年,仅女道德社就吸收社员达 1717 人之多,远比上海、北平和天津等大城市的女社员人数多。[②] 而且,在 J 市开埠后至抗日战争爆发前的 1904~1937 年,多数团体的民间性和自主性显著增强,既与政府发生关系,也主张政治中立,活动仅限于慈善领域,在一定程度上避免了政权更迭所带来的消极影响。1938 年以后,J 市的慈善事业因为抗日战争、解放战争及其之后的政治运动而中断。J 市当代有组织的志愿服务始于 1994 年,是由共青团推动的"中国青年志愿者行动"。2006 年,《J 市志愿服务条例》颁布实施,J 市

① 汉代 J 市已经成为大规模的城镇。明洪武九年(1376 年),J 市成为 S 省首府,"历经明清民国而至今"(基于匿名原则,参考文献略)。

② 参见 1935 年的历史文献资料《J 市女道德社》(遵循匿名原则,篇名经过编码,并略去文献出处)。

成为S省第一个为志愿服务立法的城市。[①]

S市虽然建市只有40多年，却是当代中国志愿服务的发源地之一。S市在20世纪80年代就出现了“志愿服务”的萌芽。1990年4月，在共青团市委发起下，S市诞生了我国第一个正式注册的法人志愿者组织——S市义务工作者联合会（简称“义工联”）；S市还率先在全国提出系统化地建设“志愿者之城”，走出了第一批国际志愿者，第一个设立了“义工服务市长奖”，出版了第一本青少年志愿服务教育读本，第一个启用了多功能电子义工证。该市社会组织年报等资料显示，截至2019年5月，S市志愿者数量已占到常住人口的13%，位居全国前列。此外，S市作为改革先锋，积极宣传推进《慈善法》，是受到G省人大执法检查组肯定的少数城市之一。

（2）笔者的背景知识有助于数据的收集和整理

首先，笔者在J市出生和成长，在S市工作和居住若干年，对当地的文化、习惯、方言、城市交通等背景知识比较了解或熟悉，这将有助于拉近访问对象与笔者的心理距离，有助于建立互信，从而使收集到的数据更有效度。

其次，关于J市和S市的背景知识，有助于笔者收集和整理资料。举例来说，在访谈中，笔者可以明白访谈对象的各种缩略词语或地名简称，从而有助于笔者与访问对象互动，也有助于日后的数据分析。

二、样本的选择

1.界定总体

“总体”（population），即我们要研究的事物的全体。社会研究中的总体分为“研究总体”和“调查总体”。“研究总体”是在理论上明确界定的个体的集合体，它必然受内容、单位、范围、时间等几个方面的限定。“调查总体”是研究者从中实际抽取的调查样本的个体集合体，它往往对研究总体作进一步界定。在这里，“个体”是指收集信息的基本单位，即分析单位。这个分析单位可以是某种类型的人，也可以是家庭、组织或小区等。[②]

本研究把志愿服务界定为志愿者通过志愿服务组织完成服务的动态的

① 2006年5月26日，J市第十三届人民代表大会常务委员会第二十四次会议通过《J市志愿服务条例》；2006年7月28日，S省第十届人民代表大会常务委员会第二十二次会议批准于2006年10月1日正式实施（J市人民政府门户网站，2006）。J市志愿服务工作委员会主任由J市市委副书记担任（“新华网S省频道”，2006）。

② 参见袁方：《社会研究方法教程》，北京：北京大学出版社1997年版，第203～204页。

过程,所以本研究的分析单位是志愿服务组织。由于研究地点是中国J市和S市,因而笔者将“研究总体”界定为2001～2020年J市和S市所有志愿服务组织;将“调查总体”界定为2001年1月1日至2020年6月1日在J市和S市开展志愿服务活动的组织。

2.选择样本

本研究采用分层目的抽样(stratified purposive sampling)、滚雪球抽样(snowball sample)和目的抽样(purposive sampling)三种方法选择样本。笔者首先采取“分层目的抽样”的方法在J市和S市各选择6个志愿服务组织,并对这些组织的最资深负责人进行访问,然后采取滚雪球抽样,即通过这些负责人找到48名志愿者进行访问。此外,采取目的抽样,对3名官方管理者和1位宗教界政协委员进行了访问。这样,本研究的样本总数为64人。

(1)分层目的抽样

目前,国内的志愿服务组织已经越来越多元化,分层目的型抽样适合对异质性的总体进行探究。“分层目的抽样指研究者首先将研究现象按照一定的标准进行分层,然后在不同的层次上进行目的性抽样。”[①]本研究的分层目的抽样分两个步骤进行:步骤一,挑选较典型的志愿服务组织;步骤二,从选定的组织中选择1名管理者和3～4名志愿者进行1～6次、每次1小时左右的半结构深度访谈。

步骤一,志愿组织的选择。

分层目的型抽样的理想情况是,笔者可以先以J市和S市所有志愿服务组织的名单作为研究总体,然后再在其中选择典型的组织作为样本。但是,考虑到研究的实际情境,这样做是不可能的。一方面,虽然国内的社团登记由民政局负责,但是在此注册的组织并不一定是志愿服务组织,各类学会(如机械工程学会、营养卫生学会、水利学会等)占绝大部分,而这些学会很少开展志愿服务;另一方面,很多志愿服务组织并不一定在民政部门注册。比如,具有官方性质的共青团、红十字会等组织无须注册,而自发的具有民间性质的学生组织也通常是挂靠在学校团委或党委之下,也不需要在民政局注册。

没有志愿服务组织的详细名单,笔者将如何选择样本?由于本研究采

① 陈向明:《社会科学质的研究》,台北:五南图书出版股份有限公司2002年版,第107页。

取在分层目的性抽样后以深度访谈等质性方法收集和分析数据的研究策略，所以只要能够挑选出符合研究目的且尽可能典型的样本即可。那么，怎样才能选出符合研究目的且尽可能典型的样本呢？笔者的方法是尽可能多地通过各种渠道了解国内有关志愿服务组织的数据，然后再按照笔者设定的条件进行选择。

笔者收集志愿服务组织基本信息的渠道主要包括：查阅学术期刊，定期阅览当地主要报纸的电子版，通过互联网搜索引擎收集数据，走访有关的志愿服务机构，以及向老师、同学、同事、朋友们了解当地志愿服务组织的志愿者招募、服务开展等各种情况。在J市和S市共分别收集到了34个和32个志愿服务组织的基本联络数据和组织介绍或事迹说明。

为尽可能全面地了解内地志愿服务发展的情况，笔者基于两个标准选择样本。第一，根据笔者在第二章第二节提出的“中国志愿服务组织类型”坐标选择样本，即保证样本中至少包含以下四类志愿服务组织：(a)官方且基于问题；(b)官方且基于社区；(c)民间且基于社区；(d)民间且基于问题。[①] 第二，根据志愿服务组织的登记类型进行选择，即保证样本中包含当前中国内地志愿服务组织以下四种登记类型：(a)免予登记的组织；(b)在民政局正式登记的组织；(c)单位内部登记的组织；(d)未登记的组织。[②]

这样，笔者从J市34个志愿服务组织中选择了甲、乙、丙、丁、戊、己，在S市32个志愿服务组织中选择了S1、S2、S3、S4、S5、S6，共计12个志愿服务组织。图3-2显示了这12个组织的类型(在坐标中的位置)；表3-3总结了这6个组织的登记类型等基本情况。

① 在我收集到的34个组织中，官方且基于问题型组织(a)有11个，官方且基于小区型组织(b)有3个，民间且基于小区型组织(c)有3个，民间且基于问题型组织(d)有3个，介于(a)(b)之间的组织有5个，介于(b)(c)之间的组织有1个，介于(c)(d)之间的组织有7个，介于(d)(a)之间的组织有1个。

② 有关“免于登记”的详细内容可参阅《民政部关于对部分团体免予社团登记有关问题的通知》(民政部，2000a)和《民政部关于对部分社团免予社团登记的通知》(民政部，2000b)。

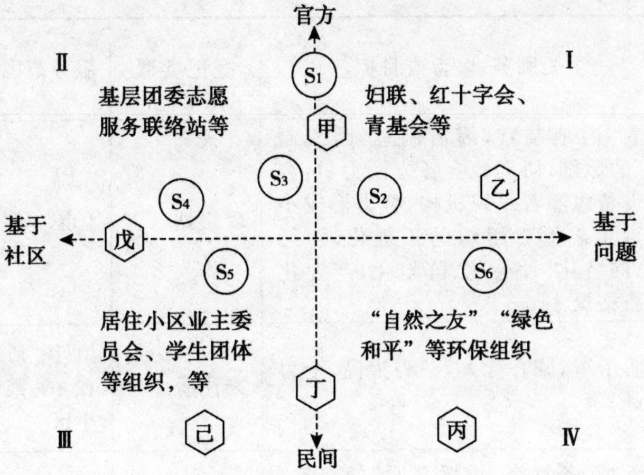

图 3-2　研究样本:J 市和 S 市的志愿服务组织

表 3-3　J 市和 S 市志愿服务组织的基本情况

特点 组织	主要服务、宗旨或目标	登记类型	服务范围	志愿者来源
甲	领导全省共青团工作,组织全省共青团组织围绕全省改革、发展、稳定的大局开展工作,在省内政治、经济、文化等活动中发挥党的助手作用	免予注册	全国	全省
乙	取之于民,用之于民,保护环境,造福人类	省级社团	全省	省内高校,以 J 市高校的学生为多
丙	逐步建立公众在环境保护方面的参与和监督机制	市级社团	J 市及外省 M 县	J 市及外省 M 县
丁	关爱、使能、妥适、胜任	从高校社团发展到市级民办非企业单位	J 市	社工专业本科及研究生同学

续表

特点 组织	主要服务、宗旨或目标	登记类型	服务范围	志愿者来源
戊	本着“因地制宜，因需制宜，因人制宜”的原则，协调社会各方面力量，合理设置志愿者组织机构，努力形成小区青年志愿者组织的正规化、多元化、网络化、社会化、阵地化、产业化的新格局	联络站	J市	J市
己	公心干事，诚心待人，一心为民，全力以赴	未注册	组织所在的某小区	组织所在的某小区
S1	秉承“服务社会，传播文明”的宗旨，倡导“参与、互助、奉献、进步”的服务精神，传播“助人自助”“送人玫瑰、手有余香”的互助理念	市级社团	S市	全市
S2	传播志愿服务理念，弘扬志愿服务精神，提高志愿服务水平，推动志愿者事业发展	市级基金会	S市	全市
S3	交通劝导、社区清洁、秩序维护、物品义卖、文明素质宣传倡导、公益讲堂、爱心书屋等	街道服务点	S市L区	S市L区党员
S4	航空旅客提供志愿咨询、帮扶、应急等服务	服务站	机场	以S市B区为主
S5	慰藉心灵，回馈众生	寺内	寺内	全国
S6	赈灾、环保、绿色网络、探访等	某知名公司志愿者项目	除赈灾外，主要在S市	该公司员工

步骤二，访谈对象的选择。

“分层目的抽样”的决策通常需要考虑的是：下一步材料收集中要选取什么人或群体？达到什么理论目的？样本规模要多大？什么时候可以停止抽样？

根据理论框架及相应的研究问题，本研究需要选择志愿服务组织的管理者和志愿者进行访谈。[①] 选定志愿服务组织以后，笔者将首先分别在各个组织中选择 1 名资历最深的管理者进行访谈、收集数据。如果一个组织内有几个不同的管理者负责不同的事务，在对方同意接受访谈的前提下，笔者将选择具体负责志愿服务工作时间较长的人进行访问。

在对管理者进行访问后，笔者运用“滚雪球抽样”(snowball sample)的方法选择志愿者，即请各个志愿服务组织的管理者向笔者推荐 3～4 位积极参与该组织的志愿服务并坚持时间较长的“核心志愿者”，并提供这些志愿者的联络方式。[②] 然后由笔者本人与这些志愿者联络，并在征得他/她们同意后进行访谈。

(2)目的性抽样

“目的性抽样”是指依据研究目的抽取能够为研究问题提供最大量信息的研究对象，亦即按照研究设计的理论指导进行抽样。[③] “目的抽样”不以样本的多少为标准，更主要的在于“样本的限定是否合适”，以及这些样本是否可以比较完整和相对准确地回答研究者的研究问题。[④] 在研究起步阶段，为加深对 J 市的志愿服务组织发展的制度环境的了解，笔者以“目的性抽样”选择了 J 市民政局和 J 市志愿服务工作委员会两个主要的机关，并分别对这两个机关中负责志愿服务组织管理的最主要的一位工作人员进行访谈。[⑤] 另外，在笔者选择的志愿服务组织中，组织已没有在任何地方登记，但得到了

---

① 在目的抽样中，抽样以发展理论为目的，样本的选取的根据是它们在理论的进一步形成方面是否能提供新见解。目的抽样是一个逐渐的过程，理想的状态是达到“理论饱和”，即新的样本已经不能进一步提供新的信息时才停止抽样(陈向明，2001)。因此，在确立研究设计时，笔者没有严格限定访问对象的人数，而是留有一定弹性，以根据访谈情况进行调整。

② 在实际的资料收集中，笔者发现，官方组织甲与志愿者之间缺乏沟通，并不了解志愿者的情况。在组织甲的 2003～2006 年参加“西部计划”志愿者的数据库中，共检索到 6 名就读学校和家庭所在地均为 J 市的志愿者。在这 6 名志愿者中，有 3 名志愿者接受了笔者的访谈。与这 6 位志愿者进行联络的过程，请参阅第六章第二节相关脚注。

③ Glaser, B. G., & Strauss, A. L., *The Discovery of Grounded Theory Strategies for Qualitative Research*, Chicago, IL Aldine Transaction, 1967.

④ 参见 Maxwell, J. A.:《质化研究设计——一种互动取向的方法》，高熏芳、林盈助、王向葵译，台北：心理出版社 2001 年版。

⑤ 后来，在调查中发现，J 市志愿服务工作委员会实际上是一个“虚设的机构”，与 J 市志愿者协会和 J 市共青团市委“合署办公”，即由同一批人负责三个名称不同的组织的日常工作。这样，在第三章和第四章，笔者也对 J 市志愿者协会和 J 市团市委进行了讨论。因此，原先选择的 6 个组织加上“J 市志愿者协会”以后，其中涉及的志愿服务组织就增加到 7 个；而由于 J 市志愿服务工作委员会基本上等同于 J 市团市委”，所以管理机关仍然是两个(有关的详细讨论请参阅第四章)。

其所在的居委会和街道办事处的认可，而且媒体多次予以正面报道。为了进一步了解该组织获得认可的情况，笔者对比较了解这个组织情况的一位居委会主任进行了访问。对于组织己来说，这位居委会主任就是该组织的“官方管理者”。

此外，在西方有宗教背景的志愿服务组织是推动志愿服务发展的一种重要力量。为了解有宗教背景的志愿服务的发展情况，笔者采取“目的抽样”的方法，在J市选择了一位时任该市政协委员的资深牧师进行访问；在S市，访问了一所知名佛教寺庙。

三、资料的收集、整理、分析以及研究伦理

在质性研究中，研究者一般会与研究对象有比较密切的接触，所以研究者有责任在资料收集、整理、分析直至论文发表的每个阶段采取适当的措施维护访问对象的权益。因此，下文除介绍本书收集、整理、分析资料的方法之外，还将介绍有关的伦理考虑。

1.研究伦理及实践

基于本研究的研究对象包括个人和组织两个层次，关于研究伦理亦有不同的考虑。对于个人层次的研究伦理，笔者严格遵守自愿、匿名和保密的原则。为了既充分保障访问对象的权力，又确保研究的质量，笔者拟定了《接受访谈同意书》。“同意书”中介绍了研究的目的、访问对象的权利以及录音的要求等内容。访问开始前，笔者请访问对象仔细阅读这份文件，并在知情同意的基础上签署《接受访谈同意书》，而后才打开录音设备开始访谈。

对录音数据进行转录时，为了既保护访问对象的匿名权，又便于笔者识别对象、回忆场景，笔者发展了一套“姓名/代码转换原则”：

首先，对本书访问的3位具有官方身份的管理者，笔者以“部门职员一零”“部门职员一壹”“部门职员一贰”表示；

其次，对6位志愿服务组织的负责人，笔者以“负责人一组织代码”的方法表示，比如，“负责人一组织乙”代表组织乙的负责人，“负责人一组织S3”代表组织S3的负责人，等等。为了行文通顺，有时亦以其组织代码替换其姓氏，如组织乙的负责人乙女士、组织丙的负责人丙先生等。但有些特殊的是，由于官方组织甲的负责人具有“公务员”身份，所以本书以“负责人一公务员甲”表示组织甲的负责人。

再次，对本书访问的志愿者，笔者以“组织代码一称呼姓氏”的规则隐去

访问对象的姓名。如“组织甲—陈先生”表示通过组织甲参与志愿服务的志愿者陈先生;“组织戊—刘女士”表示通过组织戊参与志愿服务的志愿者刘女士;“组织丙和乙—杨先生”表示志愿者杨先生参加了组织丙和组织乙两个志愿服务组织,但他是作为组织丙的志愿者接受我的访谈,所以我在组织代码中,把“丙”放在“乙”的前面;等等。

此外,笔者对可能泄露组织或个人信息的文章、报纸的名称也进行了编码;同时,对地名以汉语拼音进行编码。

虽然本研究的研究问题决定了研究过程中基本上不会涉及研究对象的个人隐私问题,但笔者发现,某组织向笔者提供的志愿者名单和联络方式的Excel文件中,包含了志愿者的身份证号等笔者并不需要的个人信息。对于这些信息,笔者发现后立即予以删除。

在组织层次,笔者除了注意保护各个组织的业务隐私之外,还注意反省研究者的位置。访问中,笔者感到一些民间组织的负责人对笔者的角色期待介乎“建议者”或“同情者”之间。但是,从后实证的世界观出发,笔者将自己定位为尽量追求但不苛求“价值中立”的“研究者”,即笔者本人不介入任何组织的事务且不对任何组织的发展产生影响。这样,笔者在访谈中保持谦逊,主要把自己定位于“倾听者”和“学习者”。

但是,除了研究者的身份之外,笔者也把自己作为一位与访问对象平等地、能够并愿意与他们就公共利益问题进行理性讨论的独立的个人。因此,当笔者认为志愿组织的行动有可能对他人或社会造成负面的影响时,笔者也会主动表达自己的意见。例如,当我从我的联络人之一、组织戊的王女士通过电邮发给我的一份题为《XX义工突破两万人》的新闻稿中得知上至91岁的老人、下至中小学生纷纷报名参加组织戊的情况时,我给她写了下面的电子邮件,以提醒组织戊在活动中注意保护志愿者的安全:

> 谢谢你发来的文件!看到我们最近新成立了少年团和老年团,我们的队伍更壮大了。不过,我也有个小小的建议:是不是应该特别留意这两个团的培训、安全、督导等工作?特别是对于14岁以下的少年,我们是不是需要先培训一些具备资格的志愿者(比如教师),再让他们督导我们的小志愿者。还有,根据《中国青少年志愿者注册管理办法》,14岁以下的少年参加志愿服务好像需要征得家长同意。
>
> (2007年4月3日,电子邮件)

总之，质性研究的研究者需要的不仅是关于研究伦理的信念，更重要的是发现清晰的方法并把各种研究伦理付诸实践。

2.资料的收集

本研究采取长时间追踪研究。在J市，主要资料收集于2005～2007年，之后笔者于每年定期返回J市实地收集、补充、更新资料；至2016年，J市资料趋于饱和。如前所述，为更全面地理解中国志愿服务发展的情况，笔者将《慈善法》落实较好的S市纳入研究的视野。S市的资料主要收集于2016～2019年。这些数据主要包括：对志愿服务机构的志愿者和管理者、官方管理人员进行深度访谈的录音数据，收集访问对象基本信息的问卷数据，与志愿服务组织或志愿者有关的文本资料，以及笔者通过参与特定的志愿服务活动亲身观察所得到的数据。

(1)访谈资料

在整个研究过程中，除了由于组织丁的负责人定居加拿大，对他的结构式访问[①]是通过电话进行的之外，其他访问对象至少进行了1～2次、每次大约1小时左右的半结构式面对面深度访谈。[②] 随后的访问，则依访问对象的方便，选择以电话或微信、QQ等方式进行。

笔者为第一次面访分别设计了针对管理者和志愿者的访问指引。其中，管理者访谈指引，既适用于官方管理者，也适用于志愿服务组织的管理者。第二次之后的访问建立在对前次面访的数据进行了初步的整理和分析的基础上。为此，笔者为每位需要再次进行访问的研究对象设计了各不相同的访问指引。

访问的具体时间和地点均由访问对象决定，以访问对象感觉方便、环境安静为原则。[③] 虽然访问对象在第一次访谈时已经签署《接受访问同意书》，

① 笔者依据“第一次访问的访谈指引”，于2007年4月3日对组织丁进行了结构式电话访问；2007年6月3日，组织丁来香港，笔者同他会面，并进行了大约3个小时的无结构式访谈。组织丁除进一步介绍了该组织的情况外，还同笔者分享了他对中国NGO发展的未来、前景等问题的看法。

② 深度访谈的优点在于：详细描述事情发生的经过(detailed description of processes)，综合不同观点(multiple perspectives)以探讨言行的背后意义 (social meanings)。深度访谈分半结构式访谈和结构式访谈。结构式访谈有具体的访谈问题，但没有预设的答案。半结构式访谈时，研究员要订下访谈大纲，但访谈的谈话内容没有严格限制，可以根据谈话的进度适当追问和修正问题(陈向明，2002；袁方，1997)。

③ 访问时间介于早8:30至晚7:30；访问地点非常多样，如在访问对象的办公室、志愿服务组织的接待室、咖啡厅或者访问对象的家中等。

但在电话访谈时笔者依然会再次征求访问对象的意见；得到同意后，笔者对电话访问进行了录音。

(2)个人基本信息

在第一次面访结束后，笔者请每位被访者填写一张个人基本信息卡(包括“管理者个人基本信息卡”和“志愿者个人基本信息卡”)，其内容包括教育水平、职业、在本市居住时间、籍贯、性别、个人收入、家庭收入、政治面貌、姓名、联络电话、Email 地址和 Blog 地址等。

(3)文本资料

在实地资料收集阶段，收集到的文本数据主要包括组织或机构保存的志愿者数据、会议记录、项目计划、总结报告等比较正式的文本资料，以及来自报刊、互联网、QQ 群等大众媒体的正式或非正式的文本资料。

(4)观察记录

笔者通过参与活动与志愿者密切接触，在直接体验中倾听和观看被观察者的言行，并对观察进行记录。在活动中，笔者还对结识的志愿服务组织的其他成员和志愿者进行了无结构式访谈，从而了解到更多的背景故事或数据。有的志愿者还通过短信和电邮主动与笔者联络，谈他们对志愿服务和组织的看法。

3.资料的整理

对前两轮收集的数据，笔者采取先及时编码、归类、备份，汇总后再分析的方法。一方面是由于实地研究的时间有限；另一方面是由于笔者认为在资料收集过程中应尽量保持开放的态度去收集信息，因为过早地整理收集到的信息，很容易产生“第一类效度威胁”，即基于不充分的证据得出不恰当的研究结论。但两次集中的资料整理和分析之后，笔者认为对数据已经比较熟悉，所以对通过电话或/和电子邮件继续与访问对象联络、收集到的资料，采取了及时整理和分析的方法。

笔者对录音文件进行了细致的“逐字”转录。在转录中，笔者甚至注意区分了访问对象使用语气词时语气的强弱。例如，对于发音同为“ai”(拼音)的语气词，笔者以“嗌”表示访问对象对自己的高度肯定；以“嗳”表示对自己的肯定；以“哎”表示一种无奈的叹息语气。认真、精确的转录，不仅使笔者对材料相当熟悉、在阅读时容易再现访谈时的情景，而且还加深了对材料的理解。

4.资料的分析

笔者将质性分析软件 Nvivo 作为整理和分析资料的辅助手段，并运用合众法、参与者检查等方法应对“第二类效度威胁”。

(1)合众法

在数据整理和分析阶段，笔者主要从三个方面使用合众法。

一是在分析经验资料的同时查阅有关的文献，收集会议记录、新闻报道等多种资料。例如，当发现笔者的一位访问对象反复强调“道德的作用”时，笔者除了反复阅读有关转录资料之外，还查阅了学术界关于“道德”的讨论。这样，经验资料引导笔者寻求理论解释，而新获得的理论知识又促进了笔者对经验资料的理解，从而有助于提高资料分析的质量。

二是通过阅读另一位研究者的访谈资料来检查笔者的访谈资料。2006 年 12 月，笔者第一次收集资料时，这位研究者正在进行“J 市志愿服务动力机制”研究，他向笔者提供了他所了解的志愿服务组织数据；而笔者也把自行选定的访问组织名单在访谈前告知这位研究者；此后，这位研究者在笔者所选择的研究对象中挑选了 9 名符合他研究要求的志愿者。在征得访谈对象同意的前提下，我们一起前往地点，就各自关心的问题进行单独的访问，并分别录音。[①] 之后，我们交换了经过匿名处理的对这 9 位志愿者访谈的转录文字数据。虽然在笔者的研究中并没有使用这位研究者的访问数据，但是对这些在相同的情境下访问对象对不同的研究者不同的或相似的问题的回答或阐述加以比较之后，笔者对访谈数据的效度更有信心了。

三是通过走访北京大学志愿服务与社会福利研究中心、S 省团省委、香港社会福利署的“义务工作统筹课”(Central Office for Volunteer Service Social Welfare Department)以及作为香港义务工作先驱的民间机构“香港义务工作发展局”(Agency for Volunteer Service，AVS)等国内相关志愿服务或研究机构，反思收集到的志愿服务组织数据的独特性。

---

① 感谢这位研究者的真诚合作。在这 9 次访问中，这位研究者的访问都是笔者在自己的访问完成后进行的。这样，在进行访问时，笔者的研究对象并没有受到这位研究者的提问的影响。

(2)参与者检查

参与者检查,即系统地向研究的参与者征求有关数据记录和结论的意见。[①] 作为一种提高效度的工具,参与者检查的作用不是测试(test),而是为研究者提供自觉(reflexive awareness)和自省(reflexive elaboration)的机会(Bloor,1997)。笔者在研究中采取了参与者检查的方法,即通过电子邮件或微信将笔者的访问录音转录数据发给具有电子信箱的访问对象,请他们更正或补充。但是,也许由于笔者的访问录音转录做得比较细致,并没有访问对象对笔者的转录资料提出异议。

① 关于"参与者检查"的讨论,可参见 Lincoln, Y. S &. Guba, E. G., *Naturalistic Inquiry*, Newbury Park: Sage, 1985; Sandelowski, M., "Rigor or Rigor-Mortis: The Problem of Rigor in Qualitative Research Revised," *Advances in Nursing Science*, 16(2), 1993;等等。需要说明的是:"参与者检查"这种方法也受到一些限制,比如,人类学者在一个没有文字的原始部落中的笔记便不可能交给不识字的部落成员检查。此外,在某些情况下,过分强调参与者检查也会造成效度威胁,比如,研究对象前后的观点出现变化,提供了新数据等(Sandelowski,1993)。

第四章
制度环境

1978年以后，市场经济取向的改革，逐步带来社团管理方面的宽松。从20世纪90年代起，志愿服务组织的发展也得到了政府的鼓励；但是，当时政府对包括志愿服务组织在内的社会团体、民办非企业单位、基金会的登记作了双重管理、属地管辖等比较严格的规定。2016年《慈善法》颁布实施后，符合条件的志愿服务组织可以登记为“社会服务机构”，并不再要求必须有业务主管部门。[①] 不过，不少法律界的专家学者仍然指出，我国有关志愿服务的法规还不够完善，在志愿服务的组织与监管、志愿者的权力保护与激励等方面存在多头管理、权责不清等问题。[②]

即使在慈善事业相对发达的G省，2019年省人大常委会执法检查组在根据《慈善法》第六条关于政府职责的条款对照检查时仍然发现，《慈善法》颁布实施以来，“各级政府并未就贯彻慈善法制定相应的工作方案，也未明确各有关部门的具体职责，缺乏行之有效的组织协调机制”。以C市为例，该市登记或认定为“慈善组织”的社会组织只有12个，仅占全部社会组织的0.8%；“其中有个别在慈善法实施以前登记、名称中带有‘慈善’的社

① 参见《中华人民共和国慈善法》，中国政府网，http://www.gov.cn/zhengce/2016-03/19/content_5055467.htm，2020年5月7日访问。

② 参见莫于川：《中国志愿服务立法的新探索》，北京：法律出版社2009年版；彭云业、李清：《我国志愿服务统一立法刍议》，《中国法学会行政法学研究会2010年会论文集》，2010年；等等。

会组织，也尚未认定为慈善组织”。执法检查组还指出这一现象“并非个例”。①

可见，《慈善法》有关条款的落实仍需要假以时日。因此，本章第一节将介绍目前仍然有效的有关志愿服务组织管理的主要制度规范。第二节则主要以J市为例，呈现《慈善法》实施前相关的管理制度的执行情况及志愿服务组织的应对策略。

第一节　管理制度的类型与特点

“制度”一词的含义非常宽泛，如道格拉斯·C.诺思认为制度“是由非正式约束（道德的约束、禁忌、习惯、传统和行为准则）和正式的法规（宪法、法令、产权）组成的”②；克劳福德和奥斯特罗姆（Crawford & Ostrom）把制度理解为“个人行为模式中可见的规则性”（observed regularities in the patterns of human behavior）③；等等。本书讨论的“志愿服务组织的管理制度”是指国家正式颁布并运用法律或行政手段对志愿服务组织进行管理的各种规范的总称。国内的志愿服务组织通常要接受多种管理制度的规范与制约。

首先，从适用范围看，与志愿服务组织有关的管理制度有全国性的管理制度和地方性的管理制度两类。全国性的管理制度适用于内地所有地区；而地方性的管理制度仅适用于特定的行政区域，如某省、某市、某县等。④

其次，从管理机构看，与志愿服务组织有关的管理系统主要有民政系统

---

① 参见张琳琳：《推动广东慈善事业依法规范发展——省人大常委会开展慈善法执法检查侧记》，《人民之声》2019年第10期。

② ［美］道格拉斯·C.诺思：《经济史中的结构与变迁》，陈郁、罗华平等译，上海：上海三联书店、上海人民出版社1994年版，第3页。

③ Crawford, S. & Ostrom, E., “A Grammar of Institutions,” *The American Political Science Review*, 89(3), 1995, p.582.

④ 中国的国家结构形式采取“单一制”。“单一制”是“由若干不享有独立主权的一般行政区域单位组成统一主权国家的制度”。采取单一制国家的各个地方行政区划是国家根据统治需要按一定原则进行区域划分的结果。国家主权先于各个行政区划存在，地方行政区不是一个政治实体，不具有任何主权特征，即：各地方行使的权力来源于中央授权，并不是地方固有的；地方的自主权或自治权是由国家整体通过宪法授予的，各地方一般没有单独退出该国的权力。（参见许崇德主编：《中华法学大辞典·宪法学卷》，中国检察出版社1995年版）因此，中国社团除受所在地政府颁布的制度规范的制约外，还受到全国通行的制度的约束。

和共青团系统。民政部门的管理面向所有民间组织,20世纪90年代制定的规章比较严格,以"加强对民间组织的管理"。[①] 进入21世纪,《慈善法》(2016)、《志愿服务条例》(2017)相继颁布,《关于支持和发展志愿服务组织的意见》(文明办〔2016〕10号)和《民政部办公厅关于做好志愿服务组织身份标识工作的通知》(民办函〔2018〕50号)等旨在鼓励志愿服务的政策也先后出台,但截至2020年,因部门衔接有待优化、缺少激励等原因,慈善组织和志愿组织的认证工作刚刚起步,条款的落实仍需时日。[②] 共青团的管理则专门面向"志愿服务组织"。共青团是推动中国志愿服务发展的最早也是最直接的力量之一,而且目前一些大型的志愿服务项目,如"大学生志愿服务西部计划""中国青年志愿者海外服务计划"等,通常也是由共青团组织层层推动的。因此,相对于民政部门的管理规定,共青团的规定相对宽松。

以J市和S市为例,它们作为"副省级"城市,具有宪法授予的部分立法权,可以实行自己的政策,所以适用于J市和S市的志愿服务组织的管理制度,主要包括全国性的管理制度和本市的管理制度两大类;而全国性的管理制度和本市的管理制度又可以分为民政系统和共青团系统。

一、全国性的管理制度

1.管理机关

全国适用的志愿服务组织管理机构,主要有两个系统:民政部门的管理系统和共青团的管理系统。表4-1总结了中国内地与志愿服务组织有关的管理制度及特点。

---

① 如《社会团体登记管理条例》(国务院令第250号,1998)第一条开宗明义地指出,中国社团管理的目的之一是"加强对社会团体的登记管理"(http://www.mca.gov.cn/artical/content/PMJN/200312228583 7.htm)。

② 参见张琳琳:《推动广东慈善事业依法规范发展——省人大常委会开展慈善法执法检查侧记》,《人民之声》2019年第10期。

表 4-1　中国内地志愿服务组织的管理

管理机关	登记类型	管理依据	管理对象	管理目标	管理特点
各级民政部门	社会团体、民办非企业单位、基金会、单位内部团体	《志愿服务条例》《社会团体登记管理条例》《民办非企业单位登记管理暂行条例》《基金会管理条例》	除国务院批准可以免予登记的社会团体之外的各种社会组织	加强管理	①双重管理；②分级管理与属地管辖；③年度检查；④对登记有所限制
	社会服务机构	《志愿服务条例》《慈善法》	以提供社会服务为主的慈善组织	发展慈善事业，规范慈善活动	
各级共青团的委员会	志愿者服务队、联络站、服务站等（各地名称不一）	《中国注册志愿者管理办法》	志愿服务组织（特别是青年志愿服务组织）	推动志愿服务	①分级管理与属地管辖；②年度检查

自 2017 年 12 月 1 日起施行的《志愿服务条例》第八条明确规定："志愿服务组织可以采取社会团体、社会服务机构、基金会等组织形式。志愿服务组织的登记管理按照有关法律、行政法规的规定执行。"[①] 换言之，适用于社会团体、社会服务机构、基金会等组织的管理条例，也适用于采取相关类别登记的志愿服务组织。[②] 也就是说，民政系统的管理体制面向包括志愿服务组织在内的各种社团（如各种与志愿服务无关的学术、专业或娱乐团体），国务院民政部和省、自治区、直辖市民政部门是各种社团的登记管理机关。

此外，需要指出的是，民政部门的管理制度对一些与党或政府联系密切

① 《志愿服务条例》，中国政府网，http://www.gov.cn/zhengce/content/2017-09/06/content_5223028.htm，2020 年 5 月 7 日访问。

② 不少学者指出，20 世纪 90 年代至 21 世纪初，志愿服务团体等不少无法登记为"社会团体"的组织，往往退而求其次，登记为"民办非企业单位"（田凯，2004；齐红，2004；俞可平，2006）。这种现象未来或许会减少，但这种历史遗留的现象目前仍然存在。以 J 市为例，截至 2020 年 3 月，依据该市民政局公布的信息，全市认定的 39 个慈善组织中，有 31 个是"民办非企业单位"。因此，《志愿服务条例》中虽然没有明确提到"民办非企业单位"，但在"……基金会等"这个"等"字可以视为包括了"民办非企业单位"。

的组织作出了例外规定:部分组织可以“免予登记”。民政部在2000年12月发布了《民政部关于对部分团体免予社团登记有关问题的通知》(民发〔2000〕256号)(民政部,2000a)和《民政部关于对部分社团免予社团登记的通知》(民发〔2000〕257号)(民政部,2000b)。根据这两个通知,“参加中国人民政治协商会议的人民团体”和“经国务院批准可以免予登记的社会团体”可以“不进行社团登记”;而“除上述国务院批准可以免予登记的社会团体外”的各种协会或团体“都应该按照《社会团体登记管理条例》的规定履行登记手续”。

共青团有一套专门面向志愿服务组织的管理系统。共青团本身是一个“免予登记”的、面向青年的社会组织。① 共青团中央于1993年提出“青年志愿者行动”后,于1994年12月5日成立“中国青年志愿者协会”。现在各地共青团的委员会基本上都成立了“志愿者协会”。这些“志愿者协会”以“社会团体”的名义在当地民政部门登记。根据笔者在J市收集到的资料,由于“志愿者协会”的负责人往往由共青团委员会的领导兼任,因而工作人员也多属于公务员编制(部门职员一壹,2006年12月22日访谈)。可见,各级团委主办的各级“志愿者协会”是面向志愿服务组织的管理系统,共青团常常通过各级团委主办的各级“志愿者协会”的名义来开展和管理志愿服务工作。换言之,对志愿服务组织进行管理的机关实际上是“中国共产主义青年团中央委员会—团省委—团市委—团区委—基层团委”这样的组织架构下的共青团的各级委员会。

2.制度特点及依据

民政系统和共青团系统并不矛盾,而且有许多相通之处。但相对而言,共青团对志愿服务组织登记的限制有所放宽,使一些不能在民政部门登记的志愿服务组织有可能在共青团登记成立。

(1)民政部门的管理

1989年10月国务院颁布实施的《社会团体登记管理条例》,明确了社会团体由民政部门统一归口登记、登记管理机关与业务主管单位双重负责、中央和地方分级登记的管理体制。2016年国务院修订且至今有效的《社会团

① 中国共产主义青年团是参加中国人民政治协商会议的人民团体。《民政部关于对部分团体免予社团登记有关问题的通知》规定:“参加中国人民政治协商会议的人民团体不进行社团登记。”(民政部,2000a)

体登记管理条例》(国务院令第 250 号,1998)、《民办非企业单位登记管理暂行条例》(国务院令第 251 号,1998)、《基金会管理条例》(国务院令第 400 号,2004)等有关规定都延续了 1989 年《社会团体登记管理条例》对民间社团的管理思路。概括地讲,民政系统对国内社团管理的特点主要有四个:双重管理;分级管理与属地管辖;年度检查;对登记有多种限制。①

①双重管理

所谓"双重管理",即各社会团体、各民办非企业单位和基金会等民间组织要受"登记管理机关"和"业务主管单位"管理。表 4-2 归纳了"登记管理机关"和"业务主管单位"的定义与职责。

表 4-2 "双重管理"的含义和举例

	登记管理机关	业务主管单位
定义	国务院民政部门和县级以上地方各级人民政府民政部门是本级人民政府的社会团体登记管理机关	国务院有关部门和县级以上地方各级人民政府有关部门、国务院或者县级以上地方各级人民政府授权的组织,是有关行业、学科或者业务范围内社会团体的业务主管单位
监督管理职责	(一)负责社会团体的成立、变更、注销的登记或者备案; (二)对社会团体实施年度检查; (三)对社会团体违反本条例的问题进行监督检查,对社会团体违反本条例的行为给予行政处罚	(一)负责社会团体筹备申请、成立登记、变更登记、注销登记前的审查; (二)监督、指导社会团体遵守宪法、法律、法规和国家政策,依据其章程开展活动; (三)负责社会团体年度检查的初审; (四)协助登记管理机关和其他有关部门查处社会团体的违法行为; (五)会同有关机关指导社会团体的清算事宜,业务主管单位履行前款规定的职责时不得向社会团体收取费用
举例(J 市)	J 市民政局和 J 市下辖的 10 个县(市)、区民政局	省级、市级及 J 市下辖的各区及各县级市的人民政府授权的行业、学科或者业务范围内的单位(如各级环保局、教育局、学校等)

① 关于社会团体、各民办非企业单位和基金会的具体解释,请参阅《社会团体登记管理条例》(国务院令第 250 号,1998)、《民办非企业单位登记管理暂行条例》(国务院令第 251 号,1998)、《基金会管理条例》(国务院令第 400 号,2004)。此外,不少学者,如吴忠泽,陈金萝(1996)、田凯(2004)、俞可平(2006)等学者都曾撰文分析总结上述条例的主要特点。

一方面,"双重管理"的制度设计加强了政府对民间社团的控制。例如,J市民政局民间组织管理局的职员一零说:

> 咱们这边比较特殊,虽然是民间组织,但是它得挂靠一个正式单位。……社团重大活动,像换届什么的,都要报业务主管单位审批。政府想办这个事情,可是它人员有限,它就可以把这些活动放在社团。像培训、评奖什么的都可以授权、委托它来办。
>
> (2006年12月28日访谈)

另一方面,"双重管理"的制度设计也增加了民间社团成立的难度,因为一些组织会由于找不到"业务主管单位"而不能登记成为合法的民间组织。如表4-2所示,业务主管单位要对其所主管的社团负许多责任,所以一些单位常常不愿意做民间社团的业务主管单位。例如,民间志愿服务组织丙和组织丁的负责人都不约而同地谈到了这一点:

> 负责人—组织丙:我们的业务主管部门他们不要我,他们要把我赶出来,让我们另找"婆家"。
>
> (2006年12月16日访谈)
>
> 负责人—组织丁:我们要搞一个民间非营利组织,他们就要求找一些挂靠单位。……但是……每个机构都不喜欢承担责任。多一份责任,不如少一份责任。……我当时确实找不到挂靠单位。
>
> (2007年4月3日,电话访谈)

②分级管理与属地管辖

分级管理指社团的登记和管理机关"具有管辖范围上的层次性",即"根据社团的成员分布和活动地域范围等实际情况,采取分级分口逐层管理的办法"。[①] 部门职员一零指出:

> 咱中国的社团是分级管理,要是会员是全国的,它(社团)就得在民政部登记;全省范围内的在省里(的民政厅登记);咱们是市级的;然后再下面一些的社团就到下面的(民政局)去(登记)。
>
> (2006年12月28日访谈)

与"分级管理"的原则相适应,政府对社团的活动地域进行了明确的限

① 参见吴忠泽、陈金罗:《社团管理工作》,北京:中国社会出版社1996年版,第27页。

制。因此，有时“分级管理”的原则也被称为“属地管辖”原则。例如，《社会团体登记管理条例》第七条把社会团体分为“全国性的社会团体”“地方性的社会团体”和“跨行政区域的社会团体”，并分别规定了不同的登记管理部门；[①]《社会团体登记管理条例》第九条第(六)项对登记社团的活动范围进行了明确规定：“社会团体的名称应当与其业务范围、成员分布、活动地域相一致，准确反映其特征”；《社会团体登记管理条例》第十九条对“社会团体成立后拟设立分支机构、代表机构”的审批程序作了明确规定：“应当经业务主管单位审查同意，向登记管理机关提交有关分支机构、代表机构的名称、业务范围、场所和主要负责人等情况的文件，申请登记。”此外，《社会团体登记管理条例》第三十条规定，“超出章程规定的宗旨和业务范围进行活动的”或“擅自设立分支机构、代表机构，或者对分支机构、代表机构疏于管理，造成严重后果的”，“由登记管理机关给予警告，责令改正，可以限期停止活动，并可以责令撤换直接负责的主管人员；情节严重的，予以撤销登记；构成犯罪的，依法追究刑事责任”。[②]

当笔者问及“单位内部社团”的管理情况时，部门职员一零找来一份文件，然后答复笔者：

> 在单位内部登记的社团在内部活动就可以了，不需要在民政部门登记。这是免予登记的，是“在单位内登记的”。
>
> (2006 年 12 月 28 日访谈)

---

① 《社会团体登记管理条例》(国务院令第 250 号，1998)第七条规定：“全国性的社会团体，由国务院的登记管理机关负责登记管理；地方性的社会团体，由所在地人民政府的登记管理机关负责登记管理；跨行政区域的社会团体，由所跨行政区域的共同上一级人民政府的登记管理机关负责登记管理。”(http://www.mca.gov.cn/artical/content/PMJN/2003122285837.htm)

② 《社会团体登记管理条例》(国务院令第 250 号，1998，根据 2016 年 2 月 6 日《国务院关于修改部分行政法规的决定》修订)第三十条规定：“社会团体有下列情形之一的，由登记管理机关给予警告，责令改正，可以限期停止活动，并可以责令撤换直接负责的主管人员；情节严重的，予以撤销登记；构成犯罪的，依法追究刑事责任：(一)涂改、出租、出借《社会团体法人登记证书》，或者出租、出借社会团体印章的；(二)超出章程规定的宗旨和业务范围进行活动的；(三)拒不接受或者不按照规定接受监督检查的；(四)不按照规定办理变更登记的；(五)违反规定设立分支机构、代表机构，或者对分支机构、代表机构疏于管理，造成严重后果的；(六)从事营利性的经营活动的；(七)侵占、私分、挪用社会团体资产或者所接受的捐赠、资助的；(八)违反国家有关规定收取费用、筹集资金或者接受、使用捐赠、资助的。前款规定的行为有违法经营额或者违法所得的，予以没收，可以并处违法经营额 1 倍以上 3 倍以下或者违法所得 3 倍以上 5 倍以下的罚款。”(http://www.gov.cn/gongbao/content/2016/content_5139379.htm)

可见,单位内部登记的社团虽然是"免予登记的","在单位内登记的",但是其活动范围也受到了相应的限制:要在单位"内部活动"。据笔者了解,即使是学生社团,按规定,如果要在校外开展活动也要向高校团委或团委属下的"学生社团联会"递交申请,获得批准后方可进行。[①]

总之,政府对社团活动的地域有着严格的限定。从政府的角度来看,也许"分级管理"的制度设计可以令民政部门更便于对民间组织进行管理;而对民间组织而言,这一规定往往限制了组织的发展,如活动开展的地域、参与成员的范围等都受到限制。

③年度检查

《社会团体登记管理条例》第二十八条、[②]《民办非企业单位登记管理暂行条例》第二十三条[③]和《基金会管理条例》第三十六条[④]分别对各类民间组织作了"于每年3月31日前向登记管理机关报送上一年度工作报告,接受年度检查"的规定。

依据《社会团体登记管理条例》第二十七条和第二十八条、《民办非企业单位登记管理暂行条例》第十九条和第二十条以及《基金会管理条例》第三十四条和第三十五条的规定,登记管理机关"对社会团体实施年度检查",而"社会团体年度检查的初审"则由业务主管单位负责。

访谈中,部门职员一零也谈到了业务主管单位在年审中的作用:

---

① 一般高校团委对学生社团校外活动都有一些审批规定,如北京大学有《北京大学学生社团校外活动管理细则》(http://162.105.16.245/stwtb/new/shownews.asp? id=64)、S大学有《S大学学生社团校外活动申请表》(基于匿名原则,网址略)等。

② "社会团体应当于每年3月31日前向业务主管单位报送上一年度的工作报告,经业务主管单位初审同意后,于5月31日前报送登记管理机关,接受年度检查。工作报告的内容包括:本社会团体遵守法律法规和国家政策的情况、依照本条例履行登记手续的情况、按照章程开展活动的情况、人员和机构变动的情况以及财务管理的情况。对于依照本条例第十七条的规定发给《社会团体法人登记证书》的社会团体,登记管理机关对其应当简化年度检查的内容。"(http://www.gov.cn/gongbao/content/2016/content_5139379.htm)

③ "民办非企业单位应当于每年3月31日前向业务主管单位报送上一年度的工作报告,经业务主管单位初审同意后,于5月31日前报送登记管理机关,接受年度检查。工作报告内容包括:本民办非企业单位遵守法律法规和国家政策的情况、依照本条例履行登记手续的情况、按照章程开展活动的情况、人员和机构变动的情况以及财务管理的情况。"(http://www.mca.gov.cn/article/gk/fg/shzzgl/201507/20150715847908.shtml)

④ "基金会、境外基金会代表机构应当于每年3月31日前向登记管理机关报送上一年度工作报告,接受年度检查。年度工作报告在报送登记管理机关前应当经业务主管单位审查同意。"(http://www.gov.cn/zhengce/content/2008-03/28/content_6434.htm)

成立社团，一般都需要一个正式的、独立的法人，像一个公司、一个事业单位；每年3月，都有年审。我们是登记管理部门。业务主管单位会派一两个人来分管这个事(指年审)。

(2006年12月28日访谈)

国外非政府组织在申请免税待遇时也需要接受政府的财务审核，所以对非政府组织进行“年度检查”并非中国独有。在笔者看来，中国“年度检查”的制度设计特点是“年度检查”制度与“双重管理”相配合。这项规定的实施，凸显了业务主管单位的作用，民间组织与业务主管单位的关系成为该组织能否顺利通过年审的一个重要因素。[①]

④对登记的限制

关于各类民间组织成立的登记情况，1998年《社会团体登记管理条例》第九条、1998年《民办非企业单位登记管理暂行条例》第八条、2004年《基金会管理条例》第八条在资金和人员等条件方面作出了比较详尽具体的规定。[②]

相对于较早版本的民间组织管理规定，1998年《社会团体登记管理条例》和2004年《基金会管理条例》对社会团体和基金会等民间组织设立的“门

---

① 下文将通过组织丙的案例详细讨论这一问题。

② 《社会团体登记管理条例》第九条规定：“申请成立社会团体，应当经其业务主管单位审查同意，由发起人向登记管理机关申请筹备。”《社会团体登记管理条例》第十条规定：“成立社会团体，应当具备下列条件：(一)有50个以上的个人会员或者30个以上的单位会员；个人会员、单位会员混合组成的，会员总数不得少于50个；(二)有规范的名称和相应的组织机构；(三)有固定的住所；(四)有与其业务活动相适应的专职工作人员；(五)有合法的资产和经费来源，全国性的社会团体有10万元以上活动资金，地方性的社会团体和跨行政区域的社会团体有3万元以上活动资金；(六)有独立承担民事责任的能力。社会团体的名称应当符合法律、法规的规定，不得违背社会道德风尚。社会团体的名称应当与其业务范围、成员分布、活动地域相一致，准确反映其特征。全国性的社会团体的名称冠以‘中国’‘全国’‘中华’等字样的，应当按照国家有关规定经过批准，地方性的社会团体的名称不得冠以‘中国’‘全国’‘中华’等字样。”《民办非企业单位登记管理暂行条例》第八条规定：“申请登记民办非企业单位，应当具备下列条件：(一)经业务主管单位审查同意；(二)有规范的名称、必要的组织机构；(三)有与其业务活动相适应的从业人员；(四)有与其业务活动相适应的合法财产；(五)有必要的场所。民办非企业单位的名称应当符合国务院民政部门的规定，不得冠以‘中国’‘全国’‘中华’等字样。”《基金会管理条例》第八条规定：“设立基金会，应当具备下列条件：(一)为特定的公益目的而设立；(二)全国性公募基金会的原始基金不低于800万元人民币，地方性公募基金会的原始基金不低于400万元人民币，非公募基金会的原始基金不低于200万元人民币；原始基金必须为到账货币资金；(三)有规范的名称、章程、组织机构以及与其开展活动相适应的专职工作人员；(四)有固定的住所；(五)能够独立承担民事责任。”(http://www.mca.gov.cn/article/gk/fg/shzzgl/201507/20150715847908.shtml)

槛”实际上有所提高。[①] 例如，1989 年《社会团体登记管理条例》对申请成立社团的组织在资金和人员方面并没有具体的要求；[②]1998 年《社会团体登记管理条例》第九条则明确要求：“有 50 个以上的个人会员或者 30 个以上的单位会员；个人会员、单位会员混合组成的，会员总数不得少于 50 个。”“有合法的资产和经费来源，全国性的社会团体有 10 万元以上活动资金，地方性的社会团体和跨行政区域的社会团体有 3 万元以上活动资金。”再如，1988 年《基金会管理办法》规定，建立基金会要有 10 万元以上的注册基金；[③]而 2004 年《基金会管理条例》规定：“全国性公募基金会的原始基金不低于 800 万元，地方性公募基金会的原始基金不低于 400 万元，非公募基金会的原始基金不低于 200 万元；原始基金必须为到账货币资金。”[④]

在民间组织的登记成立方面，政府除了在资金、人员方面作出要求之外，部门职员一零还向笔者谈到了另外一个限制：

> 相同业务范围的社团在同一个级别不能有两家，相同业务范围的只能成立一家。所以说，数量上呵[⑤]……
>
> （2006 年 12 月 28 日访谈）

访谈结束后，笔者进一步查阅了有关的政府文件，发现 1998 年《社会团体登记管理条例》第十三条、1998 年《民办非企业单位登记管理暂行条例》第十一条分别规定，“在同一行政区域内已有业务范围相同或者相似的社会团体，没有必要成立的”；“在同一行政区域内已有业务范围相同或者相似的民办非企业单位，没有必要成立的”，“登记管理机关不予批准筹备”。这样，实际上，在有限的“业务范围”之内，政府已经规定了民间组织可以成立的数量的上限，所以部门职员一零说：“所以说，数量上呵……”

---

① 由于《民办非企业单位登记管理暂行条例》没有比 1998 年版本更早的版本可供比较，所以也可以认为原先政府对“民办非企业单位登记管理”在资金、人员方面没有具体的、全国性的成文的规定。

② 1989 年《社会团体登记管理条例》（国务院令第 43 号），可参阅：http://www.cnki.com.cn/Article/CJFDTotal-GWYB198921002.htm。

③ 1988 年《基金会管理条例》，可参阅“中国民间组织网”（2007），http://www.chinanpo.gov.cn/web/showBulltetin.do? id=15978&dictionid=1203。

④ “公募基金会”是面向公众募捐的基金会；“非公募基金会”是指不得面向公众募捐的基金会。按照募捐的地域范围，公募基金会分为全国性公募基金会和地方性公募基金会。

⑤ “呵”后面的内容不言而喻，是“数量不会很多”。

(2)共青团对志愿服务组织的管理

共青团是推动内地志愿服务发展的最早、最重要、最直接的力量之一。自1993年共青团中央决定实施“中国青年志愿者行动”以来,各地共青团组织配合团中央进行了许多推动志愿服务的工作。例如,在团中央指导下,全国性社会团体“中国青年志愿者协会”于1994年12月5日成立,随即各省、自治区、直辖市青年志愿者协会相继成立,并成为“中国青年志愿者协会”的地方性团体会员。自此,由共青团中央主导的针对志愿服务组织的管理系统逐步建立和完善。共青团中央于2002年颁行了《中国青年志愿者注册管理办法(试行)》;在此基础上,2006年11月7日公布了《中国注册志愿者管理办法》,并提供了《志愿者注册登记表》和“中国注册志愿者证、中国志愿者胸章”的参考式样以及中国注册志愿者标识。[①]

在各种社团中,民政局民间组织管理局的职员一零认为,在各种社会团体中,虽然“按说他们也有从事志愿活动的权利,但是明确能参与这类活动的要属志愿者协会”(2006年12月28日访谈)。而J市团市委负责“J市志愿者协会”工作的职员一壹则详细地介绍了“J市青年志愿者协会”成立、名称变更以及团市委负责的志愿服务工作与团中央的管理之间的联系:

> 相对来讲,志愿者从团中央到下面,都是这种约定俗成的,由共青团具体实施、组织管理——比较优良的传统。……1994年,先成立的是J市青年志愿者协会。但是当时成立的就是(这样),我们一直到现在都是这样。志愿者协会,它是团市委主办的。……这样,2001年的时候,我们就从民政局申请——因为是一个社团的组织嘛,从民政局申请——把这个“青年志愿者协会”改成为“志愿者协会”,这样我们的工作范围、参与人群扩大一些。一直到现在吧,就是2001年改了名,正式去民政局办了这个手续,正式改名为“J市志愿者协会”。……像我们这边,跟团中央挂钩嘛,在我们这边成为我们的会员,也就等同于成了这种中国志愿者。这样也是便于我们实行这么一个规范的管理,就不用双重(管理)了。再加上我们那个中国志愿者的注册登记证(出示给笔者看)……这就是团中央统一的这么一个模式。这样也便于我们对他们进行管理。就套用这么一个团中央的模式,如果他们想加入我们的

① 参见中国共青团:《关于做好2003年普通高等学校毕业生就业工作的通知》,http://www.ccyl.org.cn/search/zuzhi/leaders_talk/2003year/ttb14b.htm,2007年12月2日访问。

话，就是在我们这里注册成为一名中国志愿者。

（2006 年 12 月 22 日访谈）

在 S 省共青团负责志愿服务工作的公务员甲也谈到了共青团“一统到底”的组织体系，并强调共青团的“组织系统”在推动志愿服务方面起到了很大作用：

像抗击“非典”，当时这个主要的组织体系就是一统到底。……共青团，比如说团省委、团市委、团县委、街道团工委，包括村里面、小区里面，还有团支部。它这么一个组织体系，实际上和中国这种政治特色有很大关系。也是得益于这种组织体系……这个效果啊，尤其是帮助一些党政部门决策，在里面起到了很好的作用。

（2007 年 2 月 12 日访谈）

综上所述，在志愿服务的管理方面，民政部和共青团的管理体系都是全国适用的。但相对而言，在全国性的制度中，民政系统颁布的面向所有社团的各种管理条例基本上是“以控制为本”的，其目的在于“最大限度地避免与政府目标不一致的民间组织的成立”①；而共青团是专门面向志愿服务组织的管理体系，其基本上是以推动志愿服务的发展为目的。② 下文以 J 市为例，对共青团系统进行分析的结果将进一步表明，相对于民政系统，其在一定程度上放宽了限制，有助于民间志愿服务组织发展和合法化。

二、J 市地方性的管理制度

据 J 市民政局公布的信息显示，截至 2019 年，J 市志愿服务团体达 9664 个；而截至 2020 年 3 月 31 日，全市认定的慈善组织只有 39 个，其中有 31 家“民办非企业单位”、7 家“基金会”、1 个“社会团体”。③ 可见，虽然《慈善法》已经生效三年多，但该市多数志愿服务团体并未被认定为“慈善组织”，而且还没有以“社会服务机构”登记的慈善组织。换言之，目前《慈善法》对包括志愿服务组织在内的慈善组织的影响依然有限。除 J 市专门面向志愿服务

① 朱晓明：《中国民间组织生存发展的法律环境研究》，《浙江社会科学》2004 年第 3 期。

② 参见中国共青团：《关于印发〈中国注册志愿者管理办法〉的通知》，http://vweb.cycnet.com/cms/2004/ccylorg/documents/zqf/2006/200611/t20061108_487574.htm，2007 年 9 月 22 日访问。

③ J 市民政局网站，2020 年 6 月 1 日访问（遵循匿名原则，经过编码，并略去网址）。

的管理规定外，对于“社会团体”“民办非企业单位”“基金会”的管理规定，仍然适用于采取相应类别登记的志愿服务组织。

1.管理机构

J市志愿组织管理体制，首先有以下三点概括性说明。

第一，从登记管理的角度，中国志愿服务组织可以分为正式登记的组织和未登记的组织两大类。除了要依法取缔某组织的情况外，与志愿服务组织有关的管理制度实际上只对正式登记的组织具有约束作用。因此，本章主要介绍J市正式登记志愿服务组织的管理体制。

第二，J市是S省省会，也是“副省级”城市，具有宪法授予的部分立法权，可以实行自己的政策[1]。适用于J市的志愿服务组织的管理制度，主要包括全国适用的管理制度和J市的管理制度两大类；而J市的管理机构则有省级、市级、区（县）等多个级别。

第三，全国性的志愿服务管理制度和J市的志愿服务管理制度可以分为民政和共青团两套系统。民政与共青团两套系统通过“中共J市委员会”“J市人民政府”和“J市志愿服务工作委员会”联系起来。[2] 下文将分别介绍J市共青团系统、民政系统和志愿服务工作委员会对J市志愿服务组织的管理。

（1）共青团系统对J市志愿服务组织的管理

关于J市共青团系统，有两点需要说明：其一，由于J市是省会城市，J市的志愿服务除接受团市委及其主办的“市志愿者协会”的指导和管理以外，有时团省委或团中央通过团省委也在J市直接开展一些志愿服务活动，即：“指导全省志愿者工作的开展，承办省委、省政府和共青团中央交办的其他事项。”[3]

其二，J市志愿者协会“是经J市民政局批准成立的法人社团，是J市志愿者行动的总协调机构”[4]。其前身是J市青年志愿者协会，2001年12月5

① 参见钟万荣：《适应新形势做好省会城市地方立法工作——在“中国特色社会主义法律体系与海南立法”座谈会上的发言（摘要）》，《海南人大》2011年7月1日；刘君、逄艳：《坚实的足迹——长春市人大常委会30周年立法回眸》，《吉林人大》2010年7月15日。

② 调研时，“J市志愿服务工作委员会”是一个虚设的机构，与“团市委”“市志愿者协会”合署办公。

③ S省共青团网站（2006a），2006年12月31日下载，资料壹（遵循匿名原则，篇名经过编码，并略去文献名）。

④ J市志愿服务网（2007a），2007年3月24日检索，资料叁（遵循匿名原则，篇名经过编码，并略去文献名）。

日报请J市民政局批准,更名为“J市志愿者协会”。[①] J市志愿者协会是一个比较特殊的组织,它既开展直接的服务,也负责“规划组织全市志愿服务活动,指导全市各级志愿者组织开展工作”。[②] J市志愿者协会网站“J市志愿服务网”被团省委的公务员甲称为“官方网站”(2007年2月12日访谈),该网站这样介绍协会的基本任务:“为大型社会活动、小区建设、公益事业、抢险救灾和经济建设提供广泛的志愿服务;为特殊困难以及需要帮助的社会成员提供志愿服务;规划组织全市志愿服务活动,指导全市各级志愿者组织开展工作;对全市各级各类的志愿者组织开展的志愿服务活动进行考核和评比;开展与其他地区志愿者组织和团体的交流活动。”[③]截至2007年笔者调研时,该协会下设42个行业志愿服务团、47个街道小区志愿服务站、14个居委会爱心社(爱心辅导站),有注册志愿者13万余人。

此外,市志愿者协会还负责管理协调“市属志愿服务组织”及“在市志愿者协会备案的”驻J企业、高校、籍贯等志愿服务组织,其中“市属志愿服务组织”包括“10个县(市)区志愿者协会”“在市志愿者协会备案的市属志愿服务组织”及“市志愿者协会核准成立的志愿服务联络站”,其中“10个县(市)区志愿者协会”负责管理“在县(市)区志愿者协会备案的志愿服务组织”和“乡镇街道志愿服务联络站”,并依次类推,层层管理,直至各个具体从事志愿服务的团、队、组。[④]

(2)民政系统对J市志愿服务组织的管理

关于“各级民政系统对J市志愿服务组织进行管理的体系”,有以下说明:作为省会城市,在J市活动的志愿服务组织的各业务主管部门可能的行政级别有省级、市级和10个县(市)区级三个级别。对于各个民间组织来说,各业务主管单位所在的行业、所属的级别各不相同。这些机关单位除受本系统上一级机关领导以外,通常还受县级以上相应级别的地方各级人民政府的管理。例如,某市教育局除对该市所在省的教育厅负责外,也要接受该市人民

---

① J市人民政府门户网站(2002),2006年5月31日下载,资料零(遵循匿名原则,篇名经过编码,并略去文献名)。

② J市志愿服务网(2007a),2007年3月24日检索,资料叁(遵循匿名原则,篇名经过编码,并略去文献名)。

③ J市志愿服务网(2007a),2007年3月24日检索,资料叁(遵循匿名原则,篇名经过编码,并略去文献名)。

④ J市志愿服务网(2007b),2007年9月23日检索,资料肆(遵循匿名原则,篇名经过编码,并略去文献名)。此外,有关“联络站”制度的讨论,请参阅下文“2.制度特点及依据”。

政府的管理。由于政府很少鼓励越级上访等行为，所以除非要提升自己组织的级别，如争取把市级组织变为省级组织，才需要争取本“行业”省级机关的支持。因此，与各志愿组织可能有一些工作关系的，是与该组织级别对应的人民政府，而不是其业务主管单位的上一级机关。比如，笔者的研究案例之一，市级环保民间组织丙的负责人就曾经向J市分管环保的副市长写意见书。①

此外，据笔者了解，目前并非所有正式登记的志愿服务组织都已经在“市志愿者协会”备案②，所以在各个在市民政局正式登记的志愿服务组织类型前增加了“在市志愿者协会备案和未备案”的限定语以示强调。

(3)J市志愿工作委员会

J市志愿工作委员会是一种地方性的机构设置，目前并非所有的城市都有这个部门。③ J市志愿工作委员会是根据中共J市委员会和J市人民政府联合发布的《关于成立J市志愿服务工作委员会的通知》成立的。④ 市志愿服务工作委员会主任由分管的市委副书记担任，副主任由市人大常委会副主任、市委常委、市政府副市长担任，委员会委员分别由全市27家“市直部门”的分管领导组成。⑤ 在政府的科层体系设置中，可以认为J市志愿服务

① 在笔者2006年12月16日的访谈中，组织丙的负责人丙说：“我在1999年就给市政府写信。”此外，在2007年2月15日的访谈中，丙先生又说：“我现在有一个想法，如果我把Y省的事做完，我4月份可能要回去一趟，那我可能会跟分管环保局的市长提出一些问题，写一封信出来。”2007年3月25日，在电话访谈中，丙先生告诉笔者正在起草该意见书。

② 例如，笔者的访问对象、某省级环保基金会组织乙就没有在“J市志愿者协会”备案。

③ “志愿工作委员会”并非J市的首创。比如，2004年3月5日开始实施的《杭州市志愿服务条例》规定：“市和各区、县(市)应当建立志愿服务工作委员会，对本行政区域内志愿服务活动进行组织、指导和协调。”(“中国杭州”官方网站，2003，http://big5.hangzhou.gov.cn:8000/gate/big5/www.hangzhou.gov.cn/main/fggz/hzfg/zh/T149308.shtml)。而杭州市各区也的确成立了志愿服务工作委员会(杭州下城区官方网站，2005，http://www.hzxc.gov.cn:82/gate/big5/www.hzxc.gov.cn/portal/html/20050331000242/20050721000018.html)。此外，成都市也有“志愿工作委员会”。(人民网，2006，http://politics.people.com.cn/BIG5/14562/4828863.html)

④ S省共青团网站(2006b)，2006年12月31日下载，资料贰(遵循匿名原则，篇名经过编码，并略去文献名)。需要说明的是：截至2007年3月，国内没有全国性的志愿服务法，但有些城市有《志愿服务条例》，例如，《杭州市志愿服务条例》自2004年3月5日起施行(“中国杭州”官方网站，2003，http://big5.hangzhou.gov.cn:8000/gate/big5/www.hangzhou.gov.cn/main/fggz/hzfg/zh/T149308.shtml)；《深圳市义工服务条例》于2005年7月1日正式实施(新华网，http://big5.xinhuanet.com/gate/big5/news.xinhuanet.com/newscenter/2005-06/29/content_3150125.htm)。

⑤ 所谓“市直部门”，即直接隶属于J市市政府管辖的部门。另外，J市志愿服务工作委员会的委员完整的名单可查阅《关于成立J市志愿服务工作委员会的通知》(J市市委办公厅、J市政府办公厅，2006年8月4日)。

工作委员会在J市共青团与民政两之上。不过,市志愿服务工作委员会目前是一个“虚设的”机构且与J市志愿者协会和J市共青团市委“合署办公”。[①]

J市共青团委分管志愿者协会工作的职员一壹向笔者解释了志愿工作委员会的成立过程以及它与J市共青团市委、J市志愿者协会“合署办公”的机制:

> 我们考虑到全市的志愿者,不光我们志愿者协会组织这个活动,其他全市的各个部门也都有一些活动。这样,也是为了统筹全市的志愿服务活动吧,因为毕竟志愿者协会是一个民间组织,是一个社团,它不可能去命令或管理你这个红十字会,或管理妇联、科协,都不现实。这样呢,我们就想成立一个虚设的领导机构……现在的情况就是志愿服务工作委员会的办公室和我们协会基本上是合署办公,其实是在一起,可能各自的职能有区别,但是现在也没有那么多人,就是我们有一帮人在那个志愿服务工作委员会的办公室干,有一帮人在那个志愿者协会干,那样其实也是浪费人力,因为都是干一样的事嘛,就等于是合署办公。……志愿服务工作委员会是一个虚设的东西。你想想,各个单位的领导都在各个单位工作,它这个并不是一个常设的工作。……它现在是跟我们志愿者协会合署办公。这么一个关系。
>
> (2006年12月22日访谈)

以上的谈话表明,实际上是团市委推动了志愿服务工作委员会的成立。虽然面向全市制定的有关志愿服务的地方法规或文件会以志愿服务工作委员会的名义颁发,但是,由于志愿服务工作委员会是一个虚设的机构,并且与团市委及其主办的J市志愿者协会合署办公,所以J市共青团系统在志愿服务组织的管理领域具有重要影响。

2.制度特点及依据

J市地方性的志愿服务管理法规主要有两个,即《J市志愿服务条例》和《J市志愿服务联络站管理办法》。前者的特点是强化了共青团系统在志愿服务领域的领导地位;后者的特点是共青团的管理系统对志愿服务组织的

① 事实上,J市志愿服务工作委员会对外公布的办公室地址和联络电话与市志愿者协会的地址和电话完全相同。J市志愿服务工作委员会办公室地址和联络电话可参见《J市志愿服务工作委员会文件》(济志发〔2006〕3号),http://www.jnzyz.org/ViewInfo.asp? id=85;J市志愿者协会地址和联系电话可参见《协会介绍·联系我们》(J市志愿服务网,2007c,http://www.jnzyz.org/Sort.asp?SortID=90)

限制有所放宽，从而使更多的民间志愿服务组织有机会获得一定的、合法的自治和发展空间。

(1)强化共青团的管理系统：《J市志愿服务条例》和J市志愿工作委员会

国内不少城市都出台了《志愿服务条例》来规范志愿服务活动。作为地方性的志愿服务管理规定，《J市志愿服务条例》有两个突出的特点：①确立了J市志愿服务工作委员会的指导地位；②强化了团市委在J市志愿服务组织中的领导地位。

《J市志愿服务条例》第四条规定："市和县(市、区)应当建立志愿服务工作委员会，指导、协调本行政区域内的志愿服务活动。"第十二条规定："志愿服务组织的设立、变更和注销应当依法办理，并应当向所在地志愿服务工作委员会备案，接受其指导。"此外，该条例第三条对"志愿服务组织"作了这样的规定："本条例所称志愿服务组织是指依法设立的、从事志愿服务活动的社会团体和其他非营利性社会组织。"①

由于目前J市志愿服务工作委员会是一个"虚设的"机构且与J市志愿

① J市人民政府门户网站(2006a)，2006年12月31日下载，资料伍(遵循匿名原则，篇名经过编码，并略去文献名)。此外，需要说明的是，撰写这一部分时，笔者曾有这样的疑问：除J市外，内地某些城市也有类似"志愿工作委员会"的制度安排，那么，志愿服务工作委员会是一种具有地方特色的制度安排，还是全国比较普遍的制度安排？为了回答这个问题，笔者对照了《杭州市志愿服务条例》(2003，http://www.xh-expo.com/open.asp? id＝2568)、《深圳市义工服务条例》(2005，http://www.yigong.org/Article_Show.asp? ArticleID＝20910)、《南京市志愿服务条例》(2005，http://www.chinacourt.org/flwk/show1.php? file_id＝102487)、《成都市志愿服务条例》(2005，http://www.rd.chengdu.gov.cn/law/detail.asp? id＝1328)四个在时间上先于J市的地方性志愿服务法例，发现四个城市都不同程度地肯定了志愿者协会或志愿工作委员会的管理职能。例如，南京市是"市和区(县)志愿者协会负责组织、指导、协调本行政区域内的志愿服务活动"，成都市为"市和区(市)县应当设立志愿服务工作委员会，协调和指导本行政区内的志愿服务活动"，"深圳市义工联合会负责组织、协调全市义工服务活动，各区义工联合会负责组织、协调本行政区域内的义工服务活动"。关于"备案"的内容，则有杭州市和深圳市的规定与J市最为相似："第四条　市和各区、县(市)应当建立志愿服务工作委员会，对本行政区域内志愿服务活动进行组织、指导和协调。各级志愿者工作指导中心是同级志愿服务工作委员会的办事机构。第五条　志愿服务组织成立后，应当到所在地志愿服务工作委员会备案，由志愿服务工作委员会向社会公告。"深圳市也提到了"备案"问题，"从事义工服务的组织应当向市或者区义工联申请登记"。可见，虽然各市志愿者协会(深圳为"义工联")或志愿服务工作委员会在各地都占据着比较重要的地位，但具体的责权还是有所不同(其原因可能是多方面的，比如立法过程中参与讨论的人员构成、协会的影响力等都会影响立法结果。由于各地方法规的比较不是本书的研究重点，所以在此暂不展开讨论)，因此，笔者把志愿服务工作委员会作为一种地方性的制度安排予以讨论。

者协会合署办公，所以《J市志愿服务条例》要求志愿服务组织“向所在地志愿服务工作委员会备案，接受其指导”，也就是要求各组织在J市志愿者协会“备案、接受其指导”。① 由于J市志愿者协会是由团市委主办的，不但其办公地点与团市委在同一个楼上，而且团市委书记是J市志愿者协会会长，团市委副书记是协会副会长，团市委宣传部副部长是协会秘书长。② 这样，《J市志愿服务条例》等于是要求在J市从事志愿服务活动的各级、各类组织都要到J市志愿者协会备案。因此，《J市志愿服务条例》实际上是以地方法规的形式强化了J市志愿者协会在J市志愿服务活动中的主导地位。而且，在访谈中，部门职员一壹还表示：

志愿者协会现在很多工作还要依靠团市委的这种关系。（2006年12月22日访谈）

J市志愿服务工作委员会、志愿者协会、共青团市委合署办公，某种程度上来说，这三个机构几乎是“三位一体”的。因此，《J市志愿服务条例》强调J市志愿服务工作委员会的作用，等于是突出了J市志愿者协会在J市志愿服务组织中的地位，强化了团市委在J市志愿服务组织中的领导地位。

（2）放宽限制：《J市志愿服务联络站管理办法》和联络站制度

联络站制度是由团市委制定实施的。③ 在其管理依据《J市志愿服务联络站管理办法》中，志愿服务联络站的定义是：“在市或县（市）区志愿者协会登记注册，专门接受志愿服务申请、组织志愿服务活动的机构。”④在以下笔者与部门职员一壹的访谈过程中，可以看到J市志愿者协会联络站制度的推行情况：

部门职员一壹：……现在社会上很鼓励成立这种志愿服务联络站。

---

① 在J市志愿者协会的官方网站“J市志愿服务网”（2007b）发布的《志愿服务工作手册》第33页，描述了市志愿者协会的组织结构（后文对此图将有进一步的讨论）。而事实上，在该图中出现的也是“在J市志愿者协会备案的”某某志愿服务组织，而不是“在J市志愿服务工作委员会备案的”某某组织。

② 这些信息是笔者通过走访该机构、与相关工作人员倾谈而了解到的。后来，笔者在撰写论文的过程中，又在“J市人民政府”官方网站的“工作动态”（2004）、《J市年鉴（2006）》和“S省共青团”官方网站（2007）中对有关人员的职务进行了核对。

③ J市人民政府门户网站（2006b），2006年12月31日下载，资料陆（遵循匿名原则，篇名经过编码，并略去文献名）。

④ 《J市志愿服务联络站管理办法》，《志愿服务工作手册》（J市志愿服务网，2007b），第44页。

它们都是自发成立，然后到我们这里来审批、备案。

笔者：联络站在志愿者协会登记以后，是不是就不需要到民政局登记了？

部门职员—壹：对，他们是我们下设的一个站点，等于是我们下设的一个志愿服务的站点。……在我们这里有一个审批就可以了。对它的审批，我们有一套非常完善的关于联络站的管理办法。我们就是鼓励社会上能够成立一些基层组织，鼓励这种志愿服务联络站在全市以多种形式开展工作。这样，它们成立时就要在我们这填一个审批表，另外要有一个固定场所的证明，还有它们负责人的一个身份证明，再就是联络站成立之后的一些打算和设想。比如说你的经费来源，还有主要想开展的一些什么项目，大致就是这样一些方面的内容。

笔者：有没有对启动资金的数额的要求？

部门职员—壹：没有要求。咱们说句通俗的话，有钱，就可以做一些大型的活动；如果没有很多的经费的话，也可以开展很多有意义的活动。就是这个东西，还是志愿服务嘛，就是有钱的出钱，有力的出力。所以我们对它们没有很多的要求，因为我们也是鼓励它们自己开展力所能及的志愿服务活动。

（2006年12月22日访谈）

尽管团市委制定的联络站制度没有打破国家双重管理的制度设计，志愿服务联络站也要有一个主管单位，同时接受市志愿者协会秘书处的“年度检查和审核”，但相对于民政系统的“社会团体”的登记管理制度，“联络站”制度对组织的经费、人员等要求有所降低，简化了申请手续，放宽了志愿服务组织的准入门槛。[①] 而且根据这个管理办法，志愿服务组织在市或县(市)区志愿者协会登记注册以后，就不需要去民政部门登记了。除了要求机构的主要活动是志愿服务以外，该联络站所享有的权利与相同级别的“社会团体”基本一致。例如，《J市志愿服务联络站管理办法》规定：“志愿服务联络站可按照有关评选表彰的要求，作为独立的志愿服务组织参加全市范围内志愿者行动的评选表彰。”因此，联络站制度事实上是共青团组织接管了当地民政部门在志愿服务领域的一部分管理职能，使志愿服务组织有可能绕开民政系统对公民结社的严格规定，从而使公民自由结社的权利在一定程度上有所扩大；一些因资金不足或会员人数不够或缺乏固定的办公场所而无法在民政部门登记的志愿服务组织可以在市、县(市)区志愿者协会登记，从而获得合法身份。

笔者的研究案例之一——组织戊就是一个以“联络站”名义在J市志愿者协会登记的志愿服务组织。组织戊的负责人戊先生是这样看待自己的“联络站”的“身份”的：

> 我们等于是有官方认可的，是J市志愿者协会授予的……一种是正式的认可，还有一种是给你个名义(服务站)。
>
> (2006年12月19日访谈)

---

① 《J市志愿服务联络站管理办法》降低了志愿服务组织登记的门槛，主要表现在两个方面：(1)对经费、人员和办公场所的要求简单。《申请筹办成立社会团体须知》(http://www.jnmz.gov.cn/OnlineOffice/OnlineYuShen_0.shtml)指出了成立社会团体应具备的条件：“1.50个以上个人会员或30个以上单位会员，混合组成总数不得少于50个。2.有组织机构、办公住所、专职工作人员和3万元以上活动资金。3.能独立承担民事责任。”相对而言，《J市志愿服务联络站管理办法》的规定比较有弹性。J市志愿服务联络站成立的条件是：“凡热心于公益事业，自愿参与志愿服务事业的单位或个人符合下列条件的均可申请成立志愿服务联络站。1.有3人以上的注册志愿者；2.有固定或相对固定的办公场所及必备的工作设备；3.有与其开展志愿服务活动相适应的专职或兼职工作人员；4.经主管部门认可且能独立承担民事责任。”对经费的规定是：“1.志愿服务联络站属非营利性组织，活动资产主要来源于社会捐赠、资助，经费来源必须合法，任何单位和个人不得侵占、私分或者挪用。志愿服务联络站的经费，必须专项用于志愿服务活动。工作经费的筹集、使用和管理应当公开，并依法接受有关部门和捐赠、资助者及志愿者的监督。2.志愿服务联络站接受社会捐赠、资助，应当符合志愿服务组织规定的宗旨和服务范围，并根据与捐赠人、资助人约定的合法方式使用。”(2)联络站的手续更加简单。成立社会团体的基本程序为：“1.申请立项，填写《立项书》，市民政局对立项内容进行考察、论证；2.市民政局同意立项后，发起人或发起单位提交申请筹备成立材料；3.接到市民局《筹备批准书》后，开始筹备召开会员大会；4.履行注册登记、备案手续。”比如，填写《法人登记表》《法人代表登记表》《负责人备案表》《分支机构备案表》《办事机构备案表》等。成立联络站的手续为：(1)按要求填写好《J市志愿服务联络站建站申请表》(仅一页)；(2)提供申请人身份证明、办公场所产权或租赁证明；(3)出具主管单位意见。

与传统的共青团的志愿服务组织形式相比，以联络站形式注册的志愿服务组织的自治程度实际上是相当高的，成员招募、服务项目的选择和组织、活动资金的筹措等一般自行决定。访谈中，组织戊的负责人戊先生也指出了这一点。

笔者：那组织戊算不算一个社团？

负责人—组织戊：我们没有注册社团。因为我们从名分上来讲，还不是独立的社团。为什么呢？J市志愿者协会是独立的社团，在其体制之内，我们只是它下属的一个站；但是实际上来讲，我们站所起的作用可能就相当于一个社团了。

（2007年2月12日访谈）

在笔者的另一次访谈中，团省委的公务员甲则多次以组织戊[①]为例，谈到志愿服务联络站的“民间性”优势：

组织戊做得挺好的，办了一些实际的事，我们有这些体制的限制，不过他们（组织戊）办好了，也是我们（共青团）的荣誉。……像组织戊这种，它上面没有一个具体的管理机构，在J市影响非常大，每周都有活动……它体现的优越性的确非常多。……组织戊，它就是一个纯民间组织，虽然依托于《XX时报》，但是它里边服务的开展基本上属于那种经费自筹自支、人员编制不受政府机构人员编制的管理。它之所以能够发展这么好，这两个方面也是它成功的关键因素。……国家好多领导人来J市检查的时候都去看了组织戊的现场。……实事求是地讲，组织戊的组织管理，乃至整个工作流程，要比我们合理得多。……我觉得组织戊是一种趋势。

（2007年2月12日访谈）

总之，志愿服务联络站制度，对共青团系统来说，在不与政府的全国性社团管理政策相抵触的前提下，接管了民政系统对志愿服务组织的部分管理职能，放宽了志愿服务组织登记的门槛，并把相对自治的“志愿服务联络

① 团省委、团市委和组织戊都在J市。团省委是团市委的上级组织，团市委是联络站组织戊的登记机关，因而团省委的公务员甲对组织戊的情况有所了解，他对组织戊的评论具有参考意义。但是，团省委与组织戊等J市志愿服务组织基本上没有直接的联系，所以就本研究而言，他仅是组织甲的管理者，而不像团市委的职员—壹那样是负责J市志愿服务组织管理的官方管理人员。

站"归入自己旗下,以促进这些组织的发展。正如在上文的访谈中组织甲负责志愿服务工作的公务员甲所说的:"它们(组织戊)办好了,也是我们(共青团)的荣誉。"另外,对于志愿服务组织来说,虽然共青团的管理系统几乎没有给民间组织提供培训、经费支持等服务或帮助,只是"给你个名义……就像孙悟空被封为弼马温一样"[①],但是登记门槛的降低使更多的民间志愿服务组织有机会获得一定的、合法的自治和发展空间。

3.小结

综上所述,关于J市志愿服务管理的机构、依据、制度特点以及这些制度对志愿服务组织的影响,归纳如下(见表4-3):

表4-3 J市志愿服务管理的机构、依据、制度特点和对志愿组织的影响

管理机构	机构性质	管理依据	制度特点	对志愿服务组织的影响
J市志愿工作委员会	虚设的政府机构	《J市志愿服务条例》	强化了共青团在志愿服务领域的主导地位	至少在理论上使志愿服务活动有章可循
J市志愿者协会	实存的官办社团	《J市志愿服务联络站管理办法》	共青团组织接管了当地民政部门在志愿服务领域的一部分管理职能,也起到巩固团组织在志愿服务领域中的领导地位的作用	降低了志愿服务组织的准入门槛,有助于更多的民间志愿服务组织有机会获得一定的、合法的自治和发展空间

在志愿服务组织的管理方面,J市地方性的管理机构主要有两个:虚设的政府机构"J市志愿工作委员会"和实存的由团市委主办的官办社团"J市志愿者协会"。由于J市志愿服务工作委员会的实际工作仍然由J市团市委负责,所以J市志愿服务工作委员会的成立实际上强化了团市委在J市志愿服务领域的领导地位;但J市志愿服务工作委员会是依据《J市志愿服务条例》成立的,这一条例至少在理论上使志愿服务活动有章可循。[②]

① 引文见组织戊的负责人于2006年12月19日接受访谈的谈话。

② 笔者视野所及,并没有发现组织或个人以《J市志愿服务条例》维护自己权益的案例。而根据笔者从组织甲在几位志愿者那里了解到的情况,企业事业单位招聘人员时,很少履行该条例第二十八条"国家机关招考公务员、国有企业事业单位招聘人员、学校招生时,对符合规定的志愿者可以优先录(聘)用、录取"的规定。因此,笔者对该条例的评价是:"至少在理论上使志愿服务活动有章可循。"

团市委通过J市志愿者协会推行的《J市志愿服务联络站管理办法》，虽然保留了民政部《社会团体登记管理条例》中“双重管理”“分级管理与属地管辖”“年度检查”等制度设计，但与《社会团体登记管理条例》相比，《J市志愿服务联络站管理办法》把志愿服务联络站的登记门槛降低，如：把会员数从50名个人会员或30名单位会员减少为3人或3人以上，取消资金限制，把“固定住所”的要求降为“固定或相对固定的办公场所”，等等。志愿服务联络站制度放宽了对志愿服务组织登记的限制，使更多的民间志愿服务组织有机会获得一定的、合法的自治空间，因而《J市志愿服务联络站管理办法》在客观上有助于促进民间志愿服务组织的发展。

第二节　管理制度的执行与组织的应对

如前所述，虽然《慈善法》已于2016年生效，但由于目前极少有志愿服务组织登记或认定为“慈善组织”，所以《慈善法》对志愿服务管理的影响不大。目前，《志愿服务条例》《社会团体登记管理条例》《民办非企业单位登记管理暂行条例》《基金会管理条例》等传统的管理制度，对规范志愿服务组织的活动仍然发挥着重要的作用。因此，本节将通过呈现2016年前所收集的有关以上制度的执行情况及志愿服务组织的应对策略的资料，说明J市志愿服务组织和志愿者的登记管理、属地管辖和年检制度在实际的执行中比较灵活，志愿服务组织发展的实际空间大于制度空间。换言之，事实上，2016年前J市的某些志愿服务组织，就可以通过迂回曲折的方式，几乎拥有《慈善法》所赋予的活动空间。

一、登记制度的执行："形式化"与"三不"方针

资料显示，中国志愿组织的登记管理具有一定的“弹性”：一方面，对志愿者的登记部分流于“形式化”，只是为了迎接上级的检查，检查过后，登记工作就被搁置；另一方面，对一些没有登记的公益性的志愿服务组织，民政部门则可能采取“不接触、不承认、不取缔”的三不方针，不主动干预它们的活动。[①] 因此，中国内地“实际存在的民间组织的数量，要远远多于政府主管

---

① 参见齐红：《结社自由与非法人社团制度》，《环球法律评论》2004年第3期。

部门正式登记在册的数量”[①]。

1.共青团:较“形式化”的登记管理

《中国注册志愿者管理办法》对志愿者的登记管理作了明确的规定,但是目前志愿服务组织及志愿者登记管理中的形式主义比较严重:一部分正式登记的志愿组织很少开展活动,而一些没有正式注册的组织却常常开展比较规范的服务;很多注册了的志愿者从未参加过服务,而没有注册的志愿者却经常参与这些服务。

访谈中,团省委的公务员甲也承认,目前共青团对志愿者的注册是有些流于“形式化”。访谈内容如下:

> 笔者:志愿者在咱们这边都有正式的注册吧?
>
> 负责人—公务员甲:从全国来讲,这些注册你也可以看到,注册志愿者的政策方面的文件、通知还是比较全的。这些文件你也可以拿走。
>
> 笔者:好,谢谢!
>
> 负责人—公务员甲:你可以看看里面那些,这些东西从网上也可以找到的,其中有一些具体的注册办法和相关的管理条例。大部分还是比较合理、科学的,和社会发展的需求能够紧密地结合在一起。但是,它同时也存在很多问题,和社会发展包括志愿者工作本身以及一些具体的注册管理环节有些不符。当然,任何一项工作肯定存在这方面或那方面的漏洞。这个你可以拿回去看看,包括具体注册和管理、表彰,以及操作性和实效性什么样的。虽然里面的内容比较全,但是有些东西,比如实效性,需要进一步改善。
>
> 笔者:实效性?
>
> 负责人—公务员甲:对。像中国这种情况,人口本身就多,而且现在人口的流动性远远超过80年代的情景。这个流动性一大了,那么对具体的组织和管理的影响也肯定非常大。所以说,目前这个注册管理办法可能在一些方面还需要进一步加强和改善。
>
> (2007年2月12日访谈)

笔者访问的居民自发的志愿服务组织已的情况也是内地社团登记管理部分存在“形式化”的例证:组织已及其志愿者从来没有以任何形式登记过,

---

① 俞可平:《中国公民社会:概念、分类与制度环境》,《中国社会科学》2006年第1期。

该组织只是得到了居委会的认可。组织已没有固定的办公场所和经费来源，显然不具备在民政系统注册为“社会团体”的资格；另一方面，据笔者核实，组织已也没有在共青团注册为联络站。笔者曾把当地某主流报刊刊登的一篇载有“我市街道社区志愿者服务站全部建立”内容的新闻报道通过电子邮件发给该小区的居委会主任同时也是区人大代表的部门职员—贰，并提出了两个方面的问题：(1)您所在的居委会有没有类似的“社区志愿者服务站”？居委会的志愿者们算“社区志愿者服务站”的成员吗？(2)您知道“小区注册志愿者”一般在哪里注册吗？[①]

部门职员—贰在电子邮件中回答了我的问题，并指出“社区志愿者服务站”实际上只是“一个架子”，共青团对志愿组织和志愿者注册也是“时断时续”：

> 关于您信中提到的两个问题，我是这样认为的：
>
> 关于第一个方面的问题，小区中确实有“小区志愿者服务站”这个机构，不过目前J市大多数小区还仅仅是建立了这样一个架子，也有一部分志愿者，不过活动并不多，长期坚持的志愿者数量也不多。比如，我们周围小区在册的志愿者有几百人，而长期能够参加实践活动的也不过几十人，大部分志愿者只存在于档案中。可以说，J市的志愿者服务站仅仅是刚刚建立，志愿者服务活动还处于发展的初级阶段。
>
> 关于第二个方面的问题，志愿者自2001年起就开始注册了，而且是团中央发起注册的。当时说，注册的志愿者付出的义务劳动以小时来计算，到老了需要时可以享受到两倍时间的服务。当时我也参加了注册，还有一个小本子，像学生证的样子。可惜开展了一年多，注册就停止了。直到现在，我们小区也没有接到注册志愿者的通知，也不知道我们当时的服务是否已经被计时了。
>
> (2007年3月26日，电子邮件)

此外，2006年12月22日J市团市委的职员—壹在访谈后赠送给笔者一份题为《高扬志愿服务的旗帜　让志愿者行动在“创城”中闪光》的调研报告。该报告指出：“为更好地参与创城工作，为我市在2008年争创全国文明

① J市新闻网，2007年3月5日下载，资料柒(遵循匿名原则，篇名经过编码，并略去文献出处)。

城市发挥更大的作用……‘创城’工作对注册志愿者人数作了硬性规定,即:不少于全市城市人口的8%。"[1]这份报告从一个侧面揭示了共青团开展志愿者登记的目的,即"为更好地参与创城工作",而参与的方法则是"对注册志愿者人数作了硬性规定"。可见,共青团系统开展志愿者登记,在某种程度上来说,更关注短期效果,即主要以迎接上级的检查、完成指标为目的;检查过后,登记工作就有可能被搁置。

2.民政部门:"三不"及政策落实不到位现象

除了经国务院批准"免于登记"的组织之外,现实中一些没有登记的志愿服务团体可以存在是因为其自身所具有的公益性。一般来说,只要这些组织不反对党和政府,"民政部门对其往往采取‘不接触、不承认、不取缔’的三不方针,将其置于自己的监控之下,但对其开展的活动并不主动干涉"[2]。

对志愿组织的登记进行"弹性"管理的另一个典型的例子是"绿家园"——一个民间环保组织。"绿家园"总部设在北京,但是其活动范围却遍及全国,甚至成为一些国际环境保护计划在中国的实施者,其负责人也曾获得多项国家环境保护领域的大奖,然而"绿家园"却没有经过任何政府部门的批准。[3]

可见,内地志愿组织的登记管理具有"弹性",一方面,一些未登记的志愿组织和志愿者也可以不受年度检查、属地管辖和起步经费等要求的限制,有较大的自主权;另一方面,这些志愿组织和志愿者的权益也得不到保障,政府可以以没有登记为名随时取缔该组织。[4]

值得一提的是,2016年《慈善法》出台后,中宣部、中央文明办、民政部等

---

① "创城"是"创建文明城市"的简称。

② 齐红:《结社自由与非法人社团制度》,《环球法律评论》2004年第3期。

③ 其发起人和负责人对此辩解说,"绿家园"并没有以"组织"或"社团"的名义开展活动,"绿家园"的参与人都是环保志愿者,称为"绿家园环保群体"更为合适。[参见陆建华:《大陆民间组织的兴起——对北京三个绿色民间组织的个案分析》,(香港)《中国社会科学季刊》2000年第4期;齐红:《结社自由与非法人社团制度》,《环境法律评论》2004年第3期]但是,以什么名义活动仅仅是一个词语使用的问题;从"绿家园"各种活动的内容、组织、开展、规模和影响看,"绿家园"完全符合《社会团体管理条例》第二条对"社会团体"的定义:"中国公民自愿组成,为实现会员共同意愿,按照其章程开展活动的非营利性社会组织。"有关"绿家园"的活动,可参阅其网站"绿家园志愿者"(http://www.chinagev.org/)或相关的新闻报道《关注环保 京城有个"绿家园"》(《人民日报》2002年4月23日,第10版,http://big5.china.com.cn/chinese/huanjing/136957.htm)。

④ 参阅民政部(2000c):《取缔非法民间组织暂行办法》(民政部令第21号),,http://www.mca.gov.cn/artical/content/WJYL_MJZZ/2004820113458.html,2007年3月24日访问。

八部门联合印发了《关于支持和发展志愿服务组织的意见》，旨在"支持和发展"志愿服务组织（民政部，2016）；2017 年《志愿服务条例》公布之后，为落实该条例，民政部又发布了《民政部办公厅关于做好志愿服务组织身份标识工作的通知》（民办函〔2018〕50 号）。但是，这些旨在鼓励志愿服务的政策仍有待落实。例如，即使在志愿服务相对发达的 S 市，该市民政局仅在 2018 年分两批标识并公示了 37 个志愿服务组织（含 30 个社会团体、6 个民办非企业单位、1 个基金会）。2019 年和 2020 年则未曾公示资料。但 J 市团市委负责人在 2016 年表示 J 市志愿服务组织已达 9500 余家。[①] 由此看来，J 市志愿服务组织的标识率只有 0.39%左右。J 市民政局则仅于 2019 年公示并认证了 3 家志愿服务组织。但是据公开报道，在 2014 年 J 市共青团市委副书记表示全市基层志愿服务组织达 10858 个，由此推论 J 市志愿服务组织的标识率在 0.03%左右。

二、"信任关系"与"属地管辖"

民政部门和共青团的各种成文的规定，对民间组织的等级、活动的地域都有比较严格的限定，体现了"属地管辖"的原则。"属地管辖"原则方便了政府对民间组织的管理，但也限制了民间组织开展活动、招募成员等发展的空间。

但是从笔者收集到的资料看，在现实中有关社团活动范围的"属地管辖"规定并没有被严格执行。例如，组织丙是一个在 J 市注册的市级环保组织，但其活动范围并不限于 J 市，组织丙还在 Y 省 M 县建立了"原始森林生物多样性观测站"并以"J 市组织丙"的名义招募志愿者。[②]

以下是笔者与组织丙的负责人丙先生就该组织在 Y 省 M 县活动情况进行的电话交流：

笔者：我回来之后见过志愿者李先生和杨先生，他们都说您在 Y 省做得挺好的。您在 Y 省用咱们 J 市"组织丙"的名义还是以自己的名义做项目？

负责人—组织丙：以组织丙的（名义）。

（2007 年 2 月 15 日电话访谈）

---

① S 市《S 报》，2020 年 5 月 31 日收集，资料捌（遵循匿名原则，篇名经过编码，并略去文献名）。

② 组织丙的负责人于 2006 年 12 月 16 日送给笔者的组织丙的宣传单张以及志愿者丙-Mr. MXH 在 2006 年 12 月 23 日的访谈中都有提及组织丙在 Y 省的"工作项目"。

笔者：您在Y省的项目都在M县，还有其他的地方吗？

负责人—组织丙：嗌，就在M县。

笔者：您在当地有没有招志愿者？

负责人—组织丙：有招志愿者。

（2007年4月7日电话访谈）

另外，同时服务于组织丙和组织戊的志愿者李先生在笔者2007年2月13日对他进行的第二次面访中谈道，Y省的M县县长是组织丙的负责人丙先生的“小学同学”，由于这种“私人关系”，当地对组织丙非常信任，从而对其开展的活动非常支持。2007年2月15日笔者对负责人—组织丙的电话访谈中，丙先生的谈话中也证实了同时服务于组织丙和组织戊的义工李先生的观点，肯定了“人与人之间的信任关系”的重要性：

笔者：听说Y省对您挺支持的。

负责人—组织丙：呵呵，对。

笔者：您觉得为什么Y省对您比较支持呢？

负责人—组织丙：人际关系……互相信任，而且他们那边有需求吧！

（2007年2月15日电话访谈）

由于取得了当地政府的支持，组织丙的负责人丙先生对他在Y省的项目比较满意，把Y省M县的工作项目印在组织丙的宣传单张中，而且2007年8月组织丙还出版了“古林箐原始森林的珍稀植物”的宣传画册。

可见，尽管有明确的“分级管理”或“属地管辖”原则，但在具有良好的“人际信任关系”的前提下，合法社团的活动实际上可以比较灵活，地方政府对公益活动也持宽容甚至支持的态度。

三、“拿报道”“寻求支持”与“年度检查”

“年度检查”是业务主管单位与登记管理机关对已登记的社会组织进行审核的行政执法行为，其主要内容是对已登记的社会组织遵守法律、法规和国家政策的情况、按照章程开展活动的情况、人员和机构变动的情况以及财务管理的情况等进行审检，以确认社会组织是否具有继续存在和开展活动的资格。能否通过“年度检查”，关系到一个组织能否继续合法存在和开展活动。因此，从合法性的角度讲，一年一度的“年度检查”对于组织的意义与其最初的“登记成立”同样重要。

“年度检查”的程序和内容都有明确的规章可循。[①] 比如,《社会团体管理条例》第三十一条规定:“社会团体应当于每年3月31日前向业务主管单位报送上一年度的工作报告,经业务主管单位初审同意后,于5月31日前报送登记管理机关,接受年度检查。”但是,在实际执行中,媒体表扬、有关部门对组织的熟悉程度等一些偶然因素会影响民间组织“年度检查”的结果。

首先,业务主管单位负责年度检查的初审,所以社会组织与其相应的业务主管单位间关系的好坏会对组织的年度检查产生一定影响。例如,民间环保组织丙没有政府背景,年检时曾质疑其业务主管单位环保局的“环境评估报告”(组织丙和戊—李先生,2006年12月20日访谈)。

其次,媒体介入和私人关系等因素也会影响“年审”的实际执行情况。依然以组织丙为例,它往往通过开展活动、参与评奖(即所谓的“大动作”)等方式引起媒体关注,“拿”到一些正面的媒体报道等,并通过各种关系寻求了解或同情该组织情况的热心人的帮助,年检时虽然有点麻烦但最终都能通过。以下是组织丙的负责人丙先生关于组织丙年审问题的访谈摘录:

笔者:今年的年检开始了吧?

负责人—组织丙:年检,我一般要到最后。差不多到年底的时候,我就想办法做个大的“动作”。做个大的“动作”以后,很快就能拿到(媒体)报道;年检时就不会难为我了,很快就通过了。

笔者:一般年检“拖到最后”,能拖到什么时候?

负责人—组织丙:一般是12月,去年就是12月。[②] 我去年那时候评上“公益人物”,(业务主管单位)一看,这个还能不过吗?于是就批了。[③]

(2007年3月25日电话访谈)

---

① 详情可参阅《社会团体登记管理条例》第二十七、二十八、三十一条和《民办非企业单位登记管理暂行条例》第十九、二十、二十三条以及《基金会管理条例》第三十四、三十五、三十六条的规定。

② 《社会团体管理条例》第三十一条规定:“社会团体应当于每年3月31日前向业务主管单位报送上一年度的工作报告,经业务主管单位初审同意后,于5月31日前报送登记管理机关,接受年度检查。”

③ 2006年11月,负责人—组织丙被评为“热心J市十大杰出人物”。该奖的评选由J市社会工作协会和S集团有限责任公司联合主办(http://www.jnmz.gov.cn/NewsHtml/2006_11_27/20061127082340777779.shtml)。报纸、电视台以及民政局网站等媒体都进行了报道,所以具有一定的影响力。

以上分析表明,21世纪初志愿服务组织的登记管理一度比较“形式化”,而且《社会团体管理条例》明文规定的“年度检查”“分级管理”等制度,在执行中实际上也常常受到媒体介入等因素的影响。因此,在一定程度上,民间志愿服务组织的生存和发展,取决于这些组织处理各种关系的能力以及能否适当运用大众媒体的力量。

第五章
道德资源与政治资本:组织发展的视角

如第四章所述,2016年之前,J市的某些志愿服务组织几乎拥有了《慈善法》所赋予的自主发展空间。那么,这些组织通过迂回曲折的方式,达至"实质正义"的过程,有没有一些相似之处?本章从研究资料中发现并提炼了"道德资源"和"政治资本"两个较具解释力的概念,并探讨了道德资源和政治资本对志愿服务组织的影响。

本章共三节:第一节阐述"道德资源"和"政治资本"的概念,并概述J市和S市志愿服务组织的"道德资源"和"政治资本";第二节分析"道德资源"和"政治资本"对官方志愿服务组织的影响;第三节讨论"道德资源"和"政治资本"对民间志愿服务组织发展的意义。

第一节　概念界定:道德资源与政治资本

本节阐述"道德资源"和"政治资本"概念的发现过程,并界定"道德资源"和"政治资本"的概念,进而在说明资料的分析依据的基础上,对笔者访问的J市志愿者协会和6个志愿服务组织的道德资源和政治资本进行归纳说明。[①]

① 第三章已经介绍过,"J市志愿者协会"虽然是一个在J市民政局注册的"社会团体",但它实际上不是一般的志愿服务组织,而是与J市团市委和J市志愿服务工作委员会合署办公,承担着J市志愿服务的"管理机构"的职能。因此,本章在行文中用"J市志愿者协会和6个志愿服务组织"方式进行表述,而不用"7个志愿服务组织"的提法。

一、"道德资源"的概念

1.发现概念

(1)从访谈中得到启发

发现"道德资源"概念,在很大程度上得益于对组织戊的负责人戊先生的访谈资料的分析。① 戊先生非常重视道德对其组织发展的作用,在第一次访谈中,他三次提到"道德";②在第二次访谈中,笔者进一步追问了戊先生对道德的理解。综合两次面访的资料,笔者从戊先生的谈话中梳理出两层内容。

第一层内容,关于志愿服务的本质。戊先生认为,从事志愿服务在本质上是个人的一种"道德选择",也就是说,社会上存在各种不同的道德体系,人们是否选择参与志愿服务以及选择参与什么样的志愿服务都与他在道德方面的选择有关。在以下谈话中,戊先生不仅谈了他对志愿服务的理解,而且谈到他对中国道德和西方道德的理解以及他对儒家道德的偏爱。

> 我认为志愿服务,说得高大点,有点救赎的意思。……人有一种渴求更大的世界或视野的愿望,是吧?我觉得志愿活动能满足这方面的需求。……我觉得这种东西(志愿服务)是一种选择的问题。……就我在《XX时报》这种岗位的要求来讲,我未必去选择这样一个东西,我也是有选择的。
>
> (2006年12月19日访谈)

> 我们义工有一个口号就是"展我所长,尽我所能",就是不强求你去做你不愿意做的事情。……我们传统的儒家提倡的"仁义礼智信",这些东西就非常好,因为中国没有宗教,但有道德。……我觉得中国儒家

---

① 前文已经介绍过:组织戊是一个"经费自筹自支,人员编制不受政府机构人员编制的管理"(负责人—公务员甲,2007年2月12日访谈)且具有较大自主权的志愿者服务联络站。在此不再赘述。

② 组织戊的负责人戊先生三次提到道德的谈话,原文如下:(1)"有一种道德的基础在那里,每个人还是愿意去追求真善美的。它这种效力比较(大)。"(2)"它这种效力……在我们这个领域,比方说,我们这个部门出了监督性的报道,像供暖问题……除了它的产品属性、质量属性或法律属性以外,还有道德属性、道德问题。你(国家)所做的这些东西,伤害了谁的利益,你是要补偿谁的。一定要有这种意识,才能够建立一个和谐社会。哈哈哈!"(3)"哈哈!够建立一个和谐社会这样,它缺乏一种道德底线啊!……应该说还是人的素质出现了问题,需要不断地提高人的素质;等人的素质到达了一定阶段的话,有些东西,比如实用主义就没有了。"(2006年12月19日访谈)。

这种传统道德就非常好。西方道德还是一种极致，中国是不讲究极限道德的，所以中国道德存在一种次优的过程，适于大多数人去接受。什么是次优的过程？我觉得，在西方，圣人会去殉道；在中国，圣人未必去殉道。你当不了圣人可以去当贤者，当不了贤者可以当士者，当不了士者可以当良民。……我感觉，中国道德更适合人们去生活，去做，而且中国很多的具体情况应该用中国的道德规范去解决，而仅仅去靠法律是解决不了的。……我非常欣赏一句话，即《论语·乡党》中的一句话："厩焚。子退朝，曰：'伤人乎？'不问马。"我不喜欢养宠物，也不会把自己的一些情感寄托到虚无的东西上去。我觉得，帮助人不是最重要的，关注人才是最重要的。……关于它（志愿服务）的本质，包括以前说的，我到现在还是一直认为，在目前我们社会志愿服务还不很规范的前提下，我们做志愿服务最显著的目的就是达到一种自我道德的净化或者讲就是"救赎"的那种感觉，才去完成一些事情。

（2007 年 2 月 12 日访谈）

第二层内容是关于"道德"的作用的，即符合道德的行为容易得到各界的支持。戊先生谈到一个悖论：政府对社团的管理非常严格，但由于志愿服务"有一种道德的基础"，所以政府对志愿服务组织这类特殊的社团却比较支持。管理相对宽松。例如，关于政府对志愿服务组织的态度，戊先生则比较乐观：

公益活动本身呢，有一种道德的基础在那里，每个人还是愿意去追求真善美的。它这种效力比较大。

（2006 年 12 月 19 日访谈）

我感觉，因为现在是一心一意求发展，经济发展是第一位的。这种东西（志愿服务），我感觉还是属于上层建筑。政府考虑的可能还不是很细致，妨碍倒谈不上，即使有妨碍，也是被动的、非主观性的妨碍。它的观念如果跟不上你，客观上可能会造成沟通上的障碍。但是，搞这些东西，无论到哪里，都会有很多人支持并愿意参加的。

（2007 年 2 月 12 日访谈）

此外，戊先生还谈道，志愿服务因内在的公益性受到大众的支持，而大众的支持反过来又坚定了他的道德信念。他说：

就个人而言，就是道德方面更加坚定了我的信念。我觉得做这个事情，用我们中国人的话讲，毕竟“吾道不孤”啊！很多人愿意去做这个事情就好，不管大家的具体要求会有怎样的不同。

（2007年2月12日访谈）

（2）从学理上寻求依据

很明显，戊先生非常重视道德的作用。在他看来，“道德”对志愿服务的发展具有重要意义：“道德”不仅促使个人选择参与志愿服务，而且令志愿服务组织比其他组织更容易受到政府和大众的支持。

那么，什么是道德？[①] 康德与阿多诺对道德的理解几乎没有任何交集：康德从个人理性的角度诠释道德，认为“道德”可以归结为“我应当做什么”这样一句话；[②]而阿多诺则从道德的社会意义出发理解道德，认为道德的行为或不道德的行为都是一种社会现象。[③]

综合分析戊先生的谈话数据，笔者认为，研究者需要同时借鉴康德与阿多诺的两种视角，才能比较全面地理解“道德”对于内地志愿服务发展的意义和作用。一方面，戊先生认为志愿服务的本质是个人的道德的选择的观点，大致体现了康德从个人理性出发的道德观，强调个人在道德选择中的主体性；另一方面，戊先生关于志愿服务具有“道德基础”、大家愿意去追求“真善美”的观点，则是从社会的角度看待道德，体现了阿多诺的道德观：当某种行为被一个社会认为是符合道德的，那么这种行为将受到这个社会的支持。此外，戊先生关于“吾道不孤”的阐述，实际上还在康德个人视角的道德观和阿多诺社会视角的道德观之间建立了联系：如果某人选择的某种道德同时也是受到大众支持的道德，那么大众的认可反过来则可以使这个人更加坚信自己的道德选择。

2.界定概念

上文谈到，戊先生在对西方道德与中国的道德进行比较的基础上，阐述了自己选择“儒家道德”作为组织戊的道德信念的原因。这表明，中国社会在走向开放的过程中对不同的道德规范的接纳或容忍会逐步增强：各地社

---

① 虽然哲学、伦理学界有很多种关于“道德”的具体定义，但康德（Kant，2004）与阿多诺（Adorno，2000）对道德的两种相反理解则具有经典意义。

② 参见康德：《纯粹理性批判》，邓晓芒译，北京：人民出版社2004年版，第612页。

③ Adorno，T.，*Problems of Moral Philosophy*，edited by Thomas Schroder，trans. by Rodney Livingstone，Stanford，C.A.：Stanford University Press，2000.

团在官方倡导的“社会主义精神文明”等“主旋律”道德之外，已经有可能在中国传统的儒家道德、西方传入的基督教道德等各种道德规范中作出个性化选择。这样，笔者由此归纳出“道德资源”的概念：道德资源是可供选择的、现存的、各种约定俗成的、调节人们行为的所有准则或体系。[①]

基于上文的讨论，本文把“道德资源”进一步分为两类：

一是(自我选择的)道德资源Ⅰ。借鉴康德的“道德”概念，道德资源Ⅰ指由个人或组织自己选择的道德体系。一般说来，只要一个组织存在，它就有自己的道德立场；如果这种道德立场是该组织自己选择的，那么这种立场就是该组织的道德资源Ⅰ。道德资源Ⅰ的意义在于个人或组织通过回答“我应该做什么”的问题，使自己获得自信，从而具有克服困难的决心和行动的力量。

二是(社会认可的)道德资源Ⅱ。借鉴阿多诺的道德观点，道德资源Ⅱ是指得到社会认可的道德体系。道德资源Ⅱ的作用是帮助组织或个人赢得社会的支持。例如，如果志愿服务组织的行为符合社会一般的道德规范，那么该组织将获得公众的认可和信任，从而获得更大的发展空间，甚至使自治成为可能。

“道德资源”的概念，既适用于组织的层次，又适用于个人的层次。道德资源Ⅰ与道德资源Ⅱ的区别并不在于某种道德规范的内容本身，而在于这种道德规范被谁认同。当某种道德仅被自己或本组织内部的人认同时，此种道德规范属于道德资源Ⅰ的范畴；如果某组织或个人的道德选择恰好也被公众广为接受，那么该组织或个人同时也获得了道德资源Ⅱ(也可以说，此时该组织或个人的道德资源Ⅰ与道德资源Ⅱ是一致的)。

组织或个人可以选择单一的道德体系，也可以选择多种道德规范作为自己的道德资源Ⅰ或道德资源Ⅱ，而且道德资源Ⅰ与道德资源Ⅱ可以一致，也可以不一致。一般说来，如果某组织或个人选择的道德资源Ⅰ仅为少部分人认同，那么该组织或个人则未必能赢得社会或公众的支持；而拥有道德资源Ⅱ的组织或个人比较容易得到政府和公众认可。尽管不同志愿服务组织的服务内容会有所差别，但由于大多数志愿服务本身具有利他主义的道

---

① 《辞海》(1999)对资源的解释是：“资财之源，一般指天然的财源。”但是，现代资源的很多用法已经超出自然界，如人力资源管理(human resource management)等。简单地讲，资源强调其公共属性，在没有特别说明的情况下，资源不属于任何一个人。

德倾向，比较容易得到政府和大众的支持，因而志愿服务组织在道德资源方面具有优势。

二、"政治资本"的概念

与发现"道德资源"概念的过程类似，"政治资本"概念的提出也是笔者在分析访谈资料时受到启发而发现的还有些朦胧的概念，然后以此为基础进一步寻求学理依据，进而综合实证材料和理论依据对概念进行界定，最终使之尽可能清晰化。

1."政治资本"的概念

(1)来自访谈资料的启发

"政治资本"概念的发现首先是受到了J市志愿者协会推动J市志愿服务立法过程的启发。共青团是中国共产党的"助手和后备军"，具有独特的政治地位，是免于登记的社会团体，也可以说是拥有一定"特权"的组织。除了由团市委主办的J市志愿者协会之外，其他组织很难对J市志愿服务的立法过程有所影响。

《J市志愿服务条例》是由J市志愿者协会组织专家调研、撰写，然后提请J市人大常务委员会通过的。对此，部门职员一壹介绍说：

> 我们在立法的时候做了大量的工作。前期呢，那个最开始的调研报告就是我们请律师做的。后期我们在讨论和修改条例的过程中还邀请了政法界的专家和学者。此外，我们还跟市人大、团市委一起去杭州、深圳、成都、南京等已经立法的先进城市调研，做了大量的、非常详细的筹备工作。
>
> (2006年12月22日访谈)

在上述职员一壹的谈话中，"我们"(指团市委)出现了三次。民间组织丙的负责人丙先生对笔者表示，在志愿服务的立法方面，他有不少建议，但却少有说话的机会。[①]

可见，J市的志愿服务立法过程，完全由团市委主办的J市志愿者协会

① 参见2006年12月16日笔者对组织丙的负责人丙先生的访谈。

推动、组织和控制。这样,“政治资本”的概念就在笔者脑海中浮现了。[①]

(2)学理依据与概念的界定

“政治资本”的概念可以追溯到布迪厄(Bourdieu),他认为社会成员所享有的物资和服务并不与其所拥有的教育资本和文化资本完全对应;社会成员所能享有的物资和服务会因为其所拥有的政治资本的多少而不同。[②]布里格斯(Briggs)认为,政治资本是个人拥有(possession)与获得(access)的、可用于改变或维持个人政治现状的资源。[③]

与布迪厄和布里格斯把政治资本用于分析个人的社会资源和政治活动不同,本书认为“政治资本”概念的适用范围不仅限于个人的层面,还可以用于分析和解释组织、机关乃至政党的行为。因此,本书把“政治资本”定义为:一种在特定的政治体系中,可以用来保持或获得更多的政治信任,从而巩固或加强个人或组织的政治地位以有利于组织发展的有形的或无形的资源。

2.两类“政治资本”

(1)得自访谈资料的又一启发

第四章第一节简单介绍过:根据《J市志愿服务条例》的规定,J市志愿服务组织都要在J市志愿服务工作委员会备案并接受其指导。但实际上,J市志愿服务工作委员会是一个虚设的机构,与团市委和J市志愿者协会“合署办公”。J市志愿者协会通过推动立法,使自己以J市志愿服务工作委员会的名义处于管理者的位置,从而巩固了共青团在志愿服务领域中的主导地位。

因此,J市志愿者协会推动立法的过程,也是它利用既有的政治优势进一步巩固组织的影响力的过程。这表明,组织有可能利用原本已拥有的政治资本赢得新的政治资本。这样,实际上可以把政治资本进一步区分为两类:组织原有的“先赋的”政治资本和组织新赢得的“自致的”政治资本。

---

① “资本”一词与“资源”相比,一般具有增值功能,而且有特定的归属,即属于某人或某个集团,或者说,这些人或集团可以对“资本”拥有“所有权”,而“资源”则一般具有“公共”的性质,不强调归任何个人或集体“私有”。

② Bourdieu, P., *Practical Reason: On the Theory of Action*, Cambridge, UK: Polity Press, 1998.

③ Briggs, J., *Gender and Political Participation*, Palgrave Macmillan, UK: Gender and Political Participation, 2017.

(2)学理依据与两类政治资本概念的界定

事实上，布劳和邓肯(Blau & Duncan)在《美国职业结构》(*The American Occupational Structure*)一书中，曾依据地位的获得过程，把个人地位区分为借助于父母地位获得的"先赋地位"(ascribed status)和基于自己的教育和先前职业获得的"自致地位"(achieved status)。借鉴布劳和邓肯的思路，本书依据政治资本的来源，把政治资本进一步区分为两类：一是(先赋的)政治资本Ⅰ，即社团或组织通过历史继承而来的政治资本；二是(自致的)政治资本Ⅱ，即社团或组织主要凭借自己的努力赢得的政治资本。①

如果一个组织拥有政治资本Ⅰ，那么就表明它在特定政治体系中已经具有一定的政治信任，所以组织的政治资本Ⅰ一般会有助于组织对政治资本Ⅱ的获得；而如果政治资本Ⅱ长期得到官方的认可，那么组织的政治资本Ⅱ就有可能转化成为政治资本Ⅰ。

三、关于资料分析依据的说明

1.道德资源的分析依据

对道德资源进行分析的依据，以对民间志愿服务组织负责人的访谈数据为主，以组织的介绍或宗旨说明(如有)为辅。对官方或半官方组织的分析则相反：以组织的介绍或宗旨说明为主，以对组织负责人的访谈数据为辅。这样做主要有三个理由：

首先，从收集到的访谈资料看，丙、丁、戊、己4个民间组织的负责人和志愿者都直接或间接地强调了道德的力量；而官方组织J市志愿者协会、组织甲和半官方组织乙的负责人并没有谈到道德因素与他们的志愿服务组织发

① 与布劳和邓肯不同的是，笔者把研究的重点放在组织或"法人"的层次上(按照目前中国内地的法律规定，正式注册的社会团体都是"法人组织")，而不是个人(如组织领袖)权威或地位的获得上。

展之间的关系。[①]

其次，从负责人对志愿服务组织的影响看，民间志愿服务组织负责人的道德选择和信念对组织的影响远大于官方组织的负责人对组织的影响。

目前，民间志愿组织的负责人常常是组织的第一代主要发起者，这些负责人的道德选择和信念对组织具有很大的影响。例如，组织戊的负责人戊先生对儒家道德非常偏爱，其对公益活动的“个人看法”直接影响到组织戊的发展方向和对活动的选择。戊先生比较详细地向笔者谈了他到组织戊的原因和过程，以及他对儒家文化的偏爱：

搞活动嘛，是当时吸引人的一种方式。我们时报不光组建组织戊，还搞过“武林大赛”“我唱我秀”“手机宝贝儿”“XX 湖的荷花仙子”等活动，都是为了吸引人的眼球。我觉得既然想吸引人的眼球，为什么不以一种更好的方式来吸引人的眼球呢？我感觉现在某些媒体有一种倾向，就是娱乐化，甚至是恶搞。实事求是地讲，我不喜欢这样。我觉得有些东西是不能恶搞的，也不能用于娱乐。比如，公益的事情就是这样，如果你要恶搞它，就是一种亵渎。可能这仅仅是我个人的看法。我是 2002 年年底到这个部门的，当时每个部门都在搞活动，我们部门搞的多是公益性活动。

比如，我们传统的儒学提倡“仁义礼智信”，这些东西就非常好，因为中国没有宗教，但有道德。……儒家的这种思想，成为人追求的目标，这里面解释了并指明了方向；人的这种社会关系的结构，里面也有解释，也有阐述；人的思想境界以及人与人之间的关系，它里面也有阐述。我觉得很多问题，两千多年来，这种文化有人不断地阐述，而且都解释得很好。

（2007 年 2 月 12 日访谈）

---

① 需要说明的是：(1)前文已经介绍过，“道德资源”的概念是从访问资料中发现的，而不是生成于访谈之前，所以在半结构式访问大纲中并没有设计关于“道德与志愿服务组织发展”的问题。但是，4 个民间组织的负责人和志愿者在笔者请其谈“支持志愿服务组织发展的重要因素”时，都直接或间接地强调了道德的力量；而 J 市志愿者协会、组织甲和组织乙的负责人都没有谈到道德因素与他们的志愿服务组织发展之间的关系。(2)在提炼出“道德资源”的概念之后，笔者并没有进一步追问 J 市志愿者协会、组织甲和组织乙的负责人“道德与志愿服务组织的发展”的问题，因为笔者认为原先那种开放式的提问更能体现访问对象所真正关注的问题；如果直接追问“道德与志愿服务组织发展的关系”，即使访问对象对此原本没有思考，但他们都具有大学以上的教育水平、3 年以上的行政工作经验和较强的表达能力，他们完全可以把自己读过的一些数据总结为自己的回答。因此，进一步追问的意义不大。

此外,2006 年 12 月 19 日,笔者在等候组织戊的负责人做访问时,与参与组织戊的两位记者进行了大约半小时的非正式倾谈。谈话中,这两位记者表示,他们比较愿意到小区开展一些关心老人、照顾孩子之类实实在在的服务。[①] 比如,因为"现在小学放学一般是下午四点半到五点,家长没时间接,他们就在小区里建一个临时接待孩子的地方",于是成立了"放心吧",组织J市各高校的大学生义工负责照顾这些小学生;再如,他们冬季组织电工到老人家里去检修电路,组织技工到长者家里疏通烟囱;等等。这些活动体现了儒家道德中"尊老爱幼"的道德观,同时也表明儒家道德不仅是组织戊的负责人戊先生自己的道德选择,也是组织戊的道德选择。

另一方面,官方组织隶属于庞大的官僚体系,其负责人的道德信念对组织的影响是有限的。例如,官方组织J市志愿者协会和组织甲隶属于共青团,它们的道德选择须与团中央一致;组织乙曾是中华环保总会的分支机构,发起人是原国家环保总局局长曲格平;与S省环保基金会合并之后,负责人由省里的领导兼任,所以基金会中负责组织志愿服务的管理者对组织乙的影响也是有限的。

最后,并非所有志愿服务组织都有成文的宗旨介绍。官方或半官方的志愿服务组织往往有成文的组织宗旨介绍,而且其中会比较清楚地说明其道德选择。国内刚刚起步阶段的民间自发的组织,虽然参加者有一定的道德信念,却往往没有关于其宗旨的文本说明。例如,研究案例之一组织己,由 28 位退休下岗人员自发地轮流为 100 多户居民提供巡逻和清洁服务,但他们没有在任何地方登记,也没有任何成文的组织宗旨说明。

基于以上理由,对民间志愿服务组织道德资源的分析是以对组织负责人的访谈数据为主;对官方或半官方组织的分析,则以组织的介绍或宗旨说明为主。

2.政治资本的分析依据

本书对各个组织的政治资本Ⅰ进行分析的主要依据包括:①组织的登记类型。比如,国务院规定的"免予登记"的社会团体,就具有历史继承而来

① 这段谈话虽然是非正式的,但在征得两位记者同意后笔者进行了录音。除了上述内容,其中一位记者还描述了戊先生发起组织戊的情景:"那次主任到我这里来说了一句话,把我笑得不行了。我问他下一步工作怎么做,他犹豫了半天,说出来两个字——'义工',哈哈哈!我觉得他考虑得还是很全面的,不管怎么说,总得有人去做,不管我们到最后能不能获得回报。"不过,这些内容与笔者之后对戊先生的访谈基本一致,所以笔者不再在正文中赘述。

的政治资本Ⅰ。②组织负责人的政治背景。如果负责人曾经或仍然担任一定的党政职务、可以调动一定的行政资源，那么本书将认为该组织拥有一定的政治资本Ⅰ。

分析组织政治资本Ⅱ的依据包括访谈记录、机构介绍以及几位组织负责人赠送给笔者的内部数据。笔者关注这些数据中有关组织行动的叙述并从中发现各个组织影响力的证据，如果某个组织通过有目的的行动赢得或强化了官方的认可，那么本书将认为该组织赢得了一定的政治资本Ⅱ。

四、志愿服务组织的道德资源和政治资本：以J市和S市为例

基于以上讨论，依据笔者的访谈记录、机构介绍以及他们赠送给笔者的内部数据，主要以民间组织负责人的访谈材料和官方组织对其宗旨的文本说明为依据，对笔者所走访的J市志愿服务协会以及J市和S市各6个志愿服务组织的道德资源和政治资本进行归纳（见表5-1）。

概括地讲，一方面，官方或半官方组织由于与党委或政府具有密切的联系，一般都拥有一定的先赋性的政治资本Ⅰ；另一方面，官方组织的宗旨、目标、活动范围和主要工作人员的任命往往由党委或政府决定，所以这些组织对道德资源的选择非常被动。换言之，官方组织的道德资源Ⅰ只能在官方认可的主流道德中进行选择，所以官方组织在道德上是不独立的。

通常民间组织的宗旨和活动目标都由自己决定，在资金运用和人员任用方面也具有很大的自主权，所以民间组织往往可以自由地决定他们的道德资源Ⅰ，却可能没有任何的政治资本Ⅰ。

接下来的两节将进一步分析各个志愿服务的道德资源和政治资本，并分别讨论道德资源和政治资本对官方组织和民间组织发展的意义。

表5-1　J市和S市志愿服务组织的道德资源和政治资本

组织	组织性质	登记类型	道德资源Ⅰ	道德资源Ⅱ	政治资本Ⅰ	政治资本Ⅱ
J市志愿者协会	官方	社会团体	倡导和彰显社会主流价值观	倡导和彰显社会主流价值观	中国共产党的助手和后备军	以地位促作为，以作为求地位

续表

组织	组织性质	登记类型	道德资源Ⅰ	道德资源Ⅱ	政治资本Ⅰ	政治资本Ⅱ
甲	官方	免予登记	官方倡导的"主旋律"道德体系	官方倡导的"主旋律"道德体系	中国共产党的助手和后备军	以地位促作为，以作为求地位
乙	半官方	公募基金会	保护环境，造福人类	保护环境，造福人类	原国家环保总局局长在获得"联合国蓝色星球奖"后发起并向公众募集资金，后经省民政厅批准，业务管理部门为省环境保护厅	邀请党政领导担任法人代表，参加其志愿服务活动
丙	民间	社会团体	环境保护的理念以及非政府组织的价值	环境保护的理念	无	通过服务赢得荣誉①
丁	民间	单位内部登记社团	推动社会平等，促进社会参与	倡导社会工作的价值和理念，推进社会服务	无	通过服务赢得荣誉②
戊	民间	志愿服务联络站	儒家道德	儒家道德	媒体背景："属于党的资源"	通过服务赢得荣誉

① 组织丙经常得到一些荣誉，如2006年组织丙的负责人丙先生被评为"热心J市十大杰出人物"等。

② 例如，虽然组织丁与学校团委没有直接的联系，但在该校2005年共青团工作总结评比表彰中被评为"优秀学生社团"；2006年10月15日，组织丁的发起者和负责人—丁被评为组织丁所在大学的第一届校董会38位校董之一；等等。

续表

组织	组织性质	登记类型	道德资源Ⅰ	道德资源Ⅱ	政治资本Ⅰ	政治资本Ⅱ
己	民间	未登记	朴素的善事传统道德，如做善事、好事	朴素的善事传统道德，如做善事、好事	无	通过服务赢得居委会的认可
S1	官方	社会团体	服务社会，传播文明	服务社会，传播文明	共青团S市委发起	开展志愿服务立法工作，推动志愿服务，获“全国文明单位”荣誉称号
S2	官方	公募基金会	传播志愿服务理念，弘扬志愿服务精神，提高志愿服务水平，推动志愿者事业发展	传播志愿服务理念，弘扬志愿服务精神，提高志愿服务水平，推动志愿者事业发展	由共青团S市委员会指导	推动志愿者权益保障，截至2019年连续6年获得中基透明指数FTI满分
S3	官方	街道服务点	号召广大党员干部“不忘初心，牢记使命”，亮出身份，撸起袖子，做新时代志愿服务的践行者、引领者和示范者	号召广大党员干部“不忘初心，牢记使命”，亮出身份，撸起袖子，做新时代志愿服务的践行者、引领者和示范者	由社区党支部组织开展	获得社区居民的肯定和好评
S4	半官方	服务站	真情服务机场旅客	真情服务机场旅客	属于S1的品牌项目，由机场团委管理	荣获“优秀志愿服务站”等多种荣誉称号

续表

组织	组织性质	登记类型	道德资源Ⅰ	道德资源Ⅱ	政治资本Ⅰ	政治资本Ⅱ
S5	民间	寺内	以文化弘法利生，旨在正信正教、净化人心；用慈善送福利于社会，意在慰藉心灵、回馈众生	以文化弘法利生，旨在正信正教、净化人心；用慈善送福利于社会，意在慰藉心灵、回馈众生	建寺时，曾得到佛教领袖赵朴初的关心和推动	受到了中央、省市有关部门的肯定，受到了社会各界的赞誉和凤凰卫视等媒体的关注报道；获省级“模范宗教活动场所”“文明宗教活动场所”“文明寺院”以及“S市青少年发展基金会杰出奖”“S市慈善奖”“关爱妇女儿童　热心社会公益事业单位”等荣誉称号
S6	民间	公司内部志愿者项目	做“最受尊敬的互联网企业”	做“最受尊敬的互联网企业”	无	得到公司重视，义工被纳入公司整体公益的范畴

第二节　道德资源、政治资本与官方或半官方志愿服务组织的发展

本节对J市志愿服务协会、组织甲和组织乙以及S市S1、S2、S3、S4 7个官方或半官方组织进行分析，发现这些官方志愿服务组织的道德资源Ⅰ和Ⅱ都与官方的主流价值一致。

这些组织具有先赋性的政治资本Ⅰ，而且它们的政治资本Ⅰ有助于赢得新的政治资本Ⅱ。但是，由于这些组织在道德上不独立，所以政治资本的增加很少促进这些组织的自主性，而是导致它们管理权的扩张或强化它们在行政上对党或政府的依赖。

一、官方或半官方组织：道德资源促进组织发展

对J市志愿服务协会、组织甲和组织乙以及S市S1、S2、S3、S4 7个官方

或半官方组织的调研资料进行分析后发现：①这些组织自己选择的道德资源Ⅰ与社会认可的道德资源Ⅱ通常是一致的。②这些组织的道德资源可以分为两类：一类是具有浓厚的政治或意识形态色彩（如J市的志愿服务协会、组织甲和S市的S3），另一类是突出强调志愿服务精神或其专业特色（如J市的组织乙和S市的S1、S2、S4）。除访谈资料外，下文主要依据这些组织的工作报告或文件汇编，讨论其道德资源。

1.J市志愿者协会和S市S1

J市志愿者协会和S市S1是两个在职能上类似的官方组织。J市志愿者协会与该市共青团市委和志愿服务工作委员会合署办公，拥有对志愿服务组织进行管理的职能。S1则在团市委的领导下，依托市、区、街道、社区四级共青团组织，形成了在市、区两级建立义工联、街道建立义工服务站、社区建立义工服务队（站、中心、基地）的四级义工服务网络。

在道德资源方面，J市志愿者协会的表述政治色彩较浓，而S市的S1则更强调志愿精神。例如，J市志愿者协会在为争创“2008年全国文明城市”对全市志愿者行动开展情况所写的专题调研报告《高扬志愿服务的旗帜　让志愿者行动在“创城”中闪光——志愿者组织参与“创城”工作研究》中表述了其道德观：

> 志愿者行动既体现了中华民族扶贫济困、助人为乐的传统美德，又反映了社会文明进步的新要求，是体现民族精神的重要组成部分。志愿服务开辟了倡导和彰显社会主流价值观的薪新途径，通过千千万万志愿者志愿服务的实践，有效引导全社会形成新的道德风尚，建立良好的人际关系，促进社会主义精神文明建设，成为社会主流价值观的风向标。
>
> ……志愿服务对城市文明建设的作用不仅在于对道德的呼唤与重建，更重要的是它广泛调动了社会成员的参与意识，从而在实践中形成道德认同。在一定意义上，精神文明的内涵蕴藏在志愿服务的行动和理想之中，对道德理想的呼唤又能够促使更多的人去为社会服务。
>
> 志愿者行动……有效地承载了社会主义精神文明建设这一历史重任。

可见，鉴于与党和政府的密切联系，J市志愿者协会积极倡导“促进社会主义精神文明建设”等社会主流价值观，所以J市志愿者协会的道德资源Ⅰ

是社会主流价值观。另一方面，由于这些主流价值观本身就是党和政府所倡导的价值观，所以也可以认为这些主流价值观也是J市志愿者协会的道德资源Ⅱ。因此，J市志愿者协会的道德资源Ⅰ与道德资源Ⅱ是一致的，都是社会主流价值观。

S1的道德资源立足志愿精神，即秉承“服务社会，传播文明”的宗旨，倡导“参与、互助、奉献、进步”的服务精神，传播“助人自助”“送人玫瑰，手有余香”的互助理念。S1不仅得到市委、市政府和团市委的支持，也得到了社会各界的认可。因此，S1的道德资源Ⅰ与道德资源Ⅱ也是一致的，都可以概括为“志愿精神”。

2.J市组织甲和S市S2、S3

组织甲在省会J市办公，作为省共青团中领导志愿服务工作的部门，是免予登记的社会团体；S2是由S市民政局批准成立并接受共青团市委员会指导的公募基金会；S3是S市L区的党员志愿服务组织，依托各个街道的党员志愿服务组织开展活动。这三个组织都是典型的官方组织。

这三个组织的道德资源Ⅰ和道德资源Ⅱ是一致的：组织甲以弘扬党和政府倡导的邓小平理论、“三个代表”思想、和谐社会等主旋律为其道德资源。例如，组织甲的负责人公务员甲（2007）在给S省政协九届五次会议（2007年2月8日至13日）的提案《推进志愿服务事业发展　积极服务和谐社会建设》中提出了“为构建社会主义和谐社会和全面建设小康社会”做贡献的道德观：

> 13年来，全国各级共青团组织和青年志愿者组织以邓小平理论和“三个代表”重要思想为指导，认真贯彻和全面落实科学发展观……大力发扬志愿精神，传播志愿服务理念……为构建社会主义和谐社会和全面建设小康社会作出了积极贡献……青年志愿者行动经过多年来的广泛开展，志愿服务理念在全社会得到了进一步升华……已经成为文明S省建设和谐社会构建过程中一道亮丽的风景线，社会影响力不断提升。

S3是响应党中央“鼓励党员带头参与志愿服务”的号召而成立的，其道德资源Ⅰ和道德资源Ⅱ都是依靠党的指导方针。例如，该组织旗帜鲜明地提出，要“号召广大党员干部‘不忘初心，牢记使命’，亮出身份，撸起袖子，做新时代志愿服务的践行者、引领者和示范者”。

S2 作为基金会，与组织甲和 S3 相比，其道德资源淡化了政治色彩，突出了志愿精神，即：以“传播志愿服务理念，弘扬志愿服务精神，提高志愿服务水平，推动志愿者事业发展”为宗旨。

3.J 市组织乙和 S 市 S4

组织乙是在 S 省民政厅正式登记的以环境保护为目标的公募基金会，形式上属于一种民间组织；而组织乙的会长、秘书长均由政府官员兼任，所以组织乙是一个有浓厚的“官办”性质的“半官方组织”。在 J 市的访谈中，负责组织乙志愿服务工作的乙女士坦言，虽然组织乙是一个公募基金会，但“因为刚刚起步，所以基金操作这一块儿不是非常正规，但是我们现在好几个地方是融合在一起的”（2006 年 12 月 18 日访谈）。组织乙具备足够的政治资本Ⅰ，可以得到政府的支持和资助，目前其活动经费主要来自政府拨款。

此外，乙女士在回复笔者的电子邮件中也真实自然地反映了组织乙半官方组织的身份特点。她一方面指出组织乙是民间环保组织，另一方面又认为“环境保护的责任主要由国家承担”。她谈道：

> 组织乙是民间环保组织，基金会的宗旨是“取之于民，用之于民，保护环境，造福人类”。……随着经济的发展，环境保护也成为一项基本国策，环境保护的责任主要由国家承担。因为环境保护有许多的事情必须是要由国家来做的，比如，控制二氧化碳的排放量，制定一些环保方面的政策法规等。这些都是市场和民间团体的能力所不能达到的。
>
> （2007 年 2 月 25 日电子邮件）

不过，组织乙“保护环境，造福人类”的宗旨，具有鲜明的公益色彩，容易得到公众认可和支持。因此，组织乙的道德资源Ⅰ与道德资源Ⅱ也是一致的，都是“保护环境，造福人类”。

S 市的 S4 虽然是组织 S1 的一个分支，但主要是由机场团委管理，在活动策划开展方面具有较高的自主性。服务站的站长通过全市海选、组织筛选、评审面试三道程序产生；其经费来源分为两部分，“一部分是团市委的考核补助，另一部分是由机场提供”（2019 年 3 月 16 日访谈）。相对于 S1、S2 和 S3，S4 可以看作是得到官方支持的“半官方组织”。

组织 S4 以“真情服务机场旅客”为宗旨。S4 位于机场“航班到达”出口，365 天不间断地服务旅客。据笔者观察，义工服务态度真诚、友好、耐心。访谈中，服务站的站长、领队和普通义工也都自然流露出对服务的重视：

组织S4—站长："我曾在不同的组织里做过义工，后来觉得机场U站更适合我，更能找到自身的价值吧。"

组织S4—领队肆：我已经将近做了3000个小时的义工……我刚开始做义工的时候，不知道义工是干什么的，就是觉得是出来做事情的。报了名之后，我们就在街道做义工。后来我觉得机场最适合我……这个能够体现我们的价值。我们从早忙到晚，其实就和上班是差不多的，有时候比上班还忙。我们都是真诚地服务旅客。

组织S4—义工壹："参加完服务以后，越来越觉得这边能帮助到别人，所以就选择在这里服务。"

（2019年3月16日访谈）

可见，S4"真情服务机场旅客"的理念深入人心，得到了广大旅客和服务参与者的好评。S4在J市近60个服务站参加的评比中，连续3年蝉联第一。"真情服务机场旅客"，既是其道德资源Ⅰ，也是其道德资源Ⅱ。

综上所述，目前大多数中国内地的普通民众对国家权力机关和政党的信任度非常高[①]，政府的道德倡议也比较容易得到大众的认同，所以由政府为官方或半官方的志愿服务组织选择的道德资源Ⅰ往往会同时受到政府的认可和大众的支持。因此，这些志愿服务组织的道德资源Ⅰ也可以被认为是道德资源Ⅱ。这些在政府的支持下成立的组织不仅有比较稳定的经费来源，而且比较容易招募志愿者。从这个意义上讲，稳定、明确的道德资源有助于这些组织的发展。

二、政治资本促进官方志愿服务组织发展："以地位促作为，以作为求地位"

研究发现，官方的志愿服务组织雄厚的、继承而来的政治资本Ⅰ，不仅

① 参见贾西津、潘建会：《社会转型期的治理：中国公民社会指数》，澳门：第二届"21世纪的公共管理：机遇与挑战国际学术研讨会"论文，http://www.umac.mo/fsh/pa/2nd_IntPAConference/JiaXijin&PanJianhui.doc。两位学者在该文中指出："在社会文化环境方面，中国显示出传统'公、私'文化理念的强烈影响。小区研究中，人们对部队、警察、政府、领导人、报刊、电视等凡是带有'公'性质的组织或个人都表现出了惊人一致的高度信任，持非常信任和基本信任观点的都在75%以上，且没有明显的城乡差别；而对待寺庙、教堂、工会、民主党派、公民倡导组织、大型公司等凡属'私'性质的组织，态度则完全相反，一方面可能不甚了解，回答'不知道'或无回答的比例基本均在50%以上，另一方面就是不信任，对寺庙和教堂的信任度几乎达到了冰点，除了有宗教信仰的居民外，均表示了不信任。"（http://www.umac.mo/fsh/pa/2nd_IntPAConference/JiaXijin&PanJianhui.doc）

可以保障它们生存和活动的合法性,而且可以帮助这些组织争取新的政治资本Ⅱ,从而巩固其政治地位,即管理、评价或影响其他的志愿服务组织的权力。

1.J 市志愿者协会和 S 市 S1

J 市志愿者协会和 S1 都是具有共青团背景、具有历史继承而来的先赋予性政治资本Ⅰ的官方组织。众所周知,共青团是“中国共产党的助手和后备军”,它是“代表党而不是代表它自己来联系广大青年的”。[①] 事实上,“政治资本”的概念就是在对共青团 J 市委以志愿者协会的名义推动 J 市志愿服务立法过程的分析中发现并界定的。

共青团广州市白云区区委书记谢伟曾提出,共青团工作追求的最高境界是“以地位促作为,以作为求地位”[②]。与 J 市志愿者协会类似,S 市有关义工立法方面的工作也是由 S1 推动的:团市委和 S1 于 2000 年开始启动义工服务的立法工作,十易其稿,《S 市义工服务条例》于 2005 年正式实施。此外,S1 还在健全和规范义工服务管理体制方面做了大量工作,建立了一整套从公开招募、入会登记、入会培训到年度注册、档案管理、服务时间记录的管理制度,并通过召开义工代表大会,修改完善有关章程,推动志愿服务工作。实际上,J 市志愿者协会和 S1 推动志愿服务立法的过程,比较典型地体现了借助于既有的政治资本Ⅰ争取新的政治资本Ⅱ的“以地位促作为”以及运用新的政治资本Ⅱ巩固政治资本Ⅰ的“以作为求地位”的过程。下文以 J 市志愿者协会为例,具体展示此过程。

(1)以地位促作为:借助政治资本Ⅰ推动立法

在人员编制上属于团市委、负责市志愿者协会工作的部门职员—壹和得到团市委认可、以志愿服务联络站的名义登记的组织戊的负责人戊先生的谈话都表明,在志愿服务领域,J 市共青团市委主办的市志愿者协会处于管理者的位置,拥有显赫的政治资本Ⅰ。

> 部门职员—壹:相对来讲,志愿者从团中央到基层,都是约定俗成的,都是由共青团具体实施并负责组织管理,已经形成了比较优良的传统。
>
> (2006 年 12 月 22 日访谈)

---

① 参见周岸标:《公民社会与深圳共青团》,《青年探索》2004 年第 3 期。

② 谢伟:《浅谈团的“地位”与“作为”》,《青年探索》2006 年第 4 期。

负责人—组织戊：志愿者协会等，从法律上来讲，不是政府组织。对吧？它是民间组织嘛！但是在志愿服务领域，它却处于管理者的地位。

（2006年12月19日访谈）

借助于共青团的政治背景（即“政治资本I”），J市志愿者协会不仅推动通过了《J市志愿工作条例》，而且成立并确立了J市志愿服务工作委员会对志愿服务组织的管理者地位。部门职员—壹向笔者介绍了他们在推动志愿服务立法方面的工作成绩：

从2004年开始，我们开始推动志愿服务领域的立法，2004～2005年我们做了大量的工作。这样，《J市志愿工作条例》从今年（2006年）开始正式通过了，10月1号正式颁布实施。这样《J市志愿工作条例》对我们的工作有很大的指导意义。

（2006年12月22日访谈）。

事实上，在当前国内的志愿服务组织中，除了拥有显赫的政治资本Ⅰ的共青团系统之外，很难想象其他的民间组织具有推动立法的能力和作为。

（2）以作为求地位：“三位一体”的管理机制与政治资本Ⅱ的增加

《J市志愿服务条例》第十二条规定：“志愿服务组织的设立、变更和注销应当依法办理，并应当向所在地志愿服务工作委员会备案，接受其指导。”[①] 但是，由于J市志愿服务工作委员会是一个“虚设的”机构，与J市志愿者协会、J市团市委“合署办公”，所以在管理体制上，J市志愿服务工作委员会与J市志愿者协会和志愿者协会团市委是“三位一体”的。

部门职员—壹这样描述：

（J市志愿服务工作委员会）是一个虚设的领导机构……所有这些跟志愿服务有关的市直部门的领导……都是我们J市志愿服务工作委员会的成员……J市志愿服务工作委员会的办公室设在团市委，这对于统筹和管理全市的志愿服务工作比较有帮助。

（2006年12月22日访谈）

① J市人民政府门户网站（2006a），2006年12月31日下载，资料伍（遵循匿名原则，篇名经过编码，并略去文献名）。

团市委以“J市志愿者协会”的名义推动通过《J市志愿服务条例》，从而以法律的形式要求J市志愿服务组织接受J市志愿服务工作委员会的指导。这实际上使共青团系统接管了民政部门在志愿服务领域的部分管理职能。J市团市委的这些“作为”，不仅有助于巩固J市志愿者协会原有的政治资本Ⅰ，而且巩固了J市志愿者协会在志愿服务领域的主导地位，即令J市志愿者协会赢得了新的政治资本Ⅱ。

2.J市组织甲和S市S2

与J市志愿者协会类似，作为共青团省委的一个工作部门，组织甲也有强化其在志愿服务领域内的管理者地位的要求。笔者对组织甲进行访问时，S省政协正在召开九届五次会议。组织甲的负责人公务员甲告诉笔者，他向政协九届五次会议递交了一份提案：《推进志愿服务事业发展　积极服务和谐社会建设》，要求在共青团省委设立专门负责志愿服务的工作机构。

> 我给你的这个提案里面，第一个就是组织机构的设置。……团中央在1998年成立了一个志愿者指导中心，2004年设立了一个志愿者工作部，现在整个志愿者工作部的编制是30个人，5个处室。目前像咱们S省，没有专门的工作机构……S省志愿者工作早在1994年就开始开展了，到现在已经十几年了，不过依然没有专门负责志愿服务的工作机构……S省现在(志愿服务的)组织机构设置在全国来讲是相对落后的。这方面的提案在广东、上海、江苏根本不用提，因为人家很多年以前就解决了，但是我们到现在还没有解决。……J市也成立了一个志愿服务委员会。
>
> (2007年2月12日访谈)

可见，共青团的背景是J市志协和组织甲的雄厚的政治资本Ⅰ，利用既有的政治资本Ⅰ有可能争取新的政治资本(即政治资本Ⅱ)。

在S市，目前中国银行捐赠的10万元的义工保险，由于不涵盖志愿者在往返志愿服务地的途中的意外情况，所以在实际服务中对志愿者提供的保障并不足够。S2作为公募基金会，虽然具有政府支持、拥有先赋性的政治资本Ⅰ，但是，该组织仍然在完善保险制度、保障志愿者权益等方面不断努力。S1分支机构的负责人和S2的项目专员具体描述了所做出的及其原因：

> 负责人—组织S1：关于10万元义工保险，在执行中，我们发现有一点不足的地方。这个服务期间必须是达服务地点到离开服务地点这段

时间，去的路上和回来的路上不包括……其实有很多还是覆盖不了，在我经手的案例中，最典型的是那个时间差多少，比如，要求9点钟到这里服务，我们的义工8点50分就到服务地点楼下，结果在上楼的时候脚崴了，就差10分钟，不能享受义工保险。要求很严格，必须是在志愿服务平台上签到，你没有到服务地点，没有扫这个卡，没有签到，即使只差10分钟也不行。

负责人—组织S2：……在志愿服务期间如果发生意外，有一个10万元的保险，这是中国银行给我们捐赠的。另外，我们近期和平安银行合作，已给我们试点投放了一些短期出行意外伤害险。这不是针对志愿服务期间义工日常出行方面保险的补充。它还不像中国银行做得那么成熟，等于是试点投放，而且是短期的。

（2019年7月15日访谈）

虽然该保险目前是试点投放，而且是短期的，或许仍不全面和成熟，但至少S2和平安银行合作的试点工作已经迈出了解决问题的第一步。这一步不仅展示了其在跨界方面的协调能力和影响力，也赢得了各界好评，在一定程度上有助于获得新的政治资本Ⅱ。

总之，以上案例表明，由历史继承或官方授予的政治资本Ⅰ不仅可以保障它们生存的合法性，而且有时也有助于它们赢得新的政治资本，即增加政治资本Ⅱ，从而扩大这些组织的管理权限和影响力。

第三节 道德资源、政治资本与民间志愿服务组织的发展

研究资料显示，与官方组织不同，民间组织的道德资源Ⅰ可以与道德资源Ⅱ一致，也可以不一致。例如，在本研究中，组织丙和组织丁的道德资源Ⅰ和道德资源Ⅱ有所不同，而组织戊、组织已以及S5和S6各自的道德资源Ⅰ及道德资源Ⅱ相一致。这是由于，一方面，自发的民间组织（grass-roots organizations）一般与政府没有密切的联系，通常可以相对自主地选择道德立场，因而有可能具备相对独立的道德资源Ⅰ；另一方面，如果民间组织选择的“道德资源”与社会的主流价值观念有差异，则它们的选择未必会得到官方或公众的支持。根据我们对“道德资源”的定义，在这种情况下，民间组

织拥有了道德资源Ⅰ却不具备道德资源Ⅱ。由于目前《慈善法》等政策法规的落实情况还不太理想，民间组织的生存、目标实现和发展在很大程度上需要依赖官方和公众的认可。换言之，道德资源Ⅱ可以为民间组织的发展提供重要的支持。

这样，虽然民间组织缺少历史继承而来的政治资本Ⅰ，但志愿服务组织在道德资源Ⅱ方面的优势往往有助于这些组织赢得官方和公众的接纳和信任，即获得政治资本Ⅱ，从而赢得生存和发展的空间。

一、民间组织的道德资源Ⅰ与道德资源Ⅱ具有多样性

就志愿服务组织而言，志愿服务以增进社会的福祉为目标，比较容易得到大众和官方的认可，所以在道德资源Ⅱ方面具有先天的优势。也就是说，与这些组织的服务本身相关的一些价值，如组织丙的环保理念、组织丁的社会工作伦理、组织戊儒家道德、组织己的“利他”精神等，就可以作为这些组织的道德资源Ⅱ。同时，作为民间组织，这些组织也可以自由地选择其道德资源Ⅰ，如组织丙和组织丁除了推动环保和社会工作发展的信念之外，还都相信非政府组织的价值并认同参与、平等等理念。

1.道德资源Ⅰ：平等、参与等价值

非政府组织（NGO）具有社会公益性、志愿性、人道主义精神、参与、平等道德色彩。[①] 民间志愿服务组织作为一类非政府组织，会比较认同参与、平等和民主精神等 NGO 的道德原则。例如，组织丙和组织丁就是以这些原则作为自己的道德信念来推动服务的。但是，研究也发现，国内普通民众对 NGO 并不信任，也不太了解 NGO 的价值观。因此，平等、参与等价值只能作为这些组织的道德资源Ⅰ，而不能成为道德资源Ⅱ。

以组织丙为例，该组织不仅提出了很多体现平等、参与等 NGO 道德观的理念，而且把这些理念贯穿于行动中。例如，组织宗旨是“逐步建立公众在环境保护方面的参与和监督机制”，志愿者和会员的作用是“帮助，完善，协调，能力建设”，未来计划和战略是“建立民间环保法律援助平台”，等等。[②] 组织丙的负责人丙先生和同时服务于组织丙和组织戊的志愿者—李先生的

① 参见张利平：《关于非政府组织的伦理学思考》，《齐鲁学刊》2005 年第 2 期。

② 《中国环境 NGO 在线名录（2007）》，2007 年 3 月 24 日检索（基于匿名原则，网址及环保组织名称略）。

谈话，也都体现了上述理念：[①]

负责人—组织丙：我认为志愿服务就是要关心社会上的弱势群体、关心那些最需要关心的社会问题，比如说知情权、参与权，说得普通一些，就是公众想知道的那些新闻……我比较关注的是环保领域……志愿服务能体现社会的公平性，能引导、影响政府关心、帮助弱势群体，从而起到保障公众参与、知情的权利。

（2006年12月16日访谈）

组织丙和戊—李先生：有一些部门，或者有一些工程，环保验收时，我觉得是通不过的，但是最终还是通过了……不知道他们用什么途径把手续批下来的。……保护环境的责任应该由生活在世界上的每一个人去承担，不能单独依靠政府或者个人。我们在这里生活，那么这里的环境就跟每个人息息相关。

（2007年2月13日访谈）

组织丁的志愿者也认为他们的服务有助于提高人们的平等和参与的意识。她们表示：

组织丁—李小姐：……平等，还有就是，大家能够充分地参与。……志愿服务活动的过程，就是大家参与的过程嘛！另外，志愿服务活动，可以推动政策的发展。

（2006年12月30日访谈）

组织丁—张小姐：起码是一种意识的唤醒，可以做一种宣传。因为志愿服务怎么说，志愿服务组织里面的成员的思想还比较开放，不是那种传统、保守的，就是说如果我们去宣传一些什么东西，让他们学会保障自己权益的话，他们应该会有所触动，可能实际上他们还不会去做，但是他们心里起码就会有这方面的想法。

（2006年12月30日访谈）

但是，研究也发现，虽然国内学术界、大部分NGO的组织者及部分参与

① “组织丙和戊—李先生”和“组织丙和乙—杨先生”两位志愿者都是作为组织丙的志愿者接受我的访问。访问中，我了解到李先生除了是组织丙的志愿者以外，也是组织戊的志愿者；杨先生除了是组织丙的志愿者以外，还是组织乙的志愿者。所以他们的个人编码（“组织丙和戊—李先生”和“组织丙和乙—杨先生”）前有两个组织的编码（即“组织丙和戊”“组织丙和乙”）。

者已经对NGO的价值观有所认识，但普通民众对NGO并不信任而且“平等”“参与”等NGO的价值观也没有得到和政府的认可。因此，NGO的价值观可以作为民间组织的道德资源Ⅰ却不能成为它们的道德资源Ⅱ。

例如，同时在组织丙和组织乙服务的志愿者杨先生谈道：组织丙在拉赞助时，与团市委或官办环保组织乙相比，人们对“草根组织”组织丙持不信任态度。

> 企业不相信你的宣传力度，也不相信你这个协会。他们总觉得你这个组织就像那种草台班子一样，呵呵呵！……现在XX（组织丙）做的只是组织一些植树活动。到时候带一些人看看，搞一些环保宣传。对于这样的小活动，媒体也不会实心地去给你报道。[①] 呵呵！……但是XX基金会（组织乙）它做到了，它竟请一些大领导去。大领导去了以后媒体它就有专门盯领导的啊。相应地，他们做宣传就好一些。像我们草根组织很难！真的很难啊！
>
> ……社会对你这个组织不放心。现在面临这么个怪圈儿。嗯——，环保组织需要社会力量来支持，但社会力量又害怕你这个环保组织不够诚信。……嗳，公信度没有那么高。10年或15年，诚信还是会越来越提高的。
>
> （2006年12月31日访谈）

> 让市民在XX广场和沃尔玛报名的话，他们都持有怀疑态度，虽然要拿十元钱去坐车，他们总是不断质疑：你拿我这个是不是挣钱啊？
>
> （2007年2月10日访谈）

可见，NGO所推崇的“平等”“参与”等理念还没有获得一般民众的支持。在这种情况下，NGO的价值观主要是作为组织丙的道德资源Ⅰ发挥作用：组织丙的负责人和核心志愿者对NGO具有信心，这种信心可以鼓励他们坚持以自己的行动去争取公众的认可和支持。

2.道德资源Ⅰ及道德资源Ⅱ：与服务有关的各种理念

前文按照主要的服务范围把志愿服务组织分为两类，即基于社区的组织和基于问题的组织。不过，不管是哪类服务组织，都会有一套与服务相关的信念或伦理。这些与志愿服务相关的信念和伦理具有公益性，以增进社

① “实心”，北方口语，“真心实意”的意思。

会福祉为目标，容易被社会接纳。因此，这些资源既可以作为这些民间志愿服务组织的道德资源Ⅰ，也可以作为它们的道德资源Ⅱ。例如，在笔者调查的丙、丁、己、戊和S5五个民间组织中，组织丙和组织丁是两个基于问题的志愿组织，它们除了相信NGO的价值观之外，还分别以环保理想和社会工作伦理作为自己的道德资源；而组织戊、组织己和组织S5三个基于社区的组织则以儒家伦理、利他主义、佛教信仰等传统的服务观念为主要的道德资源Ⅰ。由于儒家伦理、利他主义容易被公众广为接受，而且佛教信仰也有一定的群众基础，所以这些信念也可以作为组织戊、组织己和S5的道德资源Ⅱ。也就是说，组织戊、组织己和S5的道德资源Ⅰ与道德资源Ⅱ是一致的。

(1)环保理念：组织丙的道德资源Ⅰ和道德资源Ⅱ

访谈中发现，一方面，环保的理念为组织丙提供行动的信念，因而环保的理念是组织丙的道德资源Ⅰ之一；另一方面，环保的理念也逐步被社会接受，所以环境保护的理念不仅是组织丙道德资源Ⅰ，同时也是组织丙的道德资源Ⅱ。

访谈中，组织丙的两位志愿者多次谈到了他们环境保护所持的信念。例如，同时在组织丙和组织戊服务的李先生谈道：组织丙的一项环境评估结论与环保局不一致，但志愿者是为了保护环境，不是为自己。他说：

> 前一段时间，XX泉北边盖“茶间”，就是喝茶的地方啊！要破坏XX泉公园北边儿那一块儿……现在已经修起来了(苦笑)。我们就要求J市环保局对它进行环境勘测、环境评估……最后，我们费了好大的劲儿，到市环保局，跑了好多遍，而且去公园儿也花了不少门票钱，呵呵呵！……我们不是为自己，所以做起事情来理直气壮。
>
> (2006年12月20日访谈)

在两次面访谈中，志愿者同时在组织丙和乙服务的杨先生都表示了他对环境保护的信念，他说：

> 环境不是一个人的事，我干这个事儿不是为我自己。我们干这一行没有说是靠着这个生活的，而是为大家好。有些人不理解，觉得我们吃饱了撑得没事儿干，总以为我们是有钱的人，呵呵呵！他们说嘛：“有钱的才做这个，没钱的连吃饭还顾不上，怎么会做这个呢?”我也没有钱，但是我喜欢做这个，总觉得人活着对社会有点回报就够了。多少年以后，后代们会说：“老头子活着的时候对环境保护做了不少工作，种了

不少树啊！"

(2006年12月31日访谈)

在我看来，谁破坏环境也不行，不管是地方政府，还是国家，谁破坏了都不行。……环境关系到每个人，不局限于哪个国家、哪个地方……

(2007年2月10日访谈)

另一方面，环保的理念也逐步被政府和社会接受。比如，《中共中央关于制定国民经济和社会发展第十一个五年规划的建议》把建设资源节约型、环境友好型社会确定为国民经济与社会发展规划的一项战略任务。教育界提出的"热爱环境，积极参与改善环境，养成保护环境的行为习惯"应该是基础道德教育的内容之一。[①] 因此，环境保护的理念属于道德资源Ⅰ，在赢得大众的认同方面发挥着作用。此外，志愿者们表示，愿意支持和参加环保活动的人越来越多：

组织丙和戊—李先生：前两年我刚去接触这些，跟别人说志愿服务这些事儿，别人都很难接受。现在可能媒体宣传也多了，老百姓的觉悟在慢慢提高。你凡像年轻之类的群体，都非常容易接受。因为我做好多那个志愿活动吧，我周围的人，还有我公司的人、我家里的人，他们都能支持我。

(2006年12月20日访谈)

组织丙和乙—杨先生：就拿植树来说，特别是老人带着孩子，家长带着孩子，让孩子有一个环保的经历，养成一种环保意识：我种一棵树，环境会变得多么好！参加这个活动最多的，一个是孩子(群体)，一个是老人(群体)。特别是有小孩的三口之家，最多了。家长们也是觉得自己没有做不到，想让孩子从小培养他们这种(环保意识)。

(2007年2月10日访谈)

因此，"环境保护的理念"不仅是组织丙的道德资源Ⅰ，也是组织丙的道德资源Ⅱ。

(2)社会工作伦理：组织丁的道德资源Ⅰ和道德资源Ⅱ

组织丁是一个提供社会工作专业服务的志愿组织，以"关爱(caring)、使能(empowerment)、妥适(propriety)、胜任(competency)"为主要宗旨。社

① 参见冯姬：《基础道德教育的理论构想》，《教育研究与实验》2006年第2期。

会工作伦理是其重要的道德资源Ⅰ之一。在内地,社会工作专业是一个受到政府支持的新兴专业。例如,中国共产党十六届六中全会《中共中央关于构建社会主义和谐社会若干重大问题的决定》明确提出:"造就一支结构合理、素质优良的社会工作人才队伍,是构建社会主义和谐社会的迫切需要。"[①]与平等、参与等理念相比,社会工作伦理更容易受到各界的支持。因此,社会工作伦理既是组织丁的道德资源Ⅰ,也是其道德资源Ⅱ。

(3)儒家道德:组织戊的道德资源Ⅰ和道德资源Ⅱ

前文已经谈到,组织戊组织开展志愿服务始于1997年(XX义工论坛,2006),其负责人戊先生深受儒家文化影响,偏爱儒家道德,而且组织戊志愿服务的主题常常围绕关爱老人、照顾孩子等展开。因此,儒家道德是组织戊的道德资源Ⅰ。

此外,儒家道德也是一种容易被内地民众和官方普遍接受的道德,所以儒家道德也是组织戊的道德资源Ⅱ。儒家文化是中国最重要的传统文化之一,而且S省是孔子、孟子等大儒的故乡和儒家文化的发祥地,所以儒家道德比较容易受到当地民众的认同。虽然儒家文化在特殊的历史时期曾经受到官方批判,但20世纪90年代以来儒家文化又作为一种优秀的传统文化受到官方的推崇。截至2018年12月,中国政府在全世界已经启动的孔子学院已有548所,分布在154个国家和地区。[②]

(4)传统道德:组织己的道德资源Ⅰ与道德资源Ⅱ

组织己和S6最初都是自发产生的小型义工组织。"尊重长者""与人为善""利他助人"等朴素的传统道德,既是他们的道德资源Ⅰ,也是其道德资源Ⅱ。例如,组织己所在小区比较尊重老年人。据组织己的负责人己女士讲,最初倡议成立组织己的其实是一位中年人,但他怕自己"年轻",所以请岁数比较大也比较热心的己女士出面。[③] 组织己为小区居民服务的原因非常纯粹。如组织己的志愿者己刘女士说:"其实咱做的就是志愿服务啊!原来就是助人为乐嘛!"(2006年12月14日访谈)。负责人己女士也说:

志愿服务就是愿意给人家做点儿好事。人活在这个世界,老想自

① 参见:《大力发展社会工作事业 积极推动和谐社会建设》,中央人民政府门户网站,2007年1月9日,http://www.gov.cn/zwhd/2007-01/09/content_490813.htm。

② 参见:《全球已建548所孔子学院 遍布154个国家和地区》,中国新闻网,2018年12月3日,http://www.chinanews.com/hr/2018/12-03/8691543.shtml。

③ 这位中年人由于下岗,生活困难,已经退出组织己,所以笔者并没有对他进行访问。

己，只是吃喝拉撒睡，也没什么意思。他总得为社会、大众做些什么，就是说，你有多大能力就发挥多大能力。我就觉得你这样才不愧于生在这个世上。我就是这样，只要是为别人好，我都愿意去干。……我做了(组织己)以后，感觉非常幸福。

(2006 年 12 月 14 日访谈)

……释迦牟尼创立的佛教教理佛教教理是很好的哲学，因为它是教给你怎么做人。……共产党号召的不也是这样的吗？为人民服务，全心全意为人民服务，对吧？那么这不是善事吗？……再一个，你做了好事以后，你感觉心里特别好。我就说我就愿意做好事，但是我做了好事，人家都不理解。他们说，怎么现在还有这样的傻子呢。做好事，比吃保健品还好。我帮人后看到对方高兴的那个样，我心里比他还高兴。我觉得在这个世上就是要与人为善。

(2007 年 2 月 15 日电话访谈)

可见，“做好事”“与人为善”这些“朴素的”利他主义传统道德既为组织己的成员所相信，也为社会所接纳。因此，“朴素的”利他主义传统道德既是组织己的道德资源Ⅰ也是其道德资源Ⅱ。

(5)佛教信仰：组织 S5 的道德资源Ⅰ与道德资源Ⅱ

组织 S5 依托 S 市某知名寺院存在，接纳来自全国的义工。佛教“行善”“渡人”的观念在我国有一定的群众基础，该寺香火旺盛，义工人数也常年爆满。据 S5 的资深义工介绍，佛教相信“发愿”“结缘”，所以该组织几乎不对义工进行背景审查，除非义工主动谈起，很少追问义工的过去(2019 年 2 月 9 日访谈)。该市综合了义工推广管理等职能的组织 S1 的工作人员，在提及 S5 时，认为 S5 是一个特殊的存在。可见，组织 S5 主张的“慰藉心灵、回馈众生”等佛教信念，既是其自我选择的道德资源Ⅰ，也是社会认可的道德资源Ⅱ，并且也是 S5 合法性的来源和基础。

二、道德资源、政治资本与民间组织的发展

1976 年后，民间组织开始逐步复苏，但政府对民间组织的态度仍然比较谨慎，如：1984 年，中共中央和国务院下发《关于严格控制成立全国性组织的通知》；1989 年和 1998 年的《社会团体登记管理条例》仍然沿袭了“加强对社

会团体的登记管理"的控制思路。[①] 这样，内地民间组织不仅很少拥有历史继承而来的政治资本Ⅰ，而且民间组织与政府之间常常缺乏互信。因此，借助道德资源Ⅱ，争取政府的信任，也就是说，赢得一定的政治资本Ⅱ是内地新兴的民间组织拓展生存空间、赢得发展的一个重要途径。

1.民间组织的"先天条件"：缺少政治资本Ⅰ

在笔者访问的丙、丁、戊、己四个民间组织中，除了组织戊因依托某报业集团比较容易得到政府的信任之外，丙、丁、己三个组织没有任何历史承袭而来的政治资本Ⅰ。[②] 特别是民间环保组织丙与政府相关业务主管部门J市环保局之间常常缺乏互信，组织的"生存"比较艰难。

(1)组织丙

组织丙的负责人丙先生也是组织丙的发起人。他本来是一位商人，自1998年开始放弃经商，自费从事环保公益宣传。2002年，组织丙正式在J市民政局登记为"社会团体"。丙先生没有在政府机关供职的经历，也不是中共党员，所以组织丙被民政局和志愿者认为是一个没有官方背景的"纯民间"的志愿者组织。

丙先生比较明确地意识到政治资本Ⅰ的存在及其对组织发展的意义。在访谈中，丙先生根据自己的理解，依据组织有无政府背景把非政府组织分为两类：没有政府背景的NGO和有政府背景的NPO。[③] 他认为自己的组织属于没有政府背景的NGO，而且强调有政府背景的组织比较好发展而没有政府背景的草根NGO发展比较困难：

---

① 参见吴忠泽、陈金罗主编：《社团管理工作》，北京：中国社会出版社1996年版，第116页；《社会团体登记管理条例》(国务院令第43号，1989)第一条规定："为了保障公民的结社自由，维护社会团体的合法权益，加强对社会团体的登记管理，发挥社会团体在社会主义建设中的积极作用，制定本条例。"《社会团体登记管理条例》(国务院令第250号，1998)第一条："为了保障公民的结社自由，维护社会团体的合法权益，加强对社会团体的登记管理，促进社会主义物质文明、精神文明建设，制定本条例。"(中华人民共和国民政部，http://www.mca.gov.cn/artical/content/PMJN/2003122285837.htm)

② 后文将专门讨论组织戊的案例。在此谨以组织丙、丁、己为例讨论民间组织的道德资源与政治资本。

③ 组织丙负责人丙先生的这一区分应该属于一种"本土概念"，与学术界、翻译界对NGO(非政府组织)和NPO(非营利组织)的解释是不同的。本土概念"是被研究者经常使用的，用来表达他们自己看世界的方式的概念"，"本土概念不必是研究者本人或研究者所属文化群体不知道的概念……只要这个概念对研究者来说具有一定的意义，就可以被认为是其本土概念"。(陈向明：《"本土概念"分析》，《外语教学与研究》2000年第3期)

对志愿服务的发展来说，最重要的因素应该是：要符合咱们的国情。因为现在你不符合国情，你现在就没法发展。你看，往往这种草根的NGO发展起来就非常困难。而有政府背景的NPO就好发展一些。

（2007年12月16日访谈）

(2)组织丁

在现行的制度体系内，组织丁负责人的背景和组织丁注册情况都表明，组织丁没有任何从历史继承而来的政治资本Ⅰ。组织丁的发起人丁先生，生于内地，长在香港，获社会工作学硕士学位，并在香港从事了8年小区实务工作，后转而从商，现入籍加拿大。丁先生本想成立一个NGO(社会团体或民办非企业单位)，但根据当时国内社会团体的双重登记制度，社会团体登记前需要“挂靠”一个政府部门作为其“业务主管单位”。但由于缺乏必要的政治资本Ⅰ，丁先生没有政府部门愿意做他的“业务主管单位”，所以他选择先在管理相对宽松的大学里成立一个学生组织。他说：

我相信，只要有公民参与，就是每个人对社会多承担一份责任。我觉得中国的NGO呢，因为它的体制问题，发展方面受到一定程度的限制。比如说，我们要搞一个民间非营利组织，就要找一个挂靠单位，可是我确实找不到挂靠单位。后来我经过了解、分析，觉得大学里面将是一个突破口，可以把我们那个机构呢，在学校里面成立，然后积累经验。当我们再做一些服务以后，我们再找挂靠单位呢，相信也比较容易。

（2007年4月3日访谈）

组织丁的核心志愿者苏先生和张小姐这样介绍组织丁的注册情况：

组织丁—苏先生：我们一开始的定位，就是成立一个专业的服务组织。但是不能叫它一个机构，因为它还没有注册啊，所以我们不能叫它机构，只能叫一个小的组织，或者叫社团。我们当时是在学院里注册的。学生社团一般是在学校的团委注册的，我们只是在院里注册。当然是得到批准的。……即使我们有一些经济上的支持，那也是国际上社会工作友人的捐助。你要注意这个概念，是“社会工作友人”。我们一直称呼负责人丁先生的为社会工作友人。

（2006年12月30日访谈）

组织丁—张小姐：校团委那里肯定是有所耳闻吧，但是直接联系就没有。我们搞什么活动的话，可能有新闻在大学传媒上播出，但是没有提及与团委有直接联系的话题。

（2006年12月30日访谈）

（3）组织己

组织己是小区居民自发的志愿服务组织，没有在任何地方登记。组织己的成员主要是企业退休、下岗人员，在经济和政治方面，他们都属于城市中的弱势群体。不仅他们的组织并没有历史继承而来的政治资本Ⅰ，而且他们主观上大多也没有谋求政治资本Ⅱ的愿望。

组织己的负责人己女士具体地谈了组织己发起的过程：

我们已经退休了。俺那个院儿还没归小区的时候，单位里啊，有传达室。传达室的工作人员每月有三四百的收入。自从我们这个院儿归了小区以后，人家单位、企业不管了。单位不管呢，我们也能理解，毕竟现在企业是很难很难的，多一口人吃饭就多一个负担。就是因为这三四百元钱，跟这个传达室这个人儿解除了合同。解除了合同以后，我们这个院里就敞歇着[①]，锁也没了，门也不关了，就这么的，进来小偷了。……咱组织几个人，都愿意报名。……居委会老张老李我统统不认识，我就管我这一个院里，别人我不管。我既不想上电视，也不想上报纸，又不想让你表扬我。

（2006年12月14日访谈）

组织己没有在任何地方登记。它的成立表明了国内社会环境变迁的大背景：一方面，由于经济体制改革、企业改制以及市场竞争等压力，原有单位不再承担计划经济时期为职工日常生活服务的社会功能。另一方面，社会服务的社会化还没有完成。原先单位小区的居民由于有单位对他们负责，所以与街道办事处或居委会基本没有联系。这样，单位退出小区以后，原先单位负责的小区就处于无人负责的状态。小区有了自我组织起来的需要和可能。

2.民间组织的“后天努力”：借助道德资源Ⅱ，赢得政治资本Ⅱ

新兴的民间组织大多缺少从历史继承而来的政治资本Ⅰ，因而在缺乏

① “敞歇着”，J市方言，描述一种敞开着的状态，而且这种敞开往往是一种不恰当的或无意识的、当事人觉得不好的“敞开”或“四敞大开”。如家长批评孩子粗心或贪玩儿，忘记关门时也会说：“敞歇着门就走了。”

正式制度保障的情况下，提供非政治的、符合主流道德的社会服务是民间组织争取得到政府的信任以及赢得政治资本Ⅱ的途径之一。对此，下文引用志愿服务组织丙、丁、己的案例予以说明。

(1)组织丙

如前所述，组织丙的业务主管部门J市环保局并不看好该组织，每年年审都“不愿意给它盖章”。如果不能通过年审，组织丙就不能合法地存在。因此，为了组织的生存，组织丙的负责人丙先生想“把自己的组织的影响做大”，并且愿意“向党和政府靠拢”(2007年2月15日电话访谈)。

事实上，组织丙也是这样做的。环保理念不仅是组织丙的道德资源Ⅰ，也是得到政府和公众认可的道德资源Ⅱ。组织丙积极开展环保活动，得到了共青团、社会工作协会等在J市志愿服务系统中具备一定官方地位的组织的认同：2004年丙先生被授予“J市十大杰出志愿者”称号，2006年被评为“热心J市十大杰出人物”。[①] 这些荣誉表明组织丙的活动得到了官方的肯定，因而组织丙具有了一定的政治资本Ⅱ。这样，凭借政治资本Ⅱ和一定的私人关系，民政局几乎每年都出面与J市环保局协调，帮助组织丙通过年审，从而保证组织丙可以合法存在，继续开展服务(部门职员一零，2006年12月28日访谈)。

(2)组织丁

前文提到，组织丁在不认同内地的社团注册制度的情况下，获得了学院的“批准”。从学院发布的关于组织丁成立、招募志愿者的各种宣传资料看，学院认可组织丁的主要原因是学院对社会工作专业价值(即组织丁的道德Ⅱ)的认可，而不是其对平等、参与等理念(道德资源Ⅰ)的认可。

组织丁所在的高校是J市唯一一所教育部直属高校，也是较早设立社工专业的高校，“社会工作在大陆是一门新兴科学，国内这方面资源较缺乏”，学院愿意“为专业的良好发展做一系列的努力”。[②] 因此，这种认可实际上是

① J市民政信息公众网(2006)，2007年3月24日检索，资料玖(遵循匿名原则，篇名经过编码，并略去文献名)。

② 侯君红：《ZS学院2004社会工作国际交流周活动圆满结束》(2004)，2006年11月20日检索，基于匿名原则网址略。

组织丁和学院双方对各自的道德资源进行理性选择之后求同存异的结果。①

此外，组织丁的志愿者全部是社会工作系的研究生和本科生，具有服务专业化和规范化的特色和优势。组织丁为一所初中服务一年后，这所初中为他们提供了专门的办公室；②他们在小区中的服务也得到了小区负责人的肯定（文件资料 QCSD，2007）。

虽然组织丁与学校团委没有直接的联系，但在“XX 大学 2005 年共青团工作总结评比表彰”中被评为“XX 大学优秀学生社团”（文件资料 QCSD，2005）。2006 年 10 月 15 日，组织丁成为其所在的大学的第一届校董会 38 位校董之一。③ 由此看来，组织丁从社会工作专业的伦理道德出发，以服务赢得了一定的政治资本Ⅱ。

凭借政治资本Ⅱ，组织丁尽管没有在校团委注册，但仍然可以稳步发展。在成员数目方面，2007 年，组织丁几次“纳新”、扩招志愿者。截至 2007 年 10 月，组织丁的成员数目已经由最初的十几名增加到 80 名。服务方面，组织丁对外开展“XX 大学附属中学学生社会工作室”“XX 小区服务”“救助站服务”“XX 中心残障人士服务”四个服务项目，平时每周进行两次专业服务，而暑假则每天都有志愿者提供服务。

(3)组织己

组织己在政治资本方面非常有特点：组织己的政治资本Ⅱ并不是组织己主动争取的而是“被授予的”。根据组织己的负责人己女士的叙述：由于组织己的服务比较成功，所以得到了居委会的认可，认可的方式包括给这些组织的成员发“红袖章”、通知媒体记者进行报道等。

> 这居委会的陈书记上班儿经常从我们这里走，有可能被她发觉了。再一个就是院子里面的人，咱不知道是谁告诉居委会的……后来陈书记给了我两个红袖章。……因为书记和主任（指部门职员—贰）介绍，

---

① 不过，1998 年颁布的《高等教育法》以法律的形式对高等学校的领导体制作了规定：“国家举办的高等学校实行中国共产党高等学校基层委员会领导下的校长负责制（简称‘党委领导下的校长负责制’）。”内地各个高校的学院和学系内都设有“党委”，所以所谓的“学院认可”也包括学院党委的认可。事实上，组织丁的成立会议，除了发起人组织丁和社会工作系主任之外，学院党委书记、党委副书记均出席（ZS 学院记者团，2004）。由此看来，组织丁虽然没有在学校团委注册，但实际上也是得到了学院党委的认可的。

② 笔者于 2006 年 12 月 30 日到其办公地点参观、访谈。

③ 组织丁不仅资助和督导该组织的活动，而且在组织丁所在院系设立奖学金并无偿捐款（ZS 学院记者团，2004，http://www.online.sdu.edu.cn/articles/1/0/2004/12/1015164014.htm）。

去年的时候，院子里面经常有人来参观，不是电台报道，就是报社采访。

（2006年12月14日访谈）

居委会主动认可组织己的主要原因有两个：一是社会转型时期居委会"忙不过来"，所以居委会需要有可以信赖的志愿组织为小区居民服务；二是居委会本身承担着"政府职能"，有一定的政治资本Ⅰ，有认可自发的民间组织的"能力"。部门职员一贰在给笔者的电子邮件中写道：

由于我们J市的小区正处于由原来的"婆婆妈妈"式的居委会向现代化的小区居委会转型的时期，所以很多工作都处于无序和待探索的状态之中，常常令我们感到无所适从。比如，我们现在承担了太多的政府职能，甚至成为政府的"腿"。连很多本应由政府下的通知、做的调查，也统统由我们代劳了。而另一方面，居民的需求也在不断提高，现有小区工作人员大多是没有经过正规培训的人员，所以工作起来感到难度很大，自己作为居委会主任也不知如何是好了。

（2007年4月14日电子邮件）

另一方面，前文提到，组织己的道德资源Ⅰ与道德资源Ⅱ是一致的："利他""助人"等"朴素的"传统道德既为组织己的成员所相信，也为社会所接纳。因此，居委会可以充分地信任组织己。

此外，根据法律规定，居委会应该是一种非政府组织。① 但是，在实际运作中，由于国内其他非政府组织的发展不健全，居民委员会实际上成了政府和公民联系、沟通的桥梁，在城市社会的"组织和制度发展中起核心带头作用"。② 因此，在现行的政治体制内，城市居民委员会有授予自发的民间组织一定的"政治资本Ⅱ"的"能力"，可以凭借自己的政治资本Ⅰ"授予"组织己

① 《中华人民共和国宪法》(1982)第一百一十一条规定："城市和农村按居民居住地区设立的居民委员会或者村民委员会是基层群众性自治组织……居民委员会、村民委员会设人民调解、治安保卫、公共卫生等委员会，办理本居住地区的公共事务和公益事业，调解民间纠纷，协助维护社会治安，并且向人民政府反映群众的意见、要求和提出建议。"（国务院侨务办公室，2007，http://www.gqb.gov.cn/node2/node3/node5/node9/userobject7ai1273.html）1989年12月26日，第七届全国人民代表大会常务委员会第十一次会议通过《中华人民共和国城市居民委员会组织法》(1990年1月1日生效)，该法第二条规定："居民委员会是居民自我管理、自我教育、自我服务的基层群众性自治组织。"（中国网，2004年8月27日，http://big5.china.com.cn/zhuanti2005/txt/2004-08/27/content_5646520.htm）

② 参见何云峰：《正确认识我国城市基层直接民主的主体错位问题》，《上海师范大学学报》(哲学社会科学版)2005年第3期。

一定的“政治资本Ⅱ”。

这样，虽然组织己是一个完全自发的组织，没有在任何地方登记注册，但是它得到了承担着政府职能的“群众性自治组织”的“居民委员会”的认可，就等于间接地得到了政府的认可，从而获得了一定的政治资本Ⅱ。[①] 这在客观上有利于组织己的存在和发展。虽然组织己的服务范围仍然仅限于他们所居住的“宿舍大院儿”，服务内容也比较简单（主要是值勤和清洁），但是组织己从最初的三四名志愿者发展为现在的28人，而且他们有排好的“值日表”，一周7日轮流为100多户居民无偿服务。

综上所述，组织丙、丁、己的案例表明，在现存的行政体系中，大多数民间组织并没有先赋性的政治资本Ⅰ，所以志愿服务组织借助道德资源Ⅱ方面的优势、提供良好的服务，以争取政府的信任，即赢得一定的政治资本Ⅱ，就成为有助于新兴的民间组织生存和发展、维护其自治权的关键因素之一。

3.借助政治资本Ⅰ，赢得政治资本Ⅱ：以组织戊的发展为例

在本书的研究对象中，依托某报业集团的组织戊是唯一得到政府信任即拥有一定的政治资本Ⅰ的民间志愿服务组织。因为拥有一定的政治资本Ⅰ，组织戊无须为生存的合法性担忧；同时，作为民间组织，组织戊不仅在道德上相对独立，而且拥有充分的自主权。因此，在志愿服务的过程中，组织戊不仅赢得了更多新的政治资本Ⅱ，而且规模迅速扩大。在组织规模扩大的过程中，组织戊的自治能力得以增强。

(1)组织戊的政治资本Ⅰ

组织戊的政治资本Ⅰ，一方面是来自“官方媒体”的身份，另一方面来自团市委的授予。组织戊的负责人戊先生明确地意识到这一点。他说：

> 我们现在虽然没有官方身份，却是被官方认可的一个（志愿组织）。……是J市志愿者协会授予的，呵呵！……像我们搞义工的，之所以能搞起来，关键是借助了媒体的力量。……我们国内的资源最起码有这种宣传的作用，可以号召去做这样的事情。真的，我觉得这种资源支持、力量支持非常重要。
>
> （2006年12月19日访谈）

① 参见全国人民代表大会：《中华人民共和国宪法》，1982年12月4日，http://www.npc.gov.cn/wxzl/wxzl/2000-12/06/content_4421.htm。

换言之，一方面，在现行的政治体系里，媒体作为党的喉舌，本身就拥有一定的官方资源，因而具有一定的政治资本Ⅰ；另一方面，得到官方组织J市志愿者协会的认可，也说明官方对组织戊是信任的，从而强化了组织戊的政治资本。①

(2)赢得新的政治资本Ⅱ

前文介绍过，组织戊以儒家道德为其道德资源Ⅰ和道德资源Ⅱ，其志愿服务的内容一般是围绕关爱老人和孩子等主题展开的，易于被大众接受，而且组织戊本身依托报社，拥有一定的先赋性的政治信任，即政治资本Ⅰ。

与其他没有任何政治资本Ⅰ、与官方缺乏互信的民间志愿服务组织相比，组织戊的服务更容易获得官方的认可。例如，2005年8月21日，J市文明办、共青团市委正式授予组织戊"志愿者联络站"的身份；2006年，组织戊被共青团中央授予"中国十大杰出青年志愿服务集体"称号(《中国青年报》2006年2月25日)；2007年9月21日，组织戊被中国内地最权威的官方媒体中央电视台的黄金栏目"新闻联播"和"焦点访谈"重点报道；J市政府门户网站把组织戊誉为"J市精神文明建设中一个响亮的志愿服务品牌"；2018年，组织戊正式注册为民办非企业单位，主管单位是J市精神文明建设委员会办公室；2020年，组织戊被认定为"慈善组织"。官方授予的这些荣誉表明，组织戊获得了充分的政治认可，即赢得了越来越多的新的政治资本Ⅱ。

(3)组织戊规模的发展

组织戊最初由几位记者发起，最早的服务可以追溯至1997年。② 伴随着知名度的提升，组织戊政治资本Ⅱ不断增加，报名参加组织戊的志愿者越来越多，规模也越来越大。至2007年9月，组织戊的注册志愿者数已经突破4万人。

---

① 传播理论中有关于"把关人"的概念，即媒体向公众发布信息前会根据自己的意识形态进行自我审查。根据这一理论，媒体的意识形态与官方一致时，得到官方信任，拥有官方资源就很自然了。国内的媒体恰好符合这种情况。

② 1996年，J市《XX时报》连续多次对XX道口管理问题进行报道，但问题始终没有得到根本解决。1997年4月12日，一天之内，在XX道口火车夺去三条生命，其中包括一个只有6个月大的婴儿。《XX时报》的记者"感到媒体不仅要进行舆论呼吁，还应为这个城市尽上自己虽然微薄但却是实实在在的一份力量"。1997年4月18日，《XX时报》记者开始在XX道口义务执勤。1997年4月23日，XX道口终于被封闭。此后，"为民工维权""慈善小学""让特困家庭过好年""关爱父亲母亲""J城无贼"等由《XX时报》发起并组织群众参与的各类公益性活动陆续开展。(新华网，2006年4月13日，http://news.xinhuanet.com/politics/2006-04/13/content_4418849.htm)

此外，志愿者借助互联网进行自我管理是组织戊的一个突出特点。组织戊的志愿者张先生利用自己公司的资源建立了“XX义工网”。“XX义工网”有互动功能，设立了“XX义工论坛(BBS)”以及8个QQ群，实时发布信息。“XX义工网”BBS的“版主”或QQ群的“管理员”作为组织戊下属的活动小组的负责人，负责选择志愿服务的地点、主题，然后通知组织戊，并通过网络发布这些信息。这样，虽然组织戊的志愿者日益增加，但负责协调“联络站”工作的记者人数却没有增加。

“关爱组”版主田小姐每周都通过网络组织活动，她向笔者描述了她的计划及组织服务的过程：

比如，这个星期天，活动一结束，就开始写活动总结报告，涉及活动过程、参加人员等内容。到晚上，就开始想下个星期天有什么活动，从星期一就开始联系。联系好了以后就做准备活动，然后通报别人、通知成员。你要忙起来，每天都有活儿。

(2006年12月23日访谈)

此外，“XX义工网”还有一些成文的自律规则。① “XX义工网”的“版主”或“管理员”的选拔有一个过程。对此，张先生介绍说：

很多人说：“我要当版主，我要当管理员。”的确，新人都喜欢当领导。可我们不能跟“跑官要官”一样，这是一个民间组织，里面工作很多。你要官不要紧，你可以要，但是经过一段时间后，要得到组织的认可，要大家都说好才行。……只有这样，你的威信才能逐渐树立起来。

(2006年12月21日访谈)

团省委的公务员甲充分肯定了组织戊的“自治”：

像组织戊，它上面没有一个具体的管理机构……它影响非常大，每周都有活动……它就是一种纯民间组织，依托《XX时报》，里边服务的开展基本上属于那种经费自筹自支、人员编制不受政府机构人员编制

① 例如，《组织戊QQ群管理规定》中有下列要求：(1)不得在QQ群内发布各类广告，拉下线等；(2)不得在QQ群里发布色情及其他违反国家规定的内容；(3)长期不登录QQ群的，请自动退出；(4)鼓励大家多发言，长时间不发话的，建议自动退出(提倡诚信交流，上班时间不要闲聊，禁止刷屏、谩骂、无理取闹、哗众取宠)；(5)如果因自己中了QQ类病毒而乱发有害信息的，将直接被踢出QQ群，等杀完毒后再重新申请进入该城市义工QQ群。

的管理，这两个方面是它成功的关键因素。我觉得组织戊是一种趋势。

（2007 年 2 月 12 日访谈）

综上所述，由于具有一定的政治资本Ⅰ、拥有官方充分的政治认可和信任，组织戊不需要像前文介绍的组织丙等民间组织一样为了组织的生存而努力赢得政治资本Ⅱ。组织戊赢得的政治资源Ⅱ的主要作用在于，借助政府较高的政治信任，组织戊有可能不断扩大规模并授权下属的服务小组进行自我管理。可见，组织戊赢得的政治资源Ⅱ，令该组织在制度许可的范围内拥有了较大的自治权。

第六章
志愿服务的参与模式:参与者的视角

前人的研究表明,公众的参与模式和意愿会对志愿服务的发展产生重要影响。[①] 笔者在访谈资料的基础上,以参与者的视角描述“官方主导”和“民间自发”两类志愿服务参与模式及其发展。本章共分两节:第一节,介绍志愿服务的两种主要的参与模式;第二节,探讨“官方主导”志愿服务的问题和成就;第三节,分析指出“民间自发”的志愿服务参与者的类型和特点。

第一节 两种参与模式

志愿服务最初源自民间,第一次工业革命后受到各国政府的鼓励,从零星走向了普及。放眼全世界,目前有两种主要的参与模式:一是“官方主导”的志愿服务,其主要特点是志愿服务直接由政府或具有官方背景的机构组织提供,而且提供的服务往往规模较大、历时较长。例如,中国的“大学生志愿服务西部计划”(中国共青团,2003)、美国的“和平团”(Peace Corps)以及本研究中的组织 S3 开展的各种服务,都是这类志愿服务的典型代表。二是“民间自发”的志愿服务。这类志愿服务往往由群众自发组织开展,提供的服务往往是短期的、小规模的。比如,本研究中组织丁和组织己开展的服务就属于此类(Lough,2014;Xu,2018)。下文将介绍访问对象对上述两种参

① 不少学者对此作过论述,有兴趣的读者可以进一步参阅本书“参考文献”部分列出的相关文献,如 Putnam(1995)、Hustinx 和 Lammertyn(2003)、Milliga 和 Fyfe(2005)等。

与模式的看法。

一、“官方主导”和“民间自发”：关于分类的共识

在社会科学中，各种社会现象通常有很多不同的分类方法。不过，在访谈中，几位官方、半官方和民间志愿服务组织的管理者和志愿者都不约而同地谈到目前国内的志愿服务有“官方组织”和“自发参与”两大类。可见这一分类具有广泛的共识。例如，共青团省委负责志愿服务工作的公务员甲和J市负责基层工作的某居委会主任兼某区人大代表的职员—贰都谈到了目前内地志愿服务有“政府主导”和“民间自发”两种志愿服务。而在“政府主导”的志愿服务中存在“硬性组织”的情况。下面是他们的谈话摘录：

负责人—公务员甲：从团中央来讲的话，现在全国的青年志愿服务工作还是要归并到它工作的盘子里面去。它把通知下发到省里，省里再把通知下发到市里……这种方式是一级一级地组织发动、贯彻落实……不知道你上学的时候，是不是到街上打扫过卫生、“雷锋月”出黑板报、到小区里面去慰问和看望孤寡老人等。这些行为都是由政府发动的。还有一种，就是像组织戊那样，它上面没有一个具体的管理机构，但是它在J市每周都有活动，而且借助《XX时报》等新闻媒体在宣传上的优势，生命力更强，更富有针对性，更加灵活。

(2007年2月12日访谈)

部门职员—贰：志愿服务，我感觉有一些是自发的，也有一些是有关部门组织的，这是我们的现状。比如，定期组织学校的学生，还有小区的党员、团员做志愿服务，像他们这些群体，自发的因素就比较少了。

(2006年12月14日访谈)

在一般情况下，虽然基层党、团组织有时会要求“所有党员、所有团员都必须参加”，而这种要求往往会给党员和团员以及想要入党、入团的“积极分子”带来一定的心理压力，使一些人比较“被动”地参加。不过，如果确实不愿意参加，是可以“请假”的，而且我们也不能排除有一些人在官方的动员下确实愿意参加或出于“从众”心理选择参加。此外，参加者通常不以取得报酬为目的，活动宣称的服务目标也常常是为了增加社会的福祉，服务也是通过正式的组织进行的。因此，这种由政府主导、“集体性动员”的志愿服务仍然符合本书第一章对“志愿服务”的定义。

此外,组织戊的核心志愿者朱先生在访谈中不仅把志愿服务分为“民间自发”和“政府主导”两种类型,而且指出后者具有组织性和纪律性好、声势和影响比较大和有一定的政治色彩等特点。以下是笔者与朱先生的对话摘录:

> 如果对志愿服务进行分类的话,我觉得主要分两大类:一个是民间自发的志愿服务,一个是政府主导的志愿服务。……前者以自愿为前提;后者最大的优势就在组织性、纪律性上。就规模、声势、对社会所造成的影响来说,是任何其他形式的组织无法比拟的。这是它最大的优势。它所谓的劣势就是,在外人看来,有一定的政治色彩,大家感觉你这个服务带有一定的官方性质,不属于咱民间自发的,给人的感觉可能就差一些。
>
> (2006年12月21日访谈)

总之,正如朱先生指出的,这两种模式有各自的优点和缺点:“官方主导”的志愿服务,其优点往往是可以动员体制内的多种资源和力量支持志愿服务,其规模和影响力往往较大;缺点是容易有科层制、官僚主义等弊端,以及有些志愿者可能是迫于群体压力才参加志愿服务的,导致服务效果不佳等。“民间自发”的志愿服务,其优点是参与者主动性强,可以吸纳社会资源,开展公益项目等;缺点是志愿者和管理者可能会根据自己的喜好提供服务,也可能因缺乏专业知识服务不够全面或服务效果欠佳等。①

二、可能的趋势:“组织发动”到“自愿自发”

调查发现,志愿服务的参与者对志愿服务的自主性有较强的期待。管理志愿服务组织的负责人、志愿者、甚至不少具有官方身份的负责人都表示,民间自发的志愿服务是“以后发展的趋势”。

1.自主管理是“以后发展的趋势”

值得一提的是,团省委负责组织甲工作的公务员甲认为组织戊是一个

① Salamon, L. M., “Of Market Failure, Voluntary Failure, and Third-party Government: Toward a Theory of Government-nonprofit Relations in the Modern Welfare State,” *Nonprofit and Voluntary Sector Quarterly*, 16 (1-2), 1987; XU, Ying, “Volunteer Participation and the Development of Civil Society in China: A Case Study of Jinan,” *Nonprofit Policy Forum*, 5(1), 2014.

自发的民间组织。作为有官方身份的管理者，公务员甲不仅对组织戊自发的参与模式表示认可，而且认为这是“以后发展的趋势”。他这样说：

现在民间性的组织，比如刚才说的组织戊，它就是一种纯民间组织。它虽然依托于《XX时报》，但是其服务的开展基本上属于那种经费自筹自支、人员编制不受政府机构人员编制的管理。它之所以能够发展得这么好，这两个方面也是它成功的关键因素。实际上，这种志愿服务工作是以后发展的趋势。社会化程度会越来越高，不能靠单一的组织机构去组织发动，这种形式和以后社会的发展是不相符的。这几年可能不会发生明显的变化，但是过几年以后肯定会有所变化。

(2007年2月12日访谈)

组织戊的负责人戊先生在下面的谈话中也指出了“以前”由政府主导的志愿服务管理的弊端，即“指挥式、计划式、条令式的管理方式”，令“其施予者和接受者都不舒服”。他说：

志愿服务啊……我们以前是那种(政府主导的)，是指挥式、计划式、条令式的管理方式。各单位、大学组织人去干什么呢？去打扫卫生，去看望老人。我以前在学校里是学生干部，也经常组织这种活动。我觉得其施予者和接受者都不舒服。那时候我也去，老觉得这种做法没什么技术含量。说句实在的，你去伺候老人一天，说不定老人心里闹得慌，因为老人更需要专业服务，或者说是老人认可、选择的东西。

(2006年12月19日访谈)

事实上，在S市，一些原本属于官方组织的志愿服务部门已经实现了财务独立和自我管理。例如，隶属于S1的G区分支组织的负责人郭女士告诉笔者，他们主动拓展经费来源，实现了财务独立，而且自主管理服务，不带行政色彩：

我们估计这是全市第一个(财务独立)的……我们还有一些收入，我们经常接一些大型赛事或会议的(志愿服务合作项目)……现在G区很多志愿服务不带行政色彩，完全脱离团委。负责义工这方面工作的就是团区委书记。有一些该汇报的，我们会通过每个星期的例会向他汇报。在团委，青年工作和志愿工作原来是结合在一起的，现在基本上都可以分开，青年工作是青年工作，志愿工作是志愿工作……没有束缚……

（2006年12月19日访谈）

2.自发参与是“以后发展的趋势”

这些年来，民众常常把志愿服务等同于“学雷锋”，把志愿者等同于学雷锋的人。[①] 一些组织、宣传或研究志愿服务的人员对两者也不加区分，认为“青年志愿者行动”是“新形势下弘扬雷锋精神”（翁铁慧，2002）。而笔者的不少访问对象却不约而同地通过对比“志愿服务”与“学雷锋”的不同，阐明了“民间自发的志愿服务是以后发展的趋势”的观点。

他们认为，现在的志愿服务不仅是“有组织”的，而且比“学雷锋”更加强调自愿、主动地参与志愿服务。以下是笔者对编制在J市团市委的部门职员—壹、组织戊的负责人戊先生和志愿者刘女士的有关访谈摘录。

部门职员—壹：现在来讲，志愿服务还不同于我们讲的那个学雷锋做好事。我想，志愿服务应该是一种有组织的活动。比如说，我在公交车上给一个大妈让座，那是学雷锋做好事。我觉得这不是志愿服务。……志愿服务，首先是有组织的，再有就是志愿者本人贡献出一些时间、技能等，为他人或者社会提供一些帮助，做出一些贡献。

（2006年12月22日访谈）

负责人—组织戊：它（与“学雷锋”）不一样。我们以前搞了很多志愿者活动，都是操控式的吧？现在这种（志愿服务）是选择式的。我们现在干什么事情都非常主动。……这是自己的一种生活方式。我觉得现在很多人生活水平好了，去做一些什么事情，对他来讲，是一种精神上或者生活上的收获，而不单纯是一种高尚品德。……我觉得这种东西是一种选择的问题。……参与这个事情（指志愿服务）可能是因为爱好、喜欢。我觉得这样一种方式更文明，可能更有持续性。

（2006年12月19日访谈）

组织戊—刘女士：学雷锋就是做好事、助人为乐，在总体上，与志愿服务基本相同，但是还是有区别的。……我觉得做义工就是充分发挥自己的特长，就是体现自己的价值，而且在你付出的时候你能收获快乐，不是让你不顾及家里情况和自身条件地付出。学雷锋，帮助别人

① 参见陈泽伟：《认识身边的志愿者》，《瞭望新闻周刊》2002年第16期。

时，不管怎么地，你得发扬精神，克服困难；现在这个（志愿服务），在你保证自己能正常生活的情况下，再把爱心献给别人。我觉得就是这样，可能有点不太准确。

（2006年12月22日访谈）

以上调查显示，志愿服务组织的负责人、志愿者甚至不少具有官方身份的负责人都表示，相对于“官方主导”的模式，在“民间自发”的参与模式下，志愿者更有可能选择适合自己的服务内容，而且往往更为主动。此外，S市某研究机构2020年做的一项旨在全面了解该市志愿服务发展现状的问卷调查（$n=3593$）显示，有89.8%的市民认为“做义工是一种生活方式”，比2010年上升了10.7个百分点；同时，认为“义工活动纯粹是做宣传的形式主义”的市民比例比2010年上升了12.2个百分点（2020年9月10日，S市某评审会议内部资料）。由此看来，无论是“官方主导”还是“民间自发”的形式，志愿服务的进一步发展都有赖于进一步减少形式主义并更加尊重志愿者的参与意愿。

第二节　参与者视野下“官方主导”的志愿服务

“官方主导”的志愿服务因规模较大，往往需要通过科层制体系上传下达。自马克斯·韦伯以降，关于科层制利弊的论述①已经相当丰富，但是有关科层制在志愿服务中的应用及其表现的论述并不多见。本节以“大学生志愿服务西部计划”和“党员志愿服务”为例，从参与者角度阐释科层制体系下“官方主导”的志愿服务的不足和优势，并提出若干建议。

一、参与者忆“大学生志愿服务西部计划”

“大学生志愿服务西部计划”（简称“西部计划”）是团中央、教育部、财政部和人事部（简称“四部”）根据国务院常务会议、全国高校毕业生就业工作电视电话会议和国务院办公厅《关于做好2003年普通高等学校毕业生就业

① Weber, M., *The Theory of Social and Economic Organization*, New York: Free Press, 1947; Blau, P. M., *Bureaucracy in Modern Society*, New York: Random House, 1956; Kallinikos, J., "The Social Foundations of the Bureaucratic Order," *Organization*, 11(1), 2004.

工作的通知》精神于2003年6月8日联合下发通知、在全国范围内启动的。[①] 在"四部"的联合努力下，截至2020年，"西部计划"已经开展了17年，30多万名大学志愿者在西部地区辛勤耕耘、默默奉献的同时，不仅自己得到了锻炼，也为当地经济社会发展、民族团结进步做出了贡献。近年来，"西部计划"在项目组织、沟通技术(如微信)等方面有了长足进步。

可以说，"西部计划"的规模、影响力和取得的成绩是有目共睹的，任何民间志愿服务项目都难以相比。但是，"尺有所短，寸有所长"，批判性反思是进步的动力之一。该项目实施早期出现的某些典型的弊端，仍然值得反思。下文将基于J市的访谈资料，呈现该项目早期的历史面貌。

首先简介一下访谈过程：组织甲在省会J市办公，是全省共青团的领导机构。"西部计划"在S省的开展实施由组织甲负责。笔者于2007年2月12日对组织甲负责志愿服务工作的公务员甲进行访谈后，经批准，于同年2月13日在另一位职员处拿到了2003年至2006年三年间由组织甲派遣、在J市读书并且家庭所在地为J市的6名志愿者的基本数据和联络信息。[②] 在

① 参见中国共青团：《关于做好2003年普通高等学校毕业生就业工作的通知》，2003年6月12日，http://www.ccyl.org.cn/search/zuzhi/leaders_talk/2003year/ttb14b.htm。

② 需要说明的是，这些数据是这样找到的：这位职员根据笔者的要求，打开组织甲保存的所有的志愿者名单文件(Excel文件)，用Excel中的"查找"命令，查找"J市"一词后，找到12位家庭所在地或就读学校为J市的志愿者。在这12名志愿者中，有6名家庭所在地和就读学校均为J市。另外，从组织甲拿到的联络信息是这些志愿者离开J市前留的家里的电话和地址。组织甲并没有志愿者在服务地的联络方式。

这6名志愿者中，有3名志愿者愿意接受我的访问。[①]

1.志愿者的总体感受

在组织甲的帮助下，笔者对陈先生、杨先生和孙女士3位西部志愿者进行了深度访谈。概括地说，在这3位志愿者接受笔者访问的志愿者中，陈先生比较激动，他觉得他有很多话已经压抑了很久，很高兴有这个机会一吐为快；孙女士也认为早就应该有人对西部志愿者做一些调查，她想主动反映情况都没有人理睬，所以她很高兴接受我的访问；杨先生的态度多少有点“玩世不恭”，笔者做过自我介绍并承诺调研材料仅限学术用途后，他才愿意交流。下文以访问时间为顺序，介绍3位志愿者的基本情况和他们对“西部计划”的总体感受。

(1)志愿者：组织甲的陈先生

陈先生是独生子，中共党员，本科，思想政治教育专业。2004年9月至2005年5月，陈先生在新疆XX县检察院公诉科服务。他接受访问时26岁。被录取为赴新疆志愿者后不久，J市某区组织部也同意接收他。在学校的动员下，他选择了去新疆服务。结束服务回J市后，“通过自己的努力”进入J市某区党委组织部工作，接受访问时仍在“实习期”。

任何工作都不可能一蹴而就，“西部计划”需要在实践中逐步完善。例

---

① 6位志愿者，笔者仅访问到其中的3位，但仍符合笔者研究设计中每个组织访问3～4名志愿者的要求。没有访问的3名志愿者(称谓已经经过匿名编码处理)，原因如下：(1)2007年2月13日，笔者打通了肆先生家的电话，是他父亲接听的，说他在D市服务，没有回J市，要我年三十(2月17日)再往他家打电话，但是2月17日及之后几天，笔者数次打电话都无人接听。(2)伍女士在新疆和田服务。2007年2月15日，笔者打电话到她家，她妈妈接的电话。她妈妈给了伍女士在新疆的电话号码，并说：“她没有回家。自从她走后，我就老生病、住院。她在那边也不顺心。你快跟她拉拉呱吧！谢谢你！让她给我打个电话。”我打了伍女士的手机多次，无人接听；发短信，对方也没有回复。于是，同年2月16日，笔者又打电话到伍女士家，告诉伍女士的妈妈没有打通伍女士的电话。伍女士的妈妈说：“她愣(很)忙！我给她电话，她也不接，气得我光哭。”于是笔者不得不放弃了电话访问伍女士的打算。(3)陆先生在新疆服务一年，已经回到J市，在某政府机关工作。2007年2月14日晚7点左右，笔者打通了他的电话。电话中笔者自我介绍时，他还比较犹豫，知道我也是J市人，曾和他就读同一所大学后才同意接受我的访问，并把访谈的时间约在次日下午。但当晚9点左右，陆先生又打电话来，向我道歉说：“想了想，还是不谈了吧！主要是自己也没做什么，再加上2004年的事儿，时间也比较长了，而且我如果接受您的访问，还要向领导汇报，挺麻烦的！”我表示理解，说：“您觉得不方便的话，我就不勉强您了。不过，服务西部的经历，不是每个人都可以有的。谢谢您打电话来。”这样，组织甲符合笔者要求的6名志愿者中只有3位接受了笔者的访问。在笔者访问的志愿服务组织中，这是比较特别的，其他组织的志愿者都比较乐于接受访问。例如，笔者参与组织戊的活动时，不少志愿者主动与笔者探讨志愿服务的发展、交换名片，而且事后主动给笔者发短信、邮件。

如，陈先生谈到了“西部计划”开展之初配套工作跟不上等问题。他谈道：

> 对增加阅历还是有好处的。……哎，总之，现在我回想起新疆这一段时间，它既是宝贵的财富，也是一种煎熬。……国家在实施某一项重大计划的时候，尤其是关注到青年这一块儿的时候，有很多东西还需要进一步考虑，在配套环节上还需要完善。……志愿者也做出了很多牺牲，比如，有两个在新疆服务的志愿者付出了生命的代价。新疆比较冷，零下三四十度，屋里必须生炉子。那两个志愿者在乡下，晚上就生着炉子，但是一不小心煤气中毒了，最后死了。……
>
> （2007 年 2 月 15 日访谈）

（2）志愿者：组织甲的杨先生

杨先生是独生子，共青团员，本科，思想政治教育专业，与陈先生是同学。2004 年 6 月到 2005 年 6 月，杨先生被分配到 S 省 W 市的“农村党员干部现代远程教育试点”做志愿者。[①] 但杨先生说，去 W 市以后，做的事情和“远程教育”关系不大，他实际上是在 S 省 W 市一个乡镇政府做文书类的工作。[②] 杨先生 1980 年 10 月出生，接受访问时 27 岁。他 2005 年 8 月服务期满返回 J 市后，报考硕士研究生，但没有被录取。之后，在他妈妈的帮助下，杨先生在一所民办高校做了一段时间的辅导员。在接受笔者访谈一个月前，他第二次参加研究生入学考试；[③]接受访谈时，考试成绩还没有公布。[④]

杨先生认为虽然在待人处事方面有所提高，但实际上这段经历是可有可无的。他说：

---

① 2003 年 4 月，中央决定，在山东省、湖南省、贵州省和安徽省金寨县首先开展农村党员干部现代远程教育试点工作，从 2005 年初至 2006 年年底，试点扩大到山西省、辽宁省、吉林省、黑龙江省、江苏省、浙江省、河南省、四川省和新疆维吾尔自治区等 9 省区。（中国共产党新闻，2007：http://cpc.people.com.cn/GB/64093/64100/5678064.html）

② 从地理位置看，威海并不属于“西部”。但是，鉴于以下理由，本书把“农村党员干部现代远程教育试点工作”作为“西部计划”中的一个子项目对待。（1）在组织甲保存的志愿者名单中，并没有区分“西部计划”和“农村党员干部现代远程教育试点工作”。“农村党员干部现代远程教育试点工作”和“西部计划”都是中央的决定，都是通过组织甲实施的。（2）“农村党员干部现代远程教育试点工作”志愿者的招募、分配与待遇与“西部计划”一致。例如，组织甲一杨先生报名时只知道有“西部计划”，录取结果出来以后才知道被分配去威海。

③ 2007 年内地研究生考试时间为 1 月 20 日至 1 月 22 日。

④ 2007 年 12 月 23 日，笔者对组织甲一杨先生进行电话访谈，知道他考取了 XX 大学的硕士研究生。

对我自己有点帮助，但那种经历，怎么说呢，老是感觉是可有可无的。我即使没有在那儿工作的经历，也会有在别的地方工作的经历。只不过这种经历，现在可以达到一个事半功倍的效果。……毕竟我一个人跑到一个人生地不熟的地方，而且在那里待了一年，如果说没有长进的话，那我这一年算是白待了。……所以这个经历还是很有帮助的。……对我来说，以前关心的事，现在还是关心；以前不关心的事情，现在还是不关心。只不过，不关心的原因不同罢了。

（2007 年 2 月 16 日访谈）

(3)志愿者：组织甲的孙女士

孙女士幼年时母亲去世，继亲家庭的长女，祖父是“老革命”，共青团员，专科，信息处理与自动化专业。2003 年 8 月到 2004 年 8 月，孙女士在内蒙古自治区阿拉善盟某旗服务。她接受访问时 27 岁。回 J 市后，通过了考试，在一所小学任教师。

也许与孙女士有一位同校的学兄与她同去内蒙古又一起回到 J 市并且成婚有关系，总体上孙女士对“西部计划”的态度相对于其他两位积极。她认为，不管“西部计划”的影响如何，这种经历并不是所有人都能拥有的。对她来说，“西部计划”提高了她的责任心。她说：

不管影响如何，说实在的，能有这样际遇的人很少。……虽然一年的时间不是很长，但是我觉得提高最大的是责任感、责任心：我既然决定要做了，我就要把它做好。任何事情都是这样。当时虽然觉着很苦，但是我从来没有想过要当逃兵。我当时有一段时间身体状况相当差，在那里实在适应不了。在那里，夏天四十几度，冬天零下四十几度，而且每天的温差也很大。当时领导开玩笑说：“你不用逃，你要支撑不住了，咱不算违约，让你走。”我觉得既然已经担下这项任务，你就有责任把它做好。做任何事情，你首先就要有一个责任心。

（2007 年 2 月 20 日访谈）

2.项目管理：培训不足，沟通不畅

不少学者指出，缺乏及时有效的沟通，是借助科层制管理体系组织大型活动常见的弊端。研究表明，美国志愿服务组织“和平队”等不少国际知名的服务项目都存在培训不足、沟通不畅等问题。[①] “西部计划”作为一个新开展不久的项目，我们通过积极调研、收集大家的意见，是有可能发挥后发优势、扬长避短的。因此，虽然三位志愿者在访谈中谈到了一些问题，但事实上这些问题有助于整个项目的进一步发展和完善。

三位志愿者在学校通过自愿报名的方式参加“大学生志愿服务西部计划”，而且面试通过后与组织甲签订协议，服务一年，服务地点由组织甲分配。但是，在服务过程中，志愿者没有与组织甲以及服务地的相关部门沟通过，缺少反映问题、提意见的渠道。以下是笔者与三位志愿者的有关对话：

笔者：你们去的时候，有没有对你们进行培训？

组织甲—陈先生：在J市没培训过，我们在新疆乌鲁木齐大学培训了一段时间。在那儿培训也不是组织甲组织的，是新疆维吾尔自治区派人培训的。

笔者：你们回来之后，没有征询你们的意见以便于他们以后改进工作吗？

组织甲—陈先生：没有。

(2007年2月15日访谈)

笔者：您回来之后，团省委有没有试图征求你们的意见，寻求一些反馈？

组织甲—杨先生：没有。走之前已经签了一年的合同，合同之后就没有关系了。

(2007年2月16日访谈)

组织甲—孙女士：让我们去，我们就去了。当时在那边遇到困难都不知道该找谁去。……我们还属于生活比较不错的，虽然自然环境恶劣一些，但当地的人对我们都很好。……我们回来以后，想找个地方汇报一下这一年的心态，或者针对哪些地方需要改善提一提建议，却没有地方去说。也没有人征询你的意见，你跑过去还不一定有没有人理你。

---

① 不少学者对此作过论述，有关科层制弊端文献可参见 Weber, M., *The Theory of Social and Economic Organization*, New York: Free Press, 1947。有关大型服务中可能出现的问题，可参见 Lough, B. J., " Social Work Perspectives on International Volunteer Service," *British Journal of Social Work*, (5), 2014。

就是这个样子。

（2007 年 2 月 20 日访谈）

笔者在请组织甲的工作人员检索 J 市生源的“西部计划”志愿者名单时，曾询问有没有关于志愿者服务期满后的去向的数据。这位工作人员对笔者说：“西部计划主要是为了缓解就业压力。有些志愿者留在当地了，有些学校把留下的上报了，但有些没上报，所以我们这里也没有具体的数据。”[①]这实际上印证了与以上三位志愿者的谈话：组织甲与志愿者之间没有直接的接触，也没有做过与服务或志愿者有关的评估或调查。与之相类似，组织甲的负责人公务员甲在访谈中这样描述组织甲上传下达的工作方式：

从团中央来讲的话，现在全国的青年志愿服务工作还是要归并到它工作的盘子里面去。它把通知下发到省里，省里再把通知下发到市里……这种方式是纯组织行为，一级一级地组织发动、贯彻落实。

（2007 年 2 月 12 日访谈）

以上访谈资料表明，作为政府科层体系的一个环节，组织甲和服务地的团组织在“西部计划”中的主要工作是向下级团组织传达团中央的通知以及面向各个高校团委从总体上部署志愿者的招募或接受工作，志愿服务的实际效果或志愿者的服务过程中及服务期满后的情况则并不在其职责和权限范围之内。

3.项目目标：部分实现

查阅有关文件，可以发现，“西部计划”主要有促进西部偏远地区的发

---

① 该谈话没有录音，来源于 2007 年 2 月 13 日调查笔记。

展、让青年学生经受锻炼[①]、促进大学生就业三个目标。[②] 不过，虽然组织甲的工作人员在帮笔者检索志愿者名单时坦率地说"西部计划主要是为了缓解大学毕业生的就业压力"(2007 年 2 月 13 日调查笔记)，但是，三位志愿者对西部计划的认识却比较理想化：他们在服务期满后都没有把"西部计划"和缓解大学生就业的压力联系起来，认为"西部计划"的目标主要是锻炼他们，让他们去帮助偏远地区。他们还遗憾地指出，这个计划的服务目标并没有完全达到，在执行中对当地"帮助不大"。

> 组织甲—陈先生：……("西部计划"是)国家要培养人吃苦耐劳的精神，培养人坚强的毅力，培养人积极向上的那种精神。国家啊，培养你是好的，但是……对于当地这种工作，大部分人只能做一点皮毛，还接触不到核心的工作……
>
> (2007 年 2 月 16 日访谈)
>
> 组织甲—杨先生：现在所说的大学生志愿者，只不过是从高校里面挑出一些所谓的好学生到西部去，从事一些当地比较薄弱的事业。……本来预定的，安排一年的时间去做"农村现代党员干部远程教育"，可是我们去了之后，一年的时间基本上都在党委办公室里做一些

---

① "大学生志愿服务西部计划"旨在"促进西部偏远地区的发展，让青年学生经受锻炼"的目标，可以在《关于实施大学生志愿服务西部计划的通知》中找到依据。这份文件指出，"大学生志愿服务西部计划"的"指导思想"是："鼓励青年知识分子到实践中去、到基层和艰苦地区去，经受磨炼，健康成长，是我们党和政府的一贯方针，在新的形势下，站在执政兴国和人才强国的战略高度，需要长期坚持和不断完善并逐步形成制度。实施大学生志愿服务西部计划要以邓小平理论和'三个代表'重要思想为指导，引导大学生到西部去、到基层去、到祖国和人民最需要的地方去建功立业；促进西部贫困地区教育、卫生、农技、扶贫等社会事业的发展；拓展大学生就业、创业的渠道；培养造就一大批既有现代科学文化知识、又有基层工作经验和强烈社会责任感的优秀青年人才；弘扬'奉献、友爱、互助、进步'的志愿精神，推动经济社会的全面发展。"

② "促进就业"的依据主要有共青团中央、教育部、财政部和人事部联合发布的《关于实施大学生志愿服务西部计划的通知》和《国务院办公厅关于做好 2003 年普通高等学校毕业生就业工作的通知》(国办发〔2003〕49 号)两份文件。《关于实施大学生志愿服务西部计划的通知》开宗明义地指出："根据国务院常务会议、《国务院办公厅关于做好 2003 年普通高等学校毕业生就业工作的通知》(国办发〔2003〕49 号)和 2003 年全国高校毕业生就业工作电视电话会议精神，国家决定从 2003 年开始实施大学生志愿服务西部计划。"而《国务院办公厅关于做好 2003 年普通高等学校毕业生就业工作的通知》明确指出："2003 年是普通高等学校(以下简称'高校')扩招本科学生毕业的第一年。由于高校毕业生总量增加，再加上受到非典型肺炎疫情的影响，今年高校毕业生就业形势比较严峻。……鼓励高校毕业生到基层和艰苦地区工作。……国家支持共青团中央、教育部组织实施'大学生志愿服务西部计划'。"

文书之类的工作。所以和远程教育志愿服务的关系其实已经不是很大了。

笔者：你觉得你所参加的志愿服务对当地有帮助吗？

组织甲—杨先生：帮助不大。为什么帮助不大呢？做了一年远程教育，自己该干的活基本上干得很少，当地人对这个项目本身也并不重视。

（2007年2月16日访谈）

组织甲—孙女士：我去那里以后被安排在党委办公室，负责信息采集和一些文书工作。志愿服务的出发点是好的：我们可以提供义务服务、技术支持和一些思想意识方面的沟通。但实际情况是，他们并不知道你这个人去了以后做什么，所以当时有好多人在那里就等于是闲置，没有事情做。……比方说，有些人学的是旅游专业，把他放到这个地方根本没有用，这里如果不能从事旅游项目的开发，那就是一种浪费。……有的地方连计算机和网络都没有，你派学计算机的人去那里根本就起不到任何作用。……我觉得志愿服务应该是一种细水长流的活动，潜移默化、慢慢地让这种理念深入人心。

（2007年2月20日访谈）

可见，三位志愿者认为，“西部计划”促进偏远地区的发展、让青年学生经受锻炼的目标没能得到很好的实现。那么，“缓解大学生就业压力”的目标能否达成？据三位志愿者反映，这个目标算是部分实现了：有一部分志愿者留在当地工作，大部分志愿者仍然回到家乡或他们就读过的城市找工作，但由于没有相关的工作经验等原因，相对于一年前，找工作更加困难。因此，他们认为“西部计划”对缓解就业压力的贡献有限。究其原因，主要有两个：

首先，愿意留在服务地的志愿者未必可以留下。

尽管《关于实施大学生志愿服务西部计划的通知》指出：“志愿者服务期满后，鼓励其扎根基层。”不过，大学生志愿者孙女士和杨先生以下的谈话，清楚地显示：就业是一个双向选择的过程，其中可能夹杂着志愿者和当地单位对各自利益的综合考虑，所以志愿者的去留不可能由单方面决定。

组织甲—孙女士：如果在当地比他回来的地方更有发展前途，他可能会留下，但大多数不会选择留下。当然也有想留在当地但是因为种种原因，当地最后没有接纳。

（2007年2月20日访谈）

组织甲—杨先生：我认识的一些同学都没被留下。说实话，他们都想留下。W市是个好地方，各方面都不错，而且留下来当公务员是一个相当不错的工作。

笔者：但是，你没觉得J市不管怎么样，也是一个政治文化中心？

组织甲—杨先生：对，J市是好，但是W市的公务员待遇要比J市的公务员待遇好得多。如果留在那里当公务员比回来找工作要好得多，其实大家都想留下。

（2007年2月20日访谈）

其次，大部分志愿者服务期满后仍然返回就读地找工作而且更加困难。三位志愿者都表示，大部分志愿者服务期满以后仍然回到就读地或家庭所在地找工作，所以在缓解就业压力方面，"西部计划"起的作用不大。而且，由于参加了"西部计划"，他们已经不是应届毕业生，找工作时比一年前更加困难。[①] 孙女士分析了志愿者找工作难的原因：

有好多人因为找不到工作而不开心。有的回来以后一年半甚至是到现在都没有找到工作。我们回来的时间一般是8月份，你想，你不是应届毕业生，就要吃亏；一年来，你又没有相应的工作经验，你又吃亏。而且你回来的时间恰逢毕业生都已经分配出去了，各单位人员都已经饱和了。所以你只好再等上一年，就这种情况。

（2007年2月20日访谈）

志愿者杨先生也说：

对于我来说，如果我那年不去的话，很有可能会在J市找到一份工作，说不定现在一切都很稳定了。但是，我去了一年之后，回到J市再找工作的话就不那么好找了。

（2007年2月16日访谈）

当笔者问陈先生："西部计划"能否"缓解大学生就业压力"时，他激动

---

① 内地择业时，不仅由于应届生拥有的信息、资源较多，而且在同等条件下应届生优先是一般单位选人的潜规则。

地说：

有的同学回来之后没有工作，甚至一直没有找到工作。因为本身不是应届毕业生，无奈之下，只能继续考研，或者继续考公务员，或者做一些事情，那些临时性的工作都不容易。我们这一批志愿者到西部服务，并不是谁想去就能去的，基本上都是学校里比较优秀的学生，是党员、学生干部，各方面都非常优秀。当时找工作对我们大部分人来说是不成问题的，但是回来以后再找工作就相当难了。

（2007 年 2 月 15 日访谈）

根据以上访谈资料，“西部计划”仅使很少的一部分志愿者留在西部工作，多数人回来重新择业，因而社会中需要择业的大学生的总量变化不大[①]，而且“西部计划”还可能使一些在一年前可以找到工作的志愿者面临失业的境遇，以至于产生了怨愤的情绪。因此，“西部计划”在“缓解大学生就业压力”方面的作用非常微弱。

综上所述，以上访谈资料相互印证，客观上表明“西部计划”开阔了大学生的视野、锻炼了责任心。不过，该项目早期由于有关部门在组织管理方面与志愿者之间缺乏沟通，而且有关的政策安排使志愿者经济和政治地位不够独立，加上他们服务的地域分散等原因，他们的意见和建议很难反馈给有关部门，尽管“西部计划”的参与者是经过各高等学校团委选拔的“品学兼优”的应届大学毕业生，大多具有良好的社会参与能力。需要指出的是，虽然目前培训或管理不到位、沟通不顺畅等问题已经在逐步改善，但是为了实现志愿服务的目标和志愿者的理想，研究者和实践者仍然需要不断地反思调研，努力发现问题、解决问题，做到举一反三，从而使项目不断完善。

二、参与者谈“党员志愿服务”

1.党员志愿服务及 S3 的成就

“党员志愿服务”的定义大致可以分为两类：一类认为，党员志愿服务属

① 需要说明的是，2007 年 2 月 13 日，笔者在组织甲拷贝有关志愿者的联络信息时，曾特别询问负责保管志愿者信息的工作人员：“有没有‘西部计划’志愿者服务期满以后就业去向的数据？有多少志愿者留在了他们服务的地方？”这位工作人员回答说：“没有。有的学校把留下的名单上报了，有的没报，所以我们没有具体的数据。”以此看来，如果各个省没有有关志愿者服务期满后工作去向的数据，那么，团中央、教育部、财政部、人事部也很难掌握具体的全国性的数据。因此，无法对整个“西部计划”对“缓解大学生就业压力”的作用进行量化评估。

于志愿服务的一种，具有不计报酬、自愿参加等特点，其特殊之处在于参与者具有党员身份。因此，党员志愿服务大致可以概括为党员在不谋取报酬的前提下，通过参加志愿服务活动，发挥党组织和党员的先锋模范作用。[①]另一类主要强调了党员志愿服务的政治性并忽略了志愿服务本身的特点。例如，高亮提出："所谓党员志愿服务，就是让党员以志愿者和党员的双重身份走进群众中间，最大程度地发挥我党密切联系群众的政治优势，进行旨在解决人民生活实际问题的服务活动。"[②]本书倾向于第一类定义。

S市L区的组织S3在党中央发出"鼓励党员带头参与志愿服务"的号召后，从2009年开始全面开展"党员志愿服务"。组织S3通过L区各社区党支部组织党员志愿者开展活动。"党员志愿服务"开展十余年来，努力打造"品牌"，已经成为L区具有一定特色的服务项目。结合访谈和有关组织S3的公开资料，S3开展的"党员志愿服务"的特色成绩可以归纳为以下三个方面：

首先，在活动中旗帜鲜明地亮出"党员"身份。党员志愿者以橙色马甲为义工服，不仅颜色醒目，而且可以与S市的义工服红马甲相区分。

其次，建立了党员志愿者线上调度平台。该平台集"项目发布""群众需求""志愿活动""队伍管理""数据分析"等功能于一体。全区党员志愿者可在该平台通过"一键报名"的方式参与"群众点单，党员接单"等各类志愿活动。

最后，党员志愿服务的覆盖面较广。通过在老旧小区、城中村、工厂厂区周边建设"党员志愿服务岗亭""党群服务V站"等服务场所，将服务延伸到社区居民，取得了良好的社会反响。

2.存在的问题及其解决办法

以上成绩的取得，离不开党组织强大的组织力、凝聚力和号召力。不过，访谈中，组织S3的多位管理者均希望L区的党员志愿服务工作能再上一个台阶，在发挥党员带头作用、为人民服务的同时，使志愿服务成为L区党委和组织部等部门工作的一个"亮点"。同时，他们还提出了两个值得探讨的问题：

---

① 参见张瀛、马谊平：《志愿服务在服务型党组织建设中载体作用的思考与实践》，《北京教育(高教)》2015年第9期。

② 高亮：《践行"两学一做" 让党员志愿服务常态化》，《沈阳干部学刊》2016年第6期。

一是一些参与党员志愿服务的义工所反映的其义工身份和义工时长无法计入S市既有义工登记系统（由S1管理）的问题。S3的管理者曾尝试与S1有关的部门沟通，S1于20世纪90年代初即开始开展义工登记工作，登记系统已逐渐发展成熟并覆盖全市；S3的服务仅限于L区，双方系统互认存在一定的困难（2017年10月23日访谈笔记）。

《S市义工服务条例》规定："鼓励有关单位在招工、招生时，在同等条件下优先录用、录取有义工服务经历者。"因此，一些参与志愿服务的党员志愿者也希望取得义工身份和义工服务时长。笔者也曾就此问题与S1在L区的负责人交流，比较可行的方案是请党员志愿者在S市既有义工登记系统中登记为"S市注册志愿者"，之后的时差就可以计入该系统（2019年7月18日访谈）。

或许不少普通志愿者因为工作繁忙等原因，参与服务时并没有留意到S3和S1、红马甲和橙马甲的区别。据调查，L区大约30.2%的党员志愿者没有登记为"S市注册志愿者"。S3在组织相关活动时，应提醒需要义工时长的参与者提前登记为"S市注册志愿者"，并在服务后及时登入系统记录服务时长。

二是如何提高党员特别是离退休党员的义工参与率的问题。例如，中共S市L区委员会组织部一位兼管组织S3党员志愿服务项目的负责人谈道：

> 负责人—组织S3：S市人口结构虽然比较年轻，但也有不少跟随子女随迁的老人。据我们了解，这些老人中有不少老党员，如果他们的组织关系不转过来，我们就没法动员他们参加我们的（志愿服务）活动。
>
> （2017年10月23日访谈笔记）

显然，组织S3的负责人对党员志愿服务有很高的期望和要求，希望动员老年党员参与志愿服务的想法也具有一定的前瞻性。S市志愿参与率逐年提升，截至2019年，该市志愿者数量约占常住人口的13%（S市社会组织年度报告，2019）。其中，35岁以下的志愿者人数最多，占47.3%，提供服务时数人均约2.3小时；55岁以上的老年志愿者虽然仅占23.1%，但老年人退休后往往有更多的时间参加服务，平均服务时间比青年人长，约为3.9小时。一项基于L区党员志愿服务的调查显示，2017年L区约有67.5%的党员参与了志愿服务。[①] 可见，与 S 市的参与率相比，L 区党员志愿服务的参与率并不算低。

延续组织 S3 负责人的思路，S3 于 2019 年提出了"L 区各社区党支部组织党员志愿者至少参加 1 次志愿活动，为身边群众至少办 1 件实事好事"的要求。据统计，仅 2019 年 9 月底至 10 月上旬，L 区就调度了 1.3 万名党员志愿者，开展了城中村整治、水污染治理、安保巡逻等 100 多场志愿活动。换言之，每次活动大约有 100 名党员参与，规模相对较大。

一般认为，志愿服务应建立在自愿的基础上（国际义工年策导委员会，2002；魏娜，2013）。因而，党员志愿服务也无须苛求 100％的参与率。相对于参与率，党员志愿服务的内容、质量以及志愿者的满意度或许更加重要。但是，不少党员志愿服务负责人和党员志愿者在访谈中表示：目前党员志愿服务仍然存在服务内容比较单调的问题，主要停留在交通劝导、社区清洁、秩序维护等方面；一些高学历、具有专业技能的党员志愿者也无法发挥专长，从而降低了党员参与志愿服务的积极性等。[②]

此外，激励和评估机制是提高服务质量、促进志愿者保持率的有效手段。但 L 区组织部、社区党支部负责人都表示，L 区目前对党员志愿服务没有统一的激励和评估机制（2017 年 10 月 23 日访谈笔记）。张天铸的调查也显示，有 43.1％的调查对象表示党支部没有把党员志愿服务纳入党员表现考核，有 47.4％的调查对象表示所在党支部没有党员志愿者表彰制度。关于评估，负责组织 S3 的某社区党员支部志愿服务项目负责人支女士坦率地说：

> 我们没有对党员志愿者进行评估，首先因为区里没有要求评估，其次我们也不知道怎么做评估。
>
> （2017 年 10 月 23 日访谈笔记）

总之，一般来说，官方主导的志愿服务具有良好的纪律性、组织性和经费支持。但随着时代的发展，人民群众和志愿者都对志愿服务提出了更高的要求，对上级管理机构有了更高的期待。相关管理部门应进一步提高管理水平和服务意识，并科学评估服务的需求和实效，以确保实至名归。

---

① 参见张天铸：《激励理论视角下的党员志愿服务研究》（未发表论文），2018 年。

② 参见张天铸：《激励理论视角下的党员志愿服务研究》（未发表论文），2018 年。

第三节 “民间自发”的志愿服务中的参与者

与“选一个日子，挤半天时间，联系一个单位，上门搞搞卫生，修修电器，大家在同一天都做同一件事情”等流于形式的“学雷锋”活动不同①，自发的参与建立在主动的选择、理性的思考的基础上，人们可以自由地决定是否参与、参与什么类型的组织、在什么时候参与以及参与多久等等。诚然，参与志愿服务的动机已经被不同学者反复研究，并且证明人们参与志愿服务的动机多种多样。② 但是，关于已加入服务的参与者对志愿服务发展的关心程度的研究却相当罕见。本章聚焦并分析“民间自发”的志愿服务参与者对志愿服务发展的态度，发现这些参与者大致可以分为两类：一部分参与者不仅积极参加或组织志愿服务，而且愿意推动中国社团管理制度的改革；另一部分参与者表示他们愿意投身志愿服务，但是并不关心志愿服务的发展。本节亦将分析两种参与者对中国志愿服务发展的不同影响。

一、积极的改革者

本研究中，民间环保组织丙的负责人及其核心志愿者是典型的对志愿服务发展持积极态度的参与者。与J市团市委和组织甲等官方机构把志愿服务看作一种有助于维护社会和谐和稳定的手段的主流观点不同，民间环保组织组织丙的发起者兼负责人丙先生关心志愿服务管理制度的发展，并从权利的角度理解志愿服务，把“志愿服务”本身理解为“知情权”“参与权”。他认为志愿服务“如果说真正能起到作用的话”，在于其“透明性”，在于能够“让公众参与”、扩大“公众的知情权”。他对笔者说：

> 我认为，（志愿服务）就是关心社会的弱势群体，关心社会最需要关心的一些事，比如知情权、参与权。……志愿服务关键的一点就是能体现社会的公平性，它会引导、影响政府关注弱势群体，使公众关心的那些问题透明化，或者保障公众拥有知情权和参与权。如果说真正能起

---

① 参见《“做好事”不再受欢迎？让学雷锋远离形式主义》，新华网，2003 年 3 月 5 日，http://news.xinhuanet.com/newscenter/2003-03/05/content_758833.htm。

② 有关志愿服务参与动机的研究非常之多，读者如有兴趣，可进一步查阅本书最后“参考文献”部分列出的 Hodfkinson 和 Weitzman(1992)、曾胜光(1994)、朱莉玲(2004)、谭建光和凌冲(2005)等学者的著作或文章。

到作用的话,就在这里。

(2006 年 12 月 16 日访谈)

组织丙的负责人丙先生具有比较强烈的参与意识,对有关环保的法律法规也有自己的看法。他不仅质疑了有关环保法律的可操作性,而且还质疑了这类法律的"合法性"。他认为,不允许一般的"公众参与"的"公众参与草案"只是一种"大话"。

组织丙的负责人和志愿者的关系非常融洽,他表示,虽然组织丙在服务中经历了不少挫折,但它在服务中也得到了宝贵的经验,对志愿服务的发展充满了信心。例如,同时积极参与组织丙和组织乙的环保活动的义工杨先生分别在两次访谈中表达了他乐于参与公共事务的愿望以及社会责任感:

只要稍微有一点良知的人,就知道既然生活在这个社会上,不能光向社会要这要那,你也要付出。……哪怕种一棵树,我也付出了,最起码我们为社会做了一点点事情。

(2006 年 12 月 31 日访谈)

在我看来,谁破坏了环境都不行。不管是地方政府,还是国家,谁破坏了都不行。……环境关系到每个人,不存在纯属于哪个国家、哪个地方的情况。

(2007 年 2 月 10 日访谈)

目前,国内普通公众参与公共决策的渠道仍然比较有限。[①] 然而,研究发现,不少志愿服务的参与者已经具有比较强烈的"公共意识",他们不仅主观上希望推动社团管理制度变革,而且能够理性地运用媒体和法律来监督政府、维护自己的权利。[②]

二、淡漠的参与者

一些学者提出,一些基于宗族、宗教等亲密关系的志愿服务团体的参

---

① 参见潘秀珍:《对现阶段我国利益集团参与公共决策的矛盾分析与思考》,《行政论坛》2006年第4期。

② 对此,下一章还会进一步讨论。

与者，有可能只关注自己小群体的利益，而并不关心更广阔社会的发展。[①]不过，本研究发现，虽然一部分参与者主要是出于个人的原因参与志愿服务，在主观上并不关心志愿服务的发展情况，但他们在服务过程中却具有比较强烈的"自主"的愿望，并且在一定程度上实现了自我管理。因此，无论这些自发的志愿服务参与者的参与意愿中是否包含了公共意识，这些自发的、有组织的志愿服务在客观上都会对志愿服务的发展产生积极的影响。

1.两类淡漠的参与者

正如人们参与志愿服务的原因多种多样，人们不关心志愿服务发展的具体原因也因人而异。基于访谈数据，我们可以把热衷志愿服务却不关心志愿服务发展的参与者大致归纳为两大类："优越的淡漠者"和"失落的冷淡者"。

"优越的淡漠者"是指那些把参与志愿服务作为提升自己生活质量和满足自己精神需求的手段的参与者，他们对自己生活和工作的现状感到满意，主观上也没有推动社会改革的要求。

"失落的冷淡者"是经济改革中出现的弱势群体（如国有企业的退休职工、下岗人员），他们迫于经济压力组织起来开展服务以改善自己的生活质量。作为利益受损者，他们难免因主观感情上的悲观失望而不关心志愿服务事业的发展。

2."优越的淡漠者"：提出自治要求，实现自治

本研究中组织戊的志愿者刘女士和田小姐是典型的"优越的冷淡者"。她们一方面表示对社会问题不感兴趣，参加志愿服务的原因是让生活更充实、让自己更快乐；另一方面却提出了让义工自我组织和管理的建议或者自己已经组织和发起志愿服务活动。可见，虽然这些"优越的淡漠者"主观上不关心志愿服务的长远发展，但是他们在服务过程中产生的强烈的"自治"愿望和"自治"行动却在客观上有助于拓展社团的自治空间，令社会自我组织、自我协调，从而有助于民间志愿服务活动的进一步发展。

在以下的对话中，刘女士表示，她对现状很满意，对志愿服务发展中存

---

① Geller, E., *Conditions of Liberty: Civil Society and Its Rivals*, London: Penguin Books, 1996; Wagner, A., "Redefining Citizenship for the 21st Century: From the National Welfare State to the UN Global Compact," *International Journal of Social Welfare*, 13(4), 1996.

在的问题不感兴趣。但是,在服务过程中,她却萌生了“自治”的愿望,并提出了让义工自我组织和管理的建议:

组织戊—刘女士:我对这个(关于志愿服务发展)深层次的理论性的东西,还没有具体的接触……我觉得我现在,自私一点说吧,我对现在的生活非常满足,也非常开心。一方面,人到中年,我已经是护士长了;另一方面,参加这个社会活动,丰富了我的业余生活。

笔者:你觉得你们在组织活动的时候,有没有一些需要改进的地方呢?

组织戊—刘女士:我觉得现在还在摸索阶段……假如说有什么建议的话,我觉得要让义工参加管理。比如说,哪个区或者哪个行业,有一个组织者,他如果要搞什么活动,只要联络站批准以后,自己就可以办活动了。我觉得这样也减轻了联络站的压力。

(2006年12月22日访谈)

刘女士不经常上网,所以她并不知道她的“让义工参加管理”的建议,实际上在组织戊通过BBS组织的活动中已经实现了。① 组织戊的义工田小姐是组织戊关爱组的小组长,关爱组每周日都有活动,而且活动的内容、地点都是田小姐等义工自主选择,并通过BBS发起、组织(详见第七章第二节)。

田小姐也表示,她之所以参与志愿服务活动,是为了让自己生活得更开心,没有考虑志愿服务未来发展等深层次问题。她说:“其实,大家做每件事都是有目的的,我们参加这个活动的目的就是寻找快乐。……虽然忙点,但是挺快乐的。”(2006年12月23日访谈)同时,她还表示她更喜欢自己组织活动,不希望被组织戊关注。她说:

就像那个时报②,我们关爱组并不是很受关注。不是说不很关注,是不希望它关注我们,因为有很多老年公寓真的不希望我们带记者去。

---

① 组织戊的刘女士告诉笔者:“像我这样的中年人,比起年轻人来说,不能说是网盲吧,但比起他们来就差多了。……因为我家的孩子正在上初中,怕影响孩子学习,所以有什么事情要查,就在单位上网查。”所以刘女士通常是看到报纸上公布周日的活动计划后才通过电话和组织戊联络,参加活动。

② 组织戊的挂靠单位是“XX时报”,所以此处的“时报”指组织戊。

因此，我们的活动从来不带记者去。

（2006 年 12 月 23 日访谈）

虽然“优越的淡漠者”主要以“自我中心”(self-centered)的态度选择参与志愿服务，而不是基于利他的服务的伦理或对小区的责任感而参加志愿服务，不关心志愿服务的长远发展，对志愿服务组织没有很强的归属感，但是他们出于个人兴趣的行动往往更加主动，往往能够在服务过程中获得一块自治的空间，因而他们的行动在客观上有助于民间自发的志愿服务的发展。

3.“失落的淡漠者”：刻意与政府保持距离，自我管理

本研究中，组织己的负责人和志愿者是国有企业的退休职工、下岗人员，是典型的“失落的淡漠者”。他们不仅宣称不关心志愿服务的未来发展，而且刻意与政府保持距离。尽管如此，由于组织己的服务恰恰弥补了改革初期政府与市场在公共物品供给方面的不足，所以该组织最终得到了政府的认可，在没有注册的情况下实现了高度自治。这表明，政府已经认识到志愿组织存在的正面意义，认为政府与志愿组织可以互相补充。从这个意义上讲，这类组织的发展有可能提高政府对民间组织的信心，有助于民间志愿服务的长远发展。

组织己的负责人己女士的参与意愿不仅是“自我取向”的，而且她对官方的看法比较负面，刻意与政府保持距离，并且认为志愿服务“治标不治本”、无助于社会的发展。她说：

我不会去找居委会。因为什么？因为我这个人不愿意出名。……至于居委会的老张老李，我统统不认识。我就管这一个院里一亩三分地儿平安，别人我不管。我既不想上电视，也不想上报纸，又不想让你表扬我。……志愿服务——你要想建设这么好的一个社会，现在很难，而且我觉得作用也不会太大。

（2006 年 12 月 14 日访谈）

前文曾经介绍过，组织己没有在任何地方注册过，是一个典型的“民间—基于社区”的组织。组织己的参与者大都是退休职工、下岗人员，他们不仅没有历史继承而来的政治资本Ⅰ，而且在主观上也没有扩大影响、谋求政治资本Ⅱ的愿望。但是，转型时期居委会“忙不过来”的时候，组织己的服务减轻了居委会的负担，所以居委会主动认可组织己，从而使组织己的自治

“合法化”。

以上分析表明，虽然一部分参与者的参与动机主要是“自我取向”的，他们主观上也没有推动志愿服务发展的愿望，但是这些“自我取向”的志愿者在服务过程中有时会产生比较强烈的“自治”要求，从而在客观上有可能推动志愿服务的发展。

第七章
服务过程与公共领域:制度发展的视角

美籍德裔犹太政治哲学家汉娜·阿伦特(Hannah Arendt)把人类的活动区分为劳动、工作和行动,并提出:只有"行动"才是人们之间不以物为中介直接交往的活动,而这种行动的活动范围就是"公共领域"。[①] 公共领域的主要理想是在国家和社会之间进行调节,从而更好地保障社会的整体利益。[②] 沿袭阿伦特的思路,当个人自发地参与到以利他为目的、不计报酬的志愿服务行动中时,至少在志愿服务活动的范畴内有可能建构公共领域。

本章共两节。第一节在界定"公共领域"概念和主要构成要素的基础上,探讨了志愿服务与公共领域之间的联系。第二节分析指出,人们积极参与志愿服务的过程有助于公共领域的建构:首先,志愿服务的过程,有助于提高参与者自我组织、自我管理的愿望和能力;其次,在志愿服务过程中,互联网的使用,使沟通更有效,有助于公共领域的建立;最后,在志愿服务的过程中,参与者对公开性、参与权的要求,体现了要求确立公共领域的合法性、参与有关政策制定的愿望。

---

① 参见 Arendt, H., *Lectures on Kant's Political Philosophy*, edited by Ronald Beiner, Chicago: University of Chicago Press, 1982;朱士群:《公共领域的兴衰——汉娜·阿伦特政治哲学述评》,《社会科学》1994 年第 6 期。

② 参见许英:《论信息时代与公共领域的重构》,《南京师大学报》2002 年第 3 期。

第一节　志愿服务与公共领域

公共领域的终极理想是通过私人的理性辩论消灭一切统治。所谓"消灭一切统治"即意味着任何一方都不必屈从于其他各方,意味着各方都不再提出统治要求,于是人类社会将实现永远的和谐。① "公共领域"一度被认为是一个过分理想化的概念。② 然而,有价值的社会理论总是同时表现出批判的锋芒和未来的理想。在某种意义上,公共领域的精神气质与人们在志愿服务行动中体现的"人类的至高情操"——"为世界追求和平、自由、机会、保障和正义"道同契合。③ 本节将在简要回顾"公共领域"概念的基础上,探讨志愿服务与公共领域间的联系。

一、何谓公共领域

公共领域的历史可以追溯到2900多年前的古希腊,有关论述也可以追溯到200多年前的欧洲。1962年哈贝马斯出版《公共领域的结构转型》一书,"公共领域"概念再度引起学界关注。哈贝马斯将公共领域分为古希腊"城邦型"、欧洲中世纪"代表型"和近代西欧"市民型"三种类型,并首次从正面详尽地描述、分析资产阶级公共领域的演变和消亡。哈贝马斯认为资产阶级公共领域是一种特殊的历史形态,它最先出现于17～18世纪的英国和法国,后来与现代民族国家一起传遍19世纪的欧洲和美国。其最突出的特征是私人在阅读报刊过程中自发地聚集在一起,形成一种松散且开放的弹性社团,他们以俱乐部、咖啡馆、沙龙甚至报刊为媒介,在市场经济与行政国家之间展开调节。④ 随着资本主义科层化的发展,国家建立并控制社会生活的权力日益膨胀,自由的程度日益下降,而解决这些问题的出路就在于振兴

① 参见许英:《互联网·公共领域与生活政治——刍议数字民主》,《人文杂志》2002年第3期。

② Verstraeten, H., "The Media and the Transformation of the Public Sphere: A Contribution for a Critical Economy of the Public Sphere," *European Journal of Communication*, 11(3), 1996; Edwards, M., *Civil Society*, Cambridge, UK: Polity Press; Malden, MA: Blackwell, 2004.

③ 参见国际义工年策导委员会:《2001国际义工年活动荟萃 中国香港:义工无疆界,关爱共欢怀》,香港:国际义工年策导委员会,2002年。

④ 参见[德]尤尔根·哈贝马斯:《公共领域的结构转型》,曹卫东等译,上海:学林出版社1999年版。

公共领域。[1] 由此，如何才能使近代西方已经消亡的公共领域“失而复得”就成为当今社会科学领域最具争议的问题之一。

在哈贝马斯等学者看来，公共领域首先是我们社会生活中的一个领域，原则上向所有人开放。在这个领域中，超越私利的人们来到一起，借助一定的公共空间或媒介（如广场、报刊、电视、互联网等），在理性辩论的基础上就普遍利益问题达成共识，从而对国家活动进行民主的控制。[2] 根据这一定义，有效能的公共领域至少需要具备以下三个要素：有参与能力和素质的个人、理想的沟通媒介和按共识进行行动。具体来讲，与这三个要素相对应，真正有效能的公共领域则需要满足以下三个条件：

第一，公共领域的参与者是具有独立人格、能够就“普遍利益问题”展开理性辩论的个人。因为只有当公共领域的参与者是独立自主的、不受旧权力制约的个人时，公共领域才有可能独立于“旧权力”。这些参与者能够自由地进入或者离开公共领域，并且可以自由地选择或更换议题、发表意见或保持沉默。

第二，公共领域具备能够保障参与者充分沟通的媒介。人际沟通需要以信息为载体，以媒介为中介。信息是意义的载体、参与者理性思考和辩论的对象，而媒介则决定着信息的数量和流向。单向、非沟通的媒介导致了信息的匮乏，同时也导致了意义的缺失。在单面的甚至是虚假的信息面前，参与者的“理性”和“独立”毫无意义。因此，公共领域只有具备了能够让参与者充分沟通的媒介，才能避免参与者受到上述“选择强制”。

第三，由“个人”组成的“公众”能在充分辩论的基础上达成共识并按共识行动。这是因为：其一，公共领域旨在消除所有统治，因而它首先应该保障其参与者之间能进行广泛和深入的自由辩论；其二，公共领域的参与者只有作为一个群体来行动才有可能限制权力的非法扩张；其三，能促使独立的参与者在非强制的情况下进行集体行动的唯一动

---

① 参见[美]乔纳森·H.特纳：《社会学理论的结构》，吴曲辉等译，浙江人民出版社 1987 年版。

② 参见[德]尤尔根·哈贝马斯：《公共空间》，汪晖、陈燕谷主编：《文化与公共性》，北京：生活·读书·新知三联书店 1998 年版；[德]尤尔根·哈贝马斯：《公共领域的结构转型》，曹卫东等译，上海：学林出版社 1999 年版；Edwards, M., *Civil Society*, Cambridge, UK: Polity Press; Malden, MA: Blackwell, 2004；等等。

力只能是在辩论中达成共识。[①]

二、志愿服务、积极个人与公共领域

如上所述，公共领域在本质上是寻求整合而非对抗，它“旨在摧毁旧权力且不建立新权力”[②]。或许公共领域在可以考证的过去和可以预见的将来并不能从根本上消除统治，但是通过公共领域进行的理性辩论却有可能借助“立法”的方式在一定程度上限制权力的非法扩张，从而保持一种相对合理的统治。

具体到志愿服务领域，虽然并非所有的志愿服务活动都有助于公共领域的产生，但是自愿参与有一定自主性的志愿服务活动的个人积极聚集在一起，却为公共领域的出现提供了基本条件。如图 7-1 所示，志愿服务组织的参与者在服务过程中如果能够借助公共领域的公开性，通过公开、充分辩论，就相关政策法规等议题达成共识并按共识行动，公共领域就会产生并有可能逐步影响志愿服务组织和社团生存的制度环境。

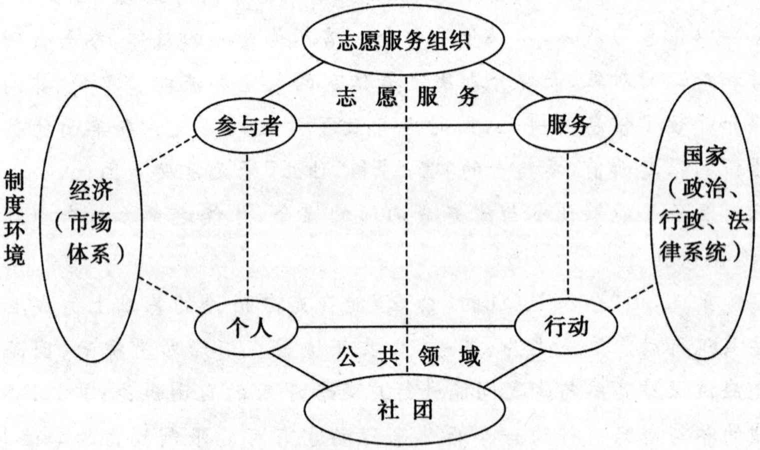

图 7-1 志愿服务与公共领域

首先，自发参与志愿服务的个人，更有可能进行超越个人私利的理性思

① 参见许英：《论信息时代与公共领域的重构》，《南京师大学报》2002 年第 3 期。

② 参见[德]尤尔根·哈贝马斯：《公共领域的结构转型》，曹卫东等译，上海：学林出版社 1999 年版，第 91 页。

考。中国渐进式改革的道路致使目前市场经济中涌现的精英大多从政治精英转化而来。一些“私人企业”具有较强的政治资本，企业家在短期内恐怕较难抛开既有的集团利益。[1] 相对而言，志愿服务以增进社会福祉为目标，其参与者更可能置身于国家行政与市场之外，就公共利益问题展开独立自主的辩论。

其次，受到政府认可的志愿服务组织往往拥有一定的自治空间（详见第五章和第六章），从而为参与者提供了相对独立的活动或辩论场所。定期开展的志愿服务，增加了参与者相互交流、讨论和辩论的可能性。

最后，志愿服务的参与者大多具有良好的社会参与能力；志愿服务将大家聚集到一起，在客观上增加了参与者按照共识行动的机会。[2] 事实证明，围绕志愿服务的话题，不少参与者已经在志愿服务的过程中初步确立起公共领域。下一节将详细展示和分析有关资料。

第二节　志愿服务过程与公共领域的建构

笔者对志愿服务过程进一步分析后发现：志愿服务作为一种超越个人私利的社会活动，至少部分参与者具备了参与公共领域的能力和意愿。一方面，志愿服务参与者一般都是身心比较健康、具备基本的社会参与能力的个人；另一方面，志愿服务还有助于提升参与者自我组织起来参与公共事务的意愿。因此，志愿服务过程有助于满足建立公共领域的第一个要求，即有助于培养超越私利、有独立思考能力、关心公共事务的独立的个人，并使这些个人自发地聚集到一起讨论和辩论他们关心的公共问题。

在S市的案例中，家长们借助微信群展开的一项关于旨在推动初中生志愿服务方案的公开的讨论表明，在信息时代，公共领域将作为一种良性的社会纠错机制而存在。在关于组织戊和组织乙的案例中，一些志愿服务组

① 参见制度与结构变迁课题组：《作为制度运作和制度变迁方式的变通》，《中国社会科学季刊》（香港）1997年冬季号；孙立平：《实践社会学与市场转型过程分析》，《中国社会科学》2002年第5期；[美]杰弗里·萨克斯、胡永泰、杨小凯：《经济改革与宪政转轨》，《当代中国研究》2000年第3期。

② 参见 Milligan, C. & Fyfe, N., “Preserving Space for Volunteers: Exploring the Links Between Voluntary Welfare Organisations, Volunteering and Citizenship,” *Urban Studies*, 42(3), 2005；魏雁滨：《福利发展：政府与非政府福利机构的角色》，杨允中主编：《澳门社会福利发展：特点与趋势》，澳门：澳门大学澳门研究中心，2006年，第286～296页。

织借助互联网联络成员并在参与者充分交流或辩论的基础上自我协调、组织活动，以至于这类志愿服务的过程体现了公共领域的基本特征。在关于组织丙的案例中，组织丙的负责人和核心志愿者不仅对公民的权利、义务以及社会的法治具有比较坚定的信念，而且利用传媒发起理性的公共讨论并按照法治的原则展开理性的行动。显然，组织丙的行动已具备公共领域的基本特征。可见，志愿服务为参与者提供了聚集到一起的公共议题，而且服务中共同的道德选择也有助于他们达成共识。因此，志愿服务过程也有助于实现公共领域的第二个要求——"充分沟通的媒介"和第三个要求——"按照辩论共识行动"。质言之，志愿服务有助于公共领域的建构。

一、志愿服务中的个人参与

1."个人"和"个人的情操"

改革开放以来，城市化和社会流动加快，志愿者通常不限户籍，外来务工人员、外籍人士都可以参加志愿服务。在讨论志愿服务的中英文文献中，"公民""市民"和"个人"是经常出现的概念。这三个概念之间的关系，如图7-2所示，"个人"不仅包括"本国公民""某市市民"，还包括关心公共事务的任何居民（如没有取得某国或某个城市永久身份的外国人或农村户口的外来务工者等）。笔者选择使用"个人"一词描述志愿服务的参与者，主要是因为"公民"和"市民"都是一种排斥性的概念，而"个人"的概念则不但没有排斥性，而且强调个人之间的平等及其自我决定的意识和参与社会的能力。

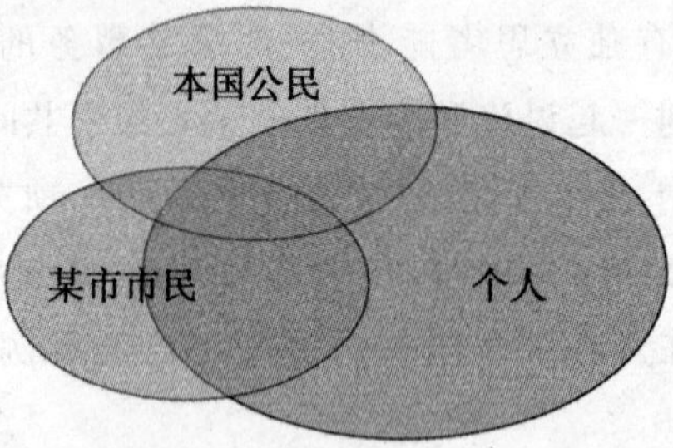

图7-2　公民、市民和个人

萨托利（Sartori）指出："在古代，人从来没有被明确认为是某个个人。……只是到了19世纪，‘人就是个人’这一原则才获得了普遍胜利。”① 当公共财政从封建君主的私人家产中分化出来之后，私有财产等私人领域的基本权利才得到保障；在官僚政治和军队从君主法庭的私人领域独立出来，以及司法也从行政的部分独立出来，公共权力成为自主的前提下，基本的教育在社会中普及之后，普通人才有可能成为有参与社会公共事务能力的“个人”。②

当代学者奥克肖特（Oakeshott）进一步提出“个人的情操”（a sentiment individuality）的三个主要特点：自我决定（self-determination）、喜欢交谈（conversation）、愿意遵守旅程道路的规则而不愿意被指导到达目的地。换言之，在奥克肖特看来，“个人”作为社团的参与者，决定了社团参与社会或国家公共事务的能力。③

参与志愿服务无疑是一种负责任的社会参与形式。不少研究表明，一方面，大部分的志愿服务参与者都是拥有基本的教育水平和经济保障、基本需要得到满足的人；④另一方面，参与义工服务有助于青少年成长为关怀社会的有责任、有担当的公民以及社会变革的行动者。⑤ 因此，志愿者大多是具备基本社会参与能力的个人。

2.参与者：具备基本的社会参与能力的个人

与前人的研究一致，本研究也发现，志愿服务的参与者一般身心比较健康并且具备了基本的教育水平和经济能力；同时，参与志愿服务本身就是一个社会学习的过程，有助于参与者更加了解社会、提高社会交往能力和管理能力。以S市为例，2019年度该市社会组织年度报告显示，该市志愿者中大

---

① [美]萨托利（Sartori, G.）：《民主新论》，冯克利、阎克文译，北京：东方出版社1998年版，第320～321页。

② 参见[美]汉娜·阿伦特：《公共领域与私人领域》，汪晖、陈燕谷主编：《文化与公共性》，北京：生活·读书·新知三联书店1998年版；[德]尤尔根·哈贝马斯：《交往行动理论》，洪佩郁、蔺青译，重庆：重庆出版社1994年版；[德]尤尔根·哈贝马斯：《公共空间》，汪晖、陈燕谷主编：《文化与公共性》，北京：生活·读书·新知三联书店1998年版；[德]尤尔根·哈贝马斯：《公共领域的结构转型》，曹卫东等译，上海：学林出版社1999年版。

③ Oakeshott, M., *On Human Conduct*, Oxford: Clarendon Press, 1975.

④ Katz, A. H., "Self-Help Organizations and Volunteer Participation in Social Welfare," *Social Work*, 15(1), 1970; Wilson, J. & Musick, M. A., "Who Cares? Toward an Intergrated Theory of Volunteer Work," *American Sociological Review*, 62(5), 1997.

⑤ 参见魏雁滨、张宙桥：《香港青少年从个人层次到社会层次的发展指针》，王志鸿、姚伟兰编：《两岸四地青年发展指标研讨会论文集》，澳门：澳门教育暨青年局，2004年，第59～77页。

专以上学历占53.79%，大专以下学历占46.21%，其中在校生约占16.6%。与之相类似，在J市，除在校生外，笔者访问的志愿者和管理者大多接受过良好的教育、有固定的职业或基本稳定的收入。

(1)经济基础

一般说来，人的基本需要(如获得食物以维持生存的需要)得到满足之后，才会产生其他更高层次的需要(如自我实现的需要)。[①] 笔者的多位访问对象表达了类似的看法，其中组织戊的负责人戊先生、组织戊的核心志愿者朱先生和组织丙的志愿者孟先生表达得最为明确直接，他们认为：人们社会参与的意愿和能力与他们的经济状况有关，他们只有解决了基本的生活所需之后才有可能去帮助别人，所以一般的志愿者都是"有能力帮助别人"的人。下面是笔者的访谈摘录：

> 负责人—组织戊：很难想象一个吃不上饭的人，你还能对他有要求(要求他参与志愿服务)。这个不可能，对吧？
>
> (2006年12月19日访谈)
>
> 组织戊—朱先生：人自己的境界有时候不完全是由自己的主观能动性来决定的。拿帮人来说，如果自己连饭都吃不上——确实也有这样的人，自己都吃不上饭，还去帮助别人。但是……咱比较喜欢说实话，从实际操作性上来说，很难。自己都吃不饱，还怎么去帮助别人，是吧？所以说，我觉得经济基础很重要。……在经济基础提高的同时，人的素质也会提高。
>
> (2006年12月21日访谈)
>
> 组织丙—孟先生：因为这与他自身的生活能力、收入水平也有关系。经济是基础嘛！是吧？一些生活问题都解决不了，他/她想参与这些活动也参与不了呀！
>
> (2006年12月23日访谈)

在笔者访问的组织中，组织己的管理者和志愿者都是从国有企业退休、下岗的职工，经济状况比较差。而组织己的负责人己女士说，坚持参与服务的下岗职工也都有一份兼职的收入，退休的职工则都有一份退休金，用他们

① 参见Maslow, A.H., *Motivation and Personality*. Harper : New York, 1954；[挪威]约翰·加尔通(Galtung)：《基本需要的方法》，[东德]特琳·勒德雷尔主编：《人的需要》，邵晓光等译，沈阳：辽宁大学出版社1988年版。

的话说，那就是“在家里养老，我不愁吃的”。但是，最初发起这个组织的小王，由于下岗、找工作不顺利、孩子今年考大学等原因，已经退出了组织（详见 2006 年 12 月 14 日访谈）。这表明，组织己的参与者也是具有收入比较稳定的人，他们是在自己的生存得到满足的基础上参与志愿服务的。

（2）教育水平

接受基本的教育是人们有效参与社会和政治生活的前提。[①] 笔者的访问对象组织戊的负责人戊先生对志愿者的教育水平比较乐观：

> 我觉得现在（接受基本）教育没有问题，识字儿自然没有问题。现在在城市里基本上见不到一字不识的人了。他/她识字没问题以后，肯定能更多地接受文化，接受文化之后就有可能提高人文素质。
>
> （2006 年 12 月 19 日访谈）

3.志愿服务：提高个人的社会参与能力

参与志愿服务是一个社会学习过程。[②] 本研究也有不少访谈数据显示，志愿服务的经历往往可以拓宽参与者的视野，使他们更加了解社会并增强社会交往和管理能力。以下从开阔视野、交往能力和管理能力三个方面予以说明：

（1）了解社会，开阔视野

访谈中，不少志愿者都向笔者表示：通过志愿服务，他们了解到了不同于学校、媒体描述的社会，同时也拓宽了视野。例如，在组织丁服务的某社工系学生志愿者李小姐说：“对社会接触、了解得多了，不仅知道了很多自己在学校里不可能知道的事情，而且也学到了很多自己在书本上学不到的知识。”（2006 年 12 月 30 日访谈）。人到中年的护士长刘女士也说：“通过参加志愿活动，我更加贴近社会、了解社会，进而开阔了自己的视野。”（2006 年 12 月 22 日访谈）

前面曾经多次介绍过的同时在组织丙和组织戊服务的李先生在一家较大的合资企业工作，是组织丙的核心志愿者。他参与了组织丙的大部分活动策划，比较了解与政府和媒体沟通的细节。他认为只有自己“去做”，才能

---

① 参见[德]尤尔根·哈贝马斯：《公共领域的结构转型》，曹卫东等译，上海：学林出版社 1999 年版。

② McFarland, D. A. & Thomas, R. J., “Bowling Young: How Youth Voluntary Associations Influence Adult Political Participation,” *American Sociological Review*, 71, 2006.

“看到一些社会上存在的实质性问题”。他说：

> 你不去做，有些事情根本接触不到。我去做志愿服务，就是为了能看到一些社会上存在的实质性问题。如果你不亲自去做，你根本看不到。
>
> （2006 年 12 月 20 日访谈）

（2）增强社会交往能力

目前国内的教育模式仍以“应试教育”为主，一般的正规教育渠道很少提供基本的社交训练。① 因此，不少志愿者认为“社会交往能力”是他们参与志愿服务的重要收获之一。

例如，组织戊“关爱组”小组长田小姐对笔者说：

> 我以前表达能力很差的。我从来不和陌生人说话，要是几年前你找我，我肯定不敢答应你采访。现在吧，参加组织戊以后，我觉得比起以前来，还是很满意的。
>
> （2006 年 12 月 23 日访谈）

分别在组织丙和组织丁服务的两位大学生志愿者丁先生和李小姐参加志愿服务以后，也感觉他们的社会交往能力提高了。

> 组织丙—丁先生：不管你参加哪一个活动，你都会跟社会上很多人有一些接触。你会从他们那里学到很多东西，无论是职业方面，还是交往能力提高方面，都是很有帮助的。
>
> （2006 年 12 月 17 日访谈）
>
> 组织丁—李小姐：与人打交道的能力，我感觉一点一点地增强了。以前会有一点顾虑和担心，我去那里，别人会怎样想我，说什么什么之类的话。不过，去了之后，别人也挺欢迎我的。然后就是我到社会救助站做过义工以后，当我再去人民法院（实习）的时候，就不会有那种怕被拒之门外或者其他的想法了，也就很自然地去人民法院了。
>
> （2006 年 12 月 30 日访谈）

---

① 参见徐伟、季新玉：《拷问我国的应试教育》，《教书育人：高教论坛》2007 年第 S2 期；余扬：《转型社会时期的应试教育》，《教育与考试》2007 年第 3 期。

(3)管理能力的提高

访谈中，一些志愿者表示，志愿服务培养和锻炼了他们的管理能力，使他们得到“成长”。如，在组织戊服务的田小姐说：“能锻炼我自己，真的很锻炼人。……说白了吧，就是用人那一套。要是以前，我根本就组织不起来一个团队。”(2006 年 12 月 23 日访谈)

组织乙的志愿者王先生同时也是“S 建筑大学环境保护协会”的骨干成员，他也说：

> 对提高我的组织能力很有帮助。像我们“学生吧”等社团，有些方面还是很自由的，组织一些活动，都要靠自己。无论是活动之前的策划、活动过程中的组织、活动之后的总结，还是与外界交往、拉外援等，都要亲自去做。
>
> (2007 年 1 月 4 日访谈)

在组织丁服务的社工系研究生苏先生认为自己通过志愿服务能够把课堂上学到的东西运用到实践中，“得到很多的锻炼”，“有一个很快的提高”。他阐述得非常具体，他这样说：

> 我觉得得到了很多锻炼，因为在这里首先可以了解到，作为一个组织，它基本的运营包括哪些方面，需要具备哪些技术和技巧，还要建立什么制度，这里面都必须有的。比如，我们组织丁，有章程、财务制度、项目管理制度、档案记录，还要有负责人以及人员的层级结构。总之，要知道怎么运营才能够更顺利、更顺畅。
>
> 我从社会工作专业本科的时候开始就在这里做一些工作。我觉得我的成长主要是在这里完成的。为什么这么说？因为我最初实习的时候就在这里，我发表的第一篇文章就是实习报告。实习和实务都是非常重要的，不仅能够从中学到很多东西，而且能尝试着将课堂上学到的东西运用到实践中去。只有在实践中，才能把你学到的东西综合运用起来，才能实现快速提升。
>
> (2006 年 12 月 30 日访谈)

总之，以上分析表明，志愿服务的参与者大多具有基本的社会参与能力，而且志愿服务本身是一个社会学习的过程，有助于提升参与者参与公共事务的能力，并进而使之成长为独立的和负责任的“个人”。

二、以志愿服务为议题，以互联网等信息技术为媒介

除了有能力并乐于参与公共事务中的个人之外，公共领域的存在至少还需要具备两个条件：一是具有吸引大家自发地聚集到一起讨论的、超越个人私利的议题；二是具备允许参与者充分辩论的媒介（如广场、报纸、互联网、微信/QQ群等）。概括地说，一方面，在志愿服务的过程中，与志愿服务有关的各种议题（如服务项目的选择、组织的方式、宣传的策略或对与志愿服务有关的法律规定的评论等）都有可能成为把具备基本参与能力的个人聚集在一起的议题；另一方面，以互联网技术为代表的交互式电子媒介，不仅方便、快捷、交互性好，而且基本不受时间和空间的限制，原则上是人人可及、向所有人开放的。所以就公共领域来说，互联网是迄今为止最理想的沟通媒介。①

在笔者访问的志愿服务组织中，除组织己主要以面对面直接交流的方式②以外，其他组织均不同程度地使用互联网，如建立自己的网站、BBS、QQ群等，而使用电子邮件就有关志愿服务的问题进行沟通则更加普遍。不过，在访谈中发现，围绕志愿服务，互联网对公共领域的贡献主要表现在以下三个方面：一是围绕志愿服务有关的政策或执行问题进行广泛、公开的讨论；二是对于特定的服务团体来说，借助互联网可以使参与者对服务过程进行公开的反思，可以围绕组织的发展前景展开更广泛的讨论；三是在志愿服务组织之间，互联网有助于促进跨地域的、以扩大对公共生活和公共政策的影响为目标的合作与联合。

1.围绕志愿服务政策的公开讨论

虽然服务社会、关怀社群的志愿精神备受各界推崇，但初衷美好的志愿服务政策在推广落实中也有可能带来误解、引起争议。以S市教育局2018年10月发布的《S市初中学生综合素质表现评价方案（试行）》为例，探讨类似方案在实施过程中的利弊得失。在实际操作中，该方案基本是由初中生的家长给自己的孩子在该市义工系统进行网上报名，“抢”适合自己孩子的义工机会。对此，学生家长感觉该方案不仅使“学生为加分做义工”，而且

① 参见许英：《论信息时代与公共领域的重构》，《南京师大学报》2002年第3期。

② 组织己的成员均为退休或下岗者，年龄偏大，教育程度不高，而且他们住得很近，可以面对面地交流，沟通起来十分方便，服务对象主要针对该小区，所以组织己没有使用互联网。

“评分登记可操作化差”，于是借助互联网、微信群等工具纷纷表达意见和建议。在某种程度上，微信群具有了公共领域的功能。

下面展示一个普通小区的微信群中家长的讨论。讨论中，有家长建议“人大代表”关心一下家长的呼声。

11:02 家长 A：我们小区有没有义工组织呀？

11:16 家长 L：现在家长都要疯啦！天天到处抢义工(机会)。

11:17 家长 A：现在孩子上个学，家长天天抢这抢那的。

11:18 家长 J：我觉得这个政策和实际偏离有点大。前两天在朋友圈还看到有人说这个制度的缺陷。本来是好事，现在变味了，教育局的人大代表们要关注一下这事。

11:19 家长 A：搞得家长天天网上抢，孩子补课也多，时间方面根本合不上。

11:20 家长 J：嗯，做义工(应该)是一个自发的行为，不能变成摊派……上个学就这么不容易，整天折腾家长。

……

13:48 居民 Z：现在的娃儿真不容易。

13:49 居民 Z：以前好像没看到群里的宝爸宝妈们提起这事儿。

13:49 家长 A：从 2018 年上初中的娃开始的。

13:50 居民 Z：现在提倡什么素质教育，从小培养志愿精神。

……

13:58 家长 D：我家娃明年上初中，看来得去注册个义工。

14:02 居民 B：小孩子参加义工之后精神面貌会有变化吗？

14:03 居民 B：会更勇于承担社会责任吗？

14:03 家长 A：呵，现在这种情况能有什么改变？

14:03 家长 A：都是家长在抢。

14:03 居民 B：如果只是为了完成学校规定的任务就不好了。

14:04 居民 B：学校不应该强制大家去抢。

14:04 家长 D：怪不得一到周末，每个路口都站着十来个红马甲。

14:04 家长 A：现在就是完成任务。

14:04 家长 A：不强制，但是算分呀！哪个不想多得分？

14:05 居民 B：这就带有功利性了。

14:06 家长 A:就是中考分数相同、无法作出取舍的时候,就参考素质分。

14:06 家长 A:做满 12 小时 2 分,做满 24 小时 4 分。

14:07 居民 L:上个中学不容易呀!

14:08 家长 J:家长们更不易!

14:08 家长 A:这个义工完全是分给家长的任务,孩子哪有成天在网上抢义工的时间呀!

14:08 家长 D:现在孩子不容易,家长更不容易!

(2019 年 9 月 26 日微信群 N)

有关的讨论一直持续到 12 月初,其间《S 市中考有多难? 要成绩好,要体育好,还要你妈妈有空闲!》《S 市爸妈为孩子素质综评操碎心,有人却在闷声发大财》《吁请 S 市教育局修订综合测评标准及简化信息管理平台的公开信》等多篇与中学生综合素质评价有关的文章刷爆家长们的朋友圈。

以下是 2019 年 12 月 9 日家长们在微信群中号召大家投票的记录。其中,家长 T 还贴了一张朋友圈截图,说明学生为了满足义工要求强行为老人院里的老人按摩洗脚的怪象。

20:13 家长 T:请大家阅读《吁请 S 市教育局修订综合测评标准及简化信息管理平台的公开信》(链接略)。

20:15 家长 D:今天都在投票支持取消这个综合测评。

20:15 家长 T:这个初中综评让家长们操碎了心,市教育局正式回应了!(链接略)

20:17 家长 D:小区里初一、初二孩子的家长估计深有体会,我们准初一的家长也支持取消。

(2019 年 12 月 9 日微信群 N)

鉴于家长们的呼声,"综评"推行大约一年后,S 市教育局于 2019 年 12 月 9 日发布《市教育局专题会议研究:将尽快完善初中学生综合素质评价体系》,并宣布成立综合素质评价方案专班、召开座谈会以听取家长意见;随后,于同年 12 月 27 日发布了《S 市初中学生综合素质评价方案(试行)(修订征求意见稿)》[①]，面向社会公开征求意见，并向社会公众进行了及时的反馈。[②]

新综合素质评价方案不仅修改了之前备受争议、可操作性差的规定，而且针对旧的填报系统存在的操作复杂、登录困难的问题，教育局也表示将优化更新、升级系统。2020 年 4 月 29 日，S 市教育局公布了最新的《S 市初中学生综合素质基本指标评价标准(征求意见稿)》，面向社会公开征求意见，有关单位和社会各界人士可在 2020 年 5 月 8 日前通过多种方式反馈意见。[③]

这样，借助于微信群等现代通信技术，S 市的家长围绕旨在促进学生志愿参与的综合素质评价政策展开理性讨论以及通过人大代表等渠道采取相应的行动，使事件得到了较圆满的解决，教育局听取民意的做法也得到较广泛的认可，可以看作一次比较典型的公共领域实践。

2.组织成员间的交流和辩论

事实上，并非只有在 S 市这样"先进"的城市才能建立网上公共领域。在笔者访问的志愿服务组织中，组织戊十几年前就已经充分地运用互联网了。前文介绍过，组织戊的志愿者张先生利用自己公司的资源建立了"XX 义工网"。义工们通过"XX 义工网"的论坛(BBS)和 QQ 群进行实时交流和公开辩论是组织戊的一个特色。

根据访谈资料以及笔者的观察，从参与人数、讨论的议题和辩论的公开性来看，组织戊的 BBS 和 QQ 群具备了公共领域的雏形。像大多数网上论坛一样，任何人都可以以访客身份浏览论坛，但是访客需要经过简单的注册才可以在"XX 义工论坛(BBS)"发言；注册后发帖数多于 10 帖者可以申请加入 QQ 群。BBS 每天的访问量在 200～300 人次；[④]QQ 群则分为"关爱组"

① S 市教育局:《S 市教育局关于公开征求〈S 市初中学生综合素质评价方案(试行)(修订征求意见稿)〉意见的通告》,2019 年 12 月 28 日下载自"S 市新闻网"(基于匿名原则,网址略)。

② S 市教育局:《〈S 市初中学生综合素质评价方案(试行)(修订征求意见稿)〉意见征集情况》,2020 年 1 月 17 日下载(基于匿名原则,网址略)。

③ S 市教育局:《S 市教育局关于公开征求〈S 市初中学生综合素质基本指标评价标准〉意见的通告》,2020 年 4 月 30 日下载(基于匿名原则,网址略)。

④ 据笔者观察,2007 年上半年"XX 义工论坛(BBS)"每天的访问量大约 200 人次。据网站记录,访问量最多的一天是内地五一长假的最后一日——2007 年 5 月 7 日,共 323 人次。在中央电视台 2007 年下半年对组织戊进行报道后,访问量有所增加;截至 2007 年 12 月 31 日,该论坛的每日访问量稳定在 300 人次,访问人次最多的一天是 10 月 10 日,共 799 人(http://qcygbbs.e23.cn/。

“计算器专业互助交流与服务组”等8个群，每天在这8个QQ群中上线的总人数约为400人。①

在BBS和QQ群中，围绕志愿服务活动的组织或管理展开的各种不同的意见和讨论通常是被允许甚至是受到鼓励的。② 笔者通过当时流行的即时通信软件MSN与组织戊的关爱组小组长田小姐交流时，田小姐说：

我们刚刚起步，需要每个人发表建议和意见，这样才能更好地发展。我们面对面的时候很少，大多数交流都是在BBS或者QQ群里。（2007年5月25日，MSN交流）。

田小姐在和笔者的MSN交流中，谈到了他们QQ群中最近的一次辩论。辩论的焦点在于：组织戊该不该接受商家的捐助并用组织戊所在的“时报”为商家作报道？组织戊这样做是不是一种“商业化”行为？以下是有关的MSN交流摘录：

组织戊—田小姐：昨天有个争论是由一篇上报的捐助引发的。

笔者：在哪个版啊？我昨天在看，没看到呢！

组织戊—田小姐：昨天是在群里。

组织戊—田小姐：有商家给义工提供耳机，让送给老人。

组织戊—田小姐：时报给予了报道。

组织戊—田小姐：给予报道后，有的义工觉得组织戊正在走向商业化。

组织戊—田小姐：觉得走向商业化后就不能称之为“义工”了。

组织戊—田小姐：有的义工不这样认为，他们觉得商家提供了这么

① 据组织戊田小姐介绍，8个群中有1个高级群，上限为200人，其余7个群参加者的上限为100人，目前基本满员；QQ群成员经常在线的“大约有一半”（2007年5月25日MSN交流）。据此计算，(200+100×7)/2=450，所以通过这8个QQ上线的人数是每天在450人左右。上文采取略微保守一点的估计，为400人。

② “把关人”(Gate Keeper)理论认为，信息的传播网络中布满了“把关人”，“把关人”对发布的信息进行筛选、加工和整理，决定信息是否可以进入传播渠道或继续在渠道内流动，并最终把信息传达给受众。在现实中绝对的、向所有人开放的媒介是很难找到的，因为即使没有政治意识形态方面的审查，信息的发布会也受到“把关人”偏好的影响（张国良，1995；徐耀魁，1998）。国内的BBS和QQ群像其他的公开媒介一样受到一定的限制。然而，与传统的新闻媒体相比，网络论坛中的“把关人”往往不是单个的、以此为职业的人，而是很多不同的版主，这就给论坛权力的分散和价值的多元化带来了一定的可能性。与一些在网站设计中就没有设置互动功能的官方网站（如J市志愿者协会的官方网站、组织甲的官方网站）相比，组织戊的BBS还是做到了相对开放。

多的商品，我们应该给予回报。

组织戊—田小姐：从另一方面想，为商家做广告，也没什么不好，这也算是帮助商家了；养老院的老人可以帮，商家帮了就不叫帮了吗？只要你没从中取利，你就做到义了。

组织戊—田小姐：这是复制的群里的原话："非鸟鱼 16:42:49 我也说两句。咱们参加义工就是为了尽自己所能来回报社会。在这个过程中，你做到了自己想做的，商家也得到了自己想要的！双方受益，何乐而不为？"

组织戊—田小姐：大家一起讨论，人很多。

（2007 年 5 月 25 日，MSN 交流）

另外，在 BBS 中，一些对网站或组织戊的管理提出意见或建议的帖子，被网站冠以"精"字标志，表示这是一个"精品帖"。例如，"蓝色之心"反对 QQ 群"管理员"删除"不爱说话的人"的帖子《关于删减 QQ 群内人员的一点意见！》后面有 105 篇跟帖，并被冠以"精"字标志。[①]

综合考察以上数据，组织戊的 BBS 和 QQ 群相对开放，允许和鼓励具备一定批判精神的理性思考和辩论，具备了公共领域的基本特征。

3.志愿组织间的合作与联盟

组织间的平等合作或联盟的过程，也就是各个组织的参与经过理性、充分地讨论，就联盟的结构、目标、宗旨、赢得政府认可的策略等很多问题达成共识的过程。因此，公共领域的存在是组织间合作与联盟的基础。

研究发现，在各种志愿服务组织中，环保组织具有基于共同的"保护环境"的理念（道德资源Ⅰ）、联合起来争取扩大影响（即赢得一定的政治资本Ⅱ）、进而参与政府有关的环保决策的愿望。目前，这些组织之间的联系和合作比较频繁，公共领域正在形成。

例如，组织乙和组织丙经常与一些高校的学生环保团体合作组织活动。志愿者组织丙和乙—杨先生对环保组织之间的联盟很有信心，他说：

① "……千人千面，大家的上网习惯各不相同，有的发表见解时喜欢侃侃而谈，有的则乐于静静倾听、细细品味。用一把尺子衡量每个人，让所有的人都能各抒己见、夸夸其谈是极其不现实的。天下草木无数，尚且找不到两片完全相同的叶子，更何况是这接近 100 个人的群内成员呢？就算把不说话的都清除了，再加新人进来，能保证这些新人不萧规曹随、继续缄口不言吗？如果新加进来的还不说话，那怎么办？继续踢吗？如此循环往复，岂不是掉到了一个'踢人—加人—踢人'的死循环当中？……"（发帖人"蓝色之心"发帖于 2007 年 4 月 10 日 22:45，遵循匿名性原则，网址略）

环境保护，只要是这一块，全部都是为了环境。大的方面变不了，全是为了保护环境做贡献的，别的都是次要的，放心吧！（2007年2月10日访谈）

此外，组织丙和乙—杨先生还指出，目前国内环保组织对政策的影响力比较小，所以环保组织应该联合起来以扩大影响。他说：

国内，让协会组织参加决策的很少……像国外"绿色和平"组织，对政府一些决策的影响力特别大，国内现在还达不到……真正做得好的话，像"绿色和平""自然之友"。那些大的NGO，要联合小的NGO；小的NGO，要靠大的NGO支持。这样它的影响力就上去了。……就是说，各个省的协会只能算是一个分站，同属于一个庞大的组织。只能是这个样，各个机构做各个机构的事情，光有一个小组织是成不了气候的。

（2007年2月10日访谈）

组织乙的志愿者王先生也在电子邮件中表示，国内的环保组织应该"结合在一起，团结起来去解决一些突出的问题"：

我觉得国内的环保组织应该向团体化、自主化发展。团体化是指国内的环保组织应该结合在一起，团结起来去解决一些突出的问题，号召大家共同保护环境；同时，也应该与国外环保组织沟通好，要知道环保应该倡导无国界。自主化是指环保组织应该自由发展……不能太官方化。

（2007年3月2日，电子邮件）

以下组织乙的三位核心志愿者讲述的他们通过QQ群组织"水果贺卡"[①]活动以及筹备S省环保联盟的情况，已经具备了公共领域的雏形。

组织乙的三位志愿者也是S省几所高校的学生环保团体骨干，除了谈他们在组织乙的服务情况外，组织乙的区先生和王先生还不约而同地谈到他们自己通过QQ群组织发起的"水果贺卡"活动。

笔者：你们和组织乙的关系是怎样的？

组织乙—区先生：我们在合作。但是，我们隶属于S省财政大学财

① "水果贺卡"，又称"绿色圣诞"，指的是近年来在内地高校环保组织发起的、借助互联网等媒体进行倡议的、圣诞期间以水果代替贺卡的环保活动。

政系，是在那边注册的。……我们最近还搞了一个“水果贺卡”活动，不知道您听说过吗？这个创意，就是：我们圣诞节不送贺卡，只是送水果；或者说，用水果送祝福。……我们用水果去代替树木，主要是想通过这个活动去保护树木。因为是第一年搞，数量有点少，只有300多人参加。不过，我们还是挺有信心的。

（2007年1月4日访谈）

组织乙—王先生：除了组织乙这一块儿，你像我们最近在圣诞节前后，参与了重庆大学、天津师范大学、江西师范大学和河海大学联合搞的“水果贺卡”活动。

笔者：那你们的活动跨省了，是吗？

组织乙—王先生：对，跨省了。是跨省做的一个活动。前一段时间，还做了一些宣传方面的活动，如“健康饮食宣传周”等。前两天，也就是12月18号，我们去北京开会了，认识了其他高校的一些同学，还有环保联盟组织的一些同学。

（2007年1月4日访谈）

除了通过网络共同组织了“绿色圣诞”送水果贺卡的活动之外，S省高校的学生环保组织还在网络中商讨合作成立“S省环保联盟”。组织乙的马先生和王先生在与笔者的对话中谈到，他们在每个月第二个星期天通过QQ群开会，商讨筹备中的“联盟”的组织结构问题。以下是他们与笔者的有关对话：

组织乙—马先生：现在我们在筹备那个S省环保联盟。开过许多次会了，都是在商讨，就是商量不好结构方面的内容，只是在探索阶段。S省高校比较分散，不是都在J市或Q市，而是J市、T市、W市都有。每个城市都有一两所高校，大家聚在一起的机会不好找。这样，我们商定每个月第二个星期天在网络上或QQ群里商讨一些事情，而后再商量好时间，在每个学期末面对面地交流、总结。

笔者：那你们这些讨论有没有把组织的宗旨、章程等确定下来？

组织乙—马先生：正在确定的过程中，但是不同的观点挺多，还没确定好。

笔者：那QQ群上有多少人啊？

组织乙—马先生：人数很多，现在每个学校都有些部长参加。

（2007年1月4日访谈）

笔者：我刚才听马先生说你们每个月第二个星期天晚上通过 QQ 来讨论？

组织乙—王先生：它是那个"S 省环保联盟"，就是各个高校的同学在 QQ 上开会。像那个"绿色圣诞"送水果贺卡的活动嘛，就是我们在网上通过商量之后，大家统一活动。

（2007 年 1 月 4 日访谈）

可见，来自各个学校的同学主要通过 QQ 群参与讨论，他们的讨论比较典型，是基于共同关心的问题自发形成的。尽管"S 省环保联盟"还没有正式成立，联盟的结构方面的内容还没有商量好，但是他们已经成功地通过网络商讨、协调，共同组织了"绿色圣诞"送水果贺卡的活动。因此，笔者认为他们以互联网为媒介定期开会、讨论、组织活动的行动已经具备了公共领域的雏形。

三、基于共识、理性行动

公共领域效能的发挥依赖于参与者按照辩论共识进行理性行动的能力。在笔者的研究案例中，民间志愿服务组织丙及其志愿者的理性行动，与哈贝马斯描述的 17～18 世纪欧洲资产阶级的公共领域非常相似：他们基于内部的讨论形成共识，求助于公开性以实现公共领域的"监督原则"，借助于"法治原则"争取公众的参与权。

1.公开事实，实现监督

让公开的事实接受有批判意识的公众的监督是公共领域的重要功能之一。[①] 换言之，相对弱势的一方突破权力制约的可能方式之一是借助公共领域，将问题公开，以监督的原则反过来制约权力。

（1）借助大众媒体

在访谈中组织丙的负责人丙先生多次谈到这种"草根的"志愿服务组织，他们在环保活动中经常受到既有利益集团的压力和制约，开展活动"非常困难"。为了弥补组织丙在政治资本方面的不足，让他们的活动顺利进行，他们经常有意识地借助报刊、互联网等大众媒体将问题公开，争取舆论的支持。例如，同时在组织丙和戊服务的李先生说，他们开展活动的时候经

① 参见[德]尤尔根·哈贝马斯：《公共领域的结构转型》，曹卫东等译，上海：学林出版社 1999 年版。

常“叫记者”[①]：

笔者：您刚才讲到“叫记者”，“叫记者”是什么意思？

组织丙和戊—李先生：就是帮我们把这个问题更深入地报道一下，向社会公示。

笔者：引起社会的关注以后，会好做一些？

组织丙和戊—李先生：对啊！……有时报纸上也刊登一些那方面的问题，但是他们不是很深入地去探讨这个问题。我们觉得这个问题会对生活造成影响的话，我们就去关注。然后，再联系记者，做一些连续深入的追踪报道。

（2006 年 12 月 20 日访谈）

理性也是公共领域的基本特征之一。总体上，组织丙的行动是比较理性的。比如，“组织丙和戊—李先生”和组织丙—孟先生及两位志愿者都表示：一方面，遇到对环境有危害的问题，组织丙会“站出来去阻止”；另一方面，他们也承认，对于“阻止不了的一些问题”，他们基本的态度是“尽力而为”。

当然，媒体介入、公开事实并不是民间组织的万应灵药，但是“如果没有媒体的报道、衔接和转译，就几乎不可能进入讨论，更不可能因此传开而变成公共论述”，“也就没有公共领域形而上空间的出现了”。[②]

(2)听证会

组织丙理性行动、实现监督的方法，除了善用媒体的力量之外，还试图通过召开“听证会”将问题“公开”。

组织丙和戊—李先生：环保局对 XX 泉的工程进行评估了，但他们是自己评估的，根本没公开。然后我们就想开听证会，尽快解决这个问题。……如果开听证会的话，会尊重大家的意见。因为大家都在现场，社会各个阶层的人都有。……结果没弄成，他们还是建了。……听证

① 当然，并不是每一次大众媒体的介入都可以达到预期的目标。前文提到过，同时服务于组织丙和戊的李先生曾向笔者讲述了一次虽然有媒体介入但仍然失败的与政府的“正面接触”。事情起因于在 XXX 公园建设商业化茶社的环境评估，组织丙与 J 市环保局评估的结果不一致。虽然组织丙评估的结果是不合格，但该项目通过了环保局的环境评估。

② 参见李丁赞：《导论——市民社会与公共领域在台湾的发展》，《公共领域在台湾：困境与契机》，台北：桂冠图书股份有限公司 2004 年版，第 49 页。

会吧，一般就是采暖费涨价之类的。有可能是民政局组织的。

笔者：什么样的问题可以“进入”听证会？

组织丙和戊—李先生：现在听证会的范围主要是物价方面的一些问题，其他还很少。

(2006 年 12 月 20 日访谈)

虽然召开听证会的努力没有成功，但是在以上谈话中，李先生先是以环保局“他们自己评估的，根本没公开”为由质疑其评估的合法性，然后又表达了他对开听证会的信心。这表明，志愿者李先生与组织丙的负责人丙先生一样，重视并相信“公开性”可以作为一种赢得支持、实现组织目标的手段。

2.依法行动，积极参与

英国学者马歇尔(Marshall)主张以“公民资格”的概念反对不合法的不平等、“反对那种不能在平等的公民资格权利的基础上获得法律依据的不平等”。[①] 因此，一般说来，除了借助公开性之外，民间组织还有可能依据法治的原则突破目前来自社会和行政系统的制约。

对于这一现实，民间志愿组织的参与者显然已经有所领悟。例如，在访谈中，志愿者同时在组织丙和组织戊服务的李先生谈道：

像环境来说，它和法律有联系，通过法律解决一些问题。无论是法律支持的，还是法律不支持的，都要通过法律来解决。

(2006 年 12 月 20 日访谈)

通过法律解决当前法律所不支持的事情也是公共领域的目标之一，其途径常常是通过公开的讨论来质疑当前法律的合法性，进而借助公共舆论的力量达成目标。虽然在现实中“法律不支持的也要通过法律来解决”的难度比较大，但笔者发现，组织丙的参与者密切关注法律规定的发展变化，积极响应有关的政策咨询并且善于运用现有的法律法规。这体现出组织丙对通过法治的原则突破目前来自社会和行政系统的制约的信心。在某种程度上，像组织丙这样的组织保证了法律的真正实施。

(1)关注法律规定的发展变化

2007 年 4 月 29 日，笔者为了进一步澄清和了解组织丙的年检问题，第

① Marshall, T. H., *Citizenship and Social Class*, Cambridge: Cambridge University Press, 1950, p.117.

五次致电并访问组织丙的负责人丙先生。笔者问完准备好的问题后，丙先生主动谈到《环境信息公开方法(试行)》的出台。以下是丙先生与笔者的对话：

负责人—组织丙：国家环保总局不是出台那个《环境信息公开方法(试行)》了嘛！

笔者：什么办法？

负责人—组织丙：政府信息公开那个事儿啊！

笔者：政府信息公开？

负责人—组织丙：政府信息公开，就是所有的环保信息都可以向社会公开了。这个可以查询了，也让我们这些 NGO 评点一下。中国"环促会"[①]让我们看看，然后提交一点想法。我现在正在写那个信息公开提案呢！

笔者：可是，这是国家环保总局的规定，到我们省里、市里真正贯彻执行是不是还会有一段时间？

负责人—组织丙：虽然在这里还没有贯彻下来，可是只要你知道的话，你就可以按这个要求操作啊！只要有的话就没问题，它要求公开的话，你就必须公开呀！

笔者：对！我记得去年 12 月和您第一次谈话的时候，您讲过中央和地方实际上是有差别的。

负责人—组织丙：至于操作性嘛，就是说，现在还不行。但是，只要你关注的话，还是可以去操作的。

(2007 年 4 月 29 日电话访谈)

组织丙的负责人丙先生显然认为《环境信息公开办法(试行)》的出台，对环保 NGO 来说是一个重要事件。虽然《环境信息公开办法(试行)》(国家环境保护总局令，第 35 号)要到"2008 年 5 月 1 日起"才正式施行，[②]但《环境信息公开办法(试行)》的公布，给组织丙带来了很大的信心。至少在其生效

① "环促会"的全称是"中国环境文化促进会"，会长是国家环保总局局长(负责人—组织丙，2007 年 6 月 3 日，电子邮件)。

② 参见《环境信息公开办法(试行)》(国家环境保护总局令，第 35 号)，中央人民政府门户网站 2007 年 4 月 20 日，http://big5.gov.cn/gate/big5/www.gov.cn/ziliao/flfg/2007-04/20/content_589673.htm。

后，上文提到的由J市环保局主持的“XX泉茶社”的评估报告“根本没公开”的情况就不太可能出现了，因为依据这个条例，所有环保信息都“可以查询了”。

(2)积极响应有关的政策咨询

接受访问时，组织丙的负责人丙先生认为公民进行公共参与的机会和渠道还比较有限，所以他总是积极响应来自官方或半官方机构的有关咨询。他谈道：

> 我有很多话想说，也有很多事情想做。我的这些想法都是针对城市建设的，而且是带着感情来做这种事情。不过，不是没有说话的机会。我觉得我在环境单位还是很有发言权的，只不过它们就是不采纳，也不理睬。
>
> (2006年12月16日访谈)

在2007年4月29日的电话访问中，丙先生提到了他当天正在做的工作：给由国家环保总局主管的国家一级社会团体“中国环境文化促进会”(简称“环促会”)写一份有关“信息公开”的提案。此外，丙先生在该组织的网站公布了他写给“环促会”的提案——《信息公开化是公众参与的基础保障》。这篇短文非常集中地表达了组织丙对“公众参与”的认识、要求、策略和信心。全文如下：

> 信息公开化是公众参与的基础保障
>
> 国家环保总局正式公布了《环境信息公开办法(试行)》，引起社会公众的普遍关注。
>
> 民主的基本含义是公众当家做主，掌握上至国家、下至团体在政治、经济、科学文化等方面的最高权力，自己主宰自己的命运。这个办法对于推动我国环境保护工作的深入开展，对于推动政府职能改革，乃至对于全面落实科学发展观，具有重要的现实意义。
>
> 首先，赋予了社会公众更多的环保知情权和环保参与权，使信息内容有客观的真实性，充分尊重了公众的知情权。对于国家和政府工作的成功来说，公众的信任是最为宝贵的财富。无论哪个国家，公众就是国家的主人。
>
> 其次，更多地提供了公众参与环保的途径，即参与途径多样化。可以充分利用大众传播媒介。这是一个快速、直接的信息公开渠道。

总之，公开化是民主社会、民主政治的基本特征，也是社会主义现代化建设的基本目标之一。没有公开，没有公众对有关信息情况的了解，所谓公众最大限度地参与国家事务就是一句空话。

信息公开化使公众真正成为自己的主人，成为环境保护与改善的受益者。

J市组织丙

这份提案第一段讲《环境信息公开办法（试行）》的公布，第二段即解释“民主的基本含义”，体现了组织丙是一个具有一定政治理念和要求的环保组织。接下来的四段文字，则从不同角度反复强调了“信息公开”对于建设“民主社会、民主政治”的意义。组织丙的提案，表达了民间组织对信息公开的要求以及对参与公共环保的要求，与公共领域理论的理想是一致的。

(3)运用现有的法律法规

组织丙还把“为环境纠纷提供法律援助”作为组织的服务内容之一。这表明组织丙的负责人和志愿者对法治的信念，没有停留在宣传、倡导等抽象的层面，他们愿意运用现有法律法规切实保护环境受害者的权益。以下是笔者与组织丙的负责人丙先生的有关对话：

笔者：我看到“中国环境NGO在线”介绍说，从2003年起组织丙还为多起环境法律纠纷提供帮助，这是真的吗？

负责人—组织丙：噢，对！是环境纠纷。我这个人就好打官司——就是说，在反对一些不平的事方面，我都会起带头人的作用。最近，我在自己住的那个小区里面带领那个小区的居民和开发商打官司呢！他们违约承建的那些（建筑）破坏环境。我好这样。[①] 咱们那个市民，他们的法律意识淡薄，他们不知道自己是环境的受害者。嗳，他们打这种官司的时候显得很无奈。我以前“流动环保热线”服务过，对这个比较关注，他们有时候就来找我。这几年，我也通过培训，对庭审、诉讼什么的也学了一些，所以说在这方面建立了这么个平台。

（2007年3月25日，电话访谈）

上面的对话，丙先生保持了他一贯的风格。首先，这件事是他乐于去做

① “我好这样”即“我喜欢这样”。在中国北方口语中，“好”（haò）常常表示“喜欢”的意思。书面语中偶尔也有此用法，如“乐善好施”。

的,“我好这样”。其次,这件事是有意义的,“他们不知道是环境的受害者。嗳,他们打这种官司的时候显得很无奈”,所以他们需要帮助。再次,他有资格、有能力去做这件事情。因此,他带领自己的组织建立了一个环境法律援助的平台。

综上所述,组织丙以公开性实现监督的原则和以法治的原则寻求保障公众参与公共事务的权力的行动体现了公共领域的典型特征。

第八章
讨论和总结:志愿服务的发展

第一节　理论模型

基于文献回顾中对志愿服务与核心要素(详见第一章)以及志愿服务组织类型的探讨(详见第二章),本书在研究设计时演绎出一个旨在探讨志愿服务发展的主要因素以及关于这些因素之间相互作用的机制的初步的理论框架(详见第三章),之后的资料收集和分析都是参照这一理论框架展开的(详见第四章至第七章)。在研究即将完成之际,本章从实证数据中归纳出相关的解释,并与研究准备阶段所提出的理论框架进行比照和修正,从而建构出一个“中国志愿服务发展”的理论模型(见图 8-1)。

概括地说,该模型展现了业已存在的“经济—国家”结构中影响中国志愿服务发展的各种主要因素及其相互作用的一般机制。下文将逐一说明中国志愿服务的各种主要影响因素:①参与者与个人;②志愿服务组织与一般社团;③道德资源Ⅰ和道德资源Ⅱ;④政治资本Ⅰ和政治资本Ⅱ;⑤服务模式及过程;⑥国家、经济、自治空间以及公共领域。同时,在此基础上阐释这些要素之间的相互关系,从而为中国志愿服务的发展提供理论解释。

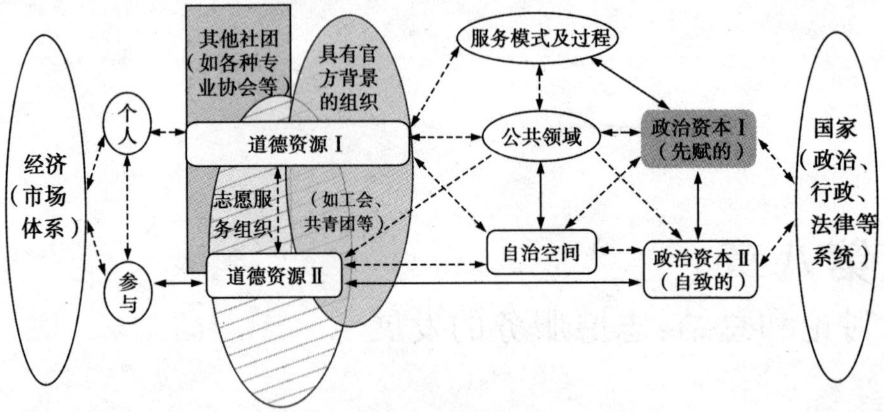

说明：虚线箭头“←- - →”表示两个要素之间不太确定的联系；实线箭头“←——→”表示两个要素之间相对确定的联系。

图 8-1　中国志愿服务的发展

一、志愿服务发展的影响因素

1.参与者与个人

前文已经阐明："参与者"指自愿参与志愿服务的人，主要包括志愿者和志愿组织的管理者；"个人"指有能力参与社会公共事务的独立个体。

图 8-1 展示了志愿服务的参与者与社团或个人之间的联系：个人基于自己的旨趣参加民间或官方的各种社团，其中一部分人选择参加志愿服务组织并提供志愿服务，这部分人则成为本书的主要研究对象之一"参与者"。而志愿服务组织的道德资源Ⅱ往往是吸引个人参与志愿服务的主要因素。

2.志愿服务组织与一般社团

根据本书对"志愿服务组织"的定义，各种以推动志愿服务为主要宗旨的民间或官方的组织、机构、协会等都属于"志愿服务组织"的范畴。换言之，只要志愿服务是社团的组织目标之一，不管有没有官方背景、是不是专业社团，该社团都属于志愿服务组织。因此，志愿服务组织与其他社团和有官方背景的组织有所重合。如图 8-1 所示，左边的长方框表示没有官方背景、不以志愿服务为唯一宗旨的各种社团，如作家、律师、经贸等各种专业协会；椭圆表示具有官方背景的组织，如工会、妇联、共青团等组织；左下的椭圆表示志愿服务组织。

志愿服务组织与一般社团之间的主要区别体现在对道德资源Ⅱ的拥有程度上。对于社会团体来说，所有的社团都具有自我选择的道德资源Ⅰ，但并非任何社会团体都能够拥有社会认可的道德资源Ⅱ。因此，代表道德资源Ⅰ的长条形方框贯穿了所有类型的三种社团；而代表道德资源Ⅱ的长条形方框仅贯穿了“志愿服务组织”和“其他社团”及“有官方背景的社团”的一部分区域。

3.道德资源Ⅰ和道德资源Ⅱ

前文已经指出，道德资源Ⅰ指个人或组织自我选择的道德体系；道德资源Ⅱ指得到社会认可的道德；志愿服务组织的道德资源Ⅰ与道德资源Ⅱ可以一致，也可以不一致。因此，在图 8-1 中，以虚线的双向箭头将道德资源Ⅰ与道德资源Ⅱ相连接，表示它们之间具有一定的联系，但这种联系是一种不够确定的联系：不同的组织在不同的条件下会以不同的策略处理道德资源Ⅰ与道德资源Ⅱ的关系。

在一般情况下，任何组织或个人都可以按自己的偏好或需要自由地选择一种或多种道德作为自己的道德资源Ⅰ。如果某组织或个人的道德选择恰好与社会的主流道德理念一致，那么该组织或个人也同时获得了道德资源Ⅱ（也可以说，此时道德资源Ⅰ与道德资源Ⅱ是一致的），从而比较容易得到政府和一般公众的认可。但是，如果该组织或个人选择的道德资源Ⅰ仅为一少部分人认同，那么该组织或个人则未必能赢得社会或公众的支持。换言之，此时该组织或个人的道德资源Ⅰ与道德资源Ⅱ并不一致。

4.政治资本Ⅰ和政治资本Ⅱ

政治资本Ⅰ指由历史继承而来的政治信任，政治资本Ⅱ则是组织后天赢得的政治信任或认可。两者具有密切的联系，在图 8-1 中以一条双向的实线箭头将两者相连。

首先，政治资本Ⅰ有助于政治资本Ⅱ的获得。原本具有政治资本Ⅰ的组织一般具有官方背景或与官方关系较好，因而在现存的政治系统中具有一定的优势。例如，前文介绍过，尽管目前国内对社团的登记管理相当严格，但根据 2000 年发布的《民政部关于对部分团体免予社团登记有关问题的通知》，一些社团“经党中央、国务院领导同志同意”，可以“不登记”（如中华全国总工会、中国共产主义青年团、中华全国妇女联合会等）或“免予登记”（如中国残疾人联合会、宋庆龄基金会、中国法学会、中国红十字总会等）。

这些社团大多具有与中国共产党密切合作的历史，因而在政治方面得到党和政府的充分信任，可以不受《社会团体登记管理条例》约束。此外，本书第五章通过对J市志愿者协会推动J市志愿服务立法过程的分析，比较充分地表明这种历史所赋予的政治信任有助于巩固或加强组织当前的政治地位，即“政治资本Ⅱ”。

其次，政治资本Ⅱ有可能转化为政治资本Ⅰ。如果某组织赢得的政治资本Ⅱ长期得到所在政治体系的认可，那么政治资本Ⅱ就转变为政治资本Ⅰ。以近代欧洲的资产阶级社团为例，据哈贝马斯考证，资产阶级的社团原本没有任何“统治权”，所以它们通过在公开批判过程中提出的权力要求、用监督的原则反对封建权力奠基其上的原则（亦即要求程序的公开化）并最终赢得一定的“立法权”。[①] 根据本书的界定，这一过程可以看作欧洲资产阶级社团获得政治资本Ⅱ的过程。但是，随着资产阶级宪法的制定，报刊放弃了它的论辩姿态，发挥了“它利用商业活动赢利的潜能”，“商品的流通与信息的交流达到了同等的水平，在私人生活内区分公共领域和私人领域的明确分界模糊了”。[②] 该过程则可以看作西方资产阶级主导的社团由政治资本Ⅱ转化为政治资本Ⅰ的过程。[③]

5.服务模式及过程

目前中国主要有民间自发和政府主导两种志愿服务参与模式。在志愿服务的过程中，不同的服务模式及过程会对志愿服务的自治空间和公共领域有不同的影响。比如，本书关于乙、丙、丁、戊四个组织的案例表明，志愿

---

① 在《公共领域的结构转型》一书中，哈贝马斯详尽地考证17～18世纪英、法资产阶级公共领域的形成时并没有涉及“政治资本”的概念。这里，笔者借用哈氏对于资产阶级公共领域形成的社会史考证来佐证自己的观点：哈贝马斯认为，资产阶级原本没有任何统治权，所以它只能通过在公开批判过程中提出的权力要求、用监督的原则反对封建权力奠基其上的原则，亦即要求程序的公开化。他们在阅读日报、周刊或月刊的过程中自发地聚集在一起，以俱乐部、咖啡馆、沙龙甚至报刊为媒介，构成了在市场经济与行政国家之间展开调节的近代资产阶级的公共领域。在报刊商业化的过程中，公共领域被私人领域改变，而“这种私人利益在大众媒体中又得到了特别的呈现”。公、私两个领域的联合“不仅使政治机构在商品交换和社会劳动领域承担了一定的功能，而且与之相反的社会权力也获取了政治功能。这导致了公共领域的‘重新封建化’”。因此，哈贝马斯指出，近代资产阶级公共领域的功能转移“清楚地体现在公共领域的突出机制即报刊的转化之中”。（参见[德]尤尔根·哈贝马斯：《公共领域的结构转型》，曹卫东等译，上海：学林出版社1999年版，第91～92页）

② 参见[德]尤尔根·哈贝马斯：《公共领域的结构转型》，曹卫东等译，上海：学林出版社1999年版，第91～92页。

③ 如果承认哈贝马斯的观点，即认为近代资产阶级公共领域的功能已经发生衰落并被商业化，那么资产阶级社团的政治资本Ⅰ向政治资本Ⅱ转化的过程，也就是公共领域功能衰落的过程。

服务不仅把有参与能力的个人聚集到一起，而且服务本身为这些参与者提供了讨论的议题和场所，因而有助于公共领域的产生（详见第五章及第六章第一节）。

6.国家、经济、自治空间以及公共领域

“国家”“经济”两个椭圆表示，志愿服务与公共领域是在一定的制度环境（包括正式制度和非正式制度）下发展的。

志愿服务组织因拥有道德资源而赢得政治资本，有助于这些组织获得一定的自治空间。

在公共领域，通过监督的原则推动制度层面的改革。超越私利的个人就公共利益问题展开公开讨论，在理性辩论的基础上达成共识并按照共识行动。如果志愿服务组织的参与者在服务过程中能够建立起公共领域，讨论并推动社团管理制度的改革，则将有助于志愿服务的长远发展。

二、志愿服务发展的实现机制

1.参与者、道德资源、政治资本与自治空间

拥有社会认可的道德资源Ⅱ，不仅可以吸引参与者加入志愿服务组织，而且将有助于志愿服务组织赢得政治资本Ⅱ，从而有助于维护志愿服务组织的自治空间。因此，在图 8-1 中，用实线的双向箭头把参与者与道德资源Ⅱ、道德资源Ⅱ与政治资本Ⅱ连在一起；同时，考虑到道德资源Ⅱ具有多样性，即并非所有的道德规范都包含自治的要求，赢得的政治资本Ⅱ也未必有助于志愿服务组织的自治，所以道德资源Ⅱ与自治空间、政治资本Ⅱ与自治空间以虚线的双向箭头相连。

相对而言，多数民间组织的政治资本Ⅰ先天不足。但与其他类型的组织相比，志愿服务组织具有道德资源Ⅱ优势、较容易获得公众的支持和政府的认同，可以通过提供服务来获得政治资本Ⅱ，从而克服困难、赢得发展。例如，由报社记者发起的组织戊，明确意识到“媒体属于一种官方资源”（政治资本Ⅰ），而且组织戊也运用了这种官方资源，深入小区推动以儒家文化（道德资源Ⅰ和Ⅱ）为基础的服务，并得到服务对象的认可和官方的肯定。而这些认可和肯定，不仅为组织戊赢得了更多的政治资本，进一步坚定了他们的道德信念，而且使之获得了一定的自治空间。

总之，民间志愿服务组织的人员构成、管理和经费等通常都不依赖官方，具有道德上的相对独立性，所以这些组织获得合法的生存和发展空间，

即获得了一定的自我管理的自治空间。

2.参与者、道德资源、政治资本、公共领域与志愿服务的进一步发展

图 8-1 所示的理论模型，不仅展示了志愿服务中影响公共领域建构的各种因素，也体现了这些要素之间相互作用的两种可能的后果：促进或制约公共领域的形成和发展。

从康德所界定的“道德”的定义出发，政治和道德明显不同，因为政治中所有的事情都依赖于具有“公共性”的行动，而道德则主要与个人的选择有关。[①] 但是，笔者发现，历史继承而来的政治资本Ⅰ其实对组织的道德资源Ⅰ有着比较强烈的影响，而且这些道德信念又往往会体现在组织的服务或行动过程中，影响到组织的服务目标、管理模式以及公共领域的建构，从而对志愿服务的发展产生正面或负面的影响。因此，志愿服务进一步发展的可能性，不仅取决于志愿服务组织和参与者的道德资源中是否包含社会关怀和对未来的理想，而且还取决于组织能否拥有足够的政治资本以建立公共领域。

(1)参与者、道德资源、服务模式和过程、政治资本可能促进公共领域的发展

参照实现公共领域的三个条件[②]，第六章结合具体案例，讨论了志愿服务过程对公共领域的建构产生积极影响的三个表现：①志愿服务的过程，有助于提高参与者自我组织、自我管理的愿望和能力；②在志愿服务的过程中，互联网的使用使沟通更有效，有助于公共领域的建立；③在志愿服务的过程中，民间志愿服务组织对公开性、参与权的要求，实际上体现了要求确立公共领域的合法性、建立制度化的制度参与机制的目标。

其一，从参与者的角度来说，当参与者具有自我组织、自我管理的能力时，公共领域能否出现取决于他们是否具有参与的愿望和志愿服务过程中是否具备基本的公开辩论的机会、场所或媒介。参与者对公共领域的参与

---

① Arendt, H., *Lectures on Kant's Political Philosophy*, edited by Ronald Beiner, Chicago: University of Chicago Press, 1982.

② 这三个条件是：第一，社会中存在一些超越私利、有独立思考能力、关心公共事务的独立的个人，这些个人自发地聚集到一起，讨论和辩论他们关心的公共问题；第二，社会中具有足够开放、能够让参与者充分沟通的媒介（如广场、报纸、互联网等）；第三，参与讨论的个人借助于各种媒介展开充分的辩论，并且能够在辩论的基础上达成共识并按照共识行动（Habermas，1999；许英，2002a，2002b，2002c；Edwards，2004）。详细的讨论请参阅第六章第一节。

愿望在一定程度上取决于他们选择的道德资源Ⅰ与道德资源Ⅱ的融入程度。事实上，愿意“主动参与”的个人更有可能参与公共领域的讨论。而服务过程中是否具备基本的公开辩论的机会、场所或媒介则在很大程度上取决于志愿服务组织的具体情况。

其二，从志愿服务组织的角度来说，组织的道德资源Ⅰ或道德资源Ⅱ支持参与者的参与愿望；同时，组织还要拥有不受国家管制的自由活动空间，即组织拥有足够的政治资本Ⅰ或政治资本Ⅱ，这些组织有可能为参与者提供基本的公开辩论的机会、场所或媒介，以促成公共领域的建立。

其三，并非所有的组织都会主动为参与者创造讨论的机会和条件，但是如果参与者在服务过程中平等相处，而且有能力和愿望通过这些组织相互认识，则有可能在该组织之外基于共同的信念（道德资源Ⅰ）建立自己的公共领域。例如，在半官方组织乙的案例中，组织乙的志愿者通过QQ群建立联系、定期开会、讨论成立“S市环保联盟”的问题，而且在网络商讨的基础上共同组织了“绿色圣诞”送水果贺卡的活动。因此，他们基于共同关心的问题自发形成的借助QQ群的讨论已经具备了公共领域的雏形。

其四，当参与者具有自我组织、自我管理的愿望和能力时，公共领域的建立不仅取决于志愿服务组织的道德资源是否与参与者的道德资源一致、是否支持参与者的参与愿望；在正式制度可能不足以保障志愿服务组织的自治空间的情况下，还取决于组织能否拥有不受国家管制的自由活动空间，即能否具备足够的政治资本。

(2)参与者、道德资源、服务的模式与过程、政治资本也有可能制约公共领域的建构

如果志愿服务过程中缺乏必要的公共领域，即使志愿者具有良好的参与能力和教育水平，他们的意见无论多么相似，都只能停留在“个人困扰”的层次，很难对公共政策产生影响，因而无助于志愿服务的长远发展。本节提出的理论模型可以进一步解释志愿服务过程中制约公共领域建构的现象。

志愿服务过程中，没有公共领域出现的情况可能有以下两种：

第一种情况是志愿服务的参与者之间的关系过分亲密，私人关系代替了公开辩论，缺乏公共性，致使志愿服务组织没有通过公共领域影响公共政

策的愿望。[①] 在笔者的研究案例中，主要以"做好事""助人为乐"为目标、由主要退休人员参与的民间组织已比较接近此种情况。

第二种情况是志愿服务的参与者虽然有提意见、参与公共事务的能力和愿望，但是志愿服务组织的道德资源Ⅰ和道德资源Ⅱ都不支持参与者的参与愿望，而且该组织的政治资本Ⅰ或政治资本Ⅱ过分强大，使志愿服务的参与者处于被动、不独立的地位，从而了制约公共领域的出现。

第二节　未来展望

作为本书的最后一节，笔者将在实证研究的基础上展望中国志愿服务发展的未来趋势，进而反思本研究的特点和不足，并对未来的研究提出若干建议。

一、实务探索：发展与创新

"周虽旧邦，其命维新。"[②]与市场经济的发展相适应，中国计划经济时代的"单位制"福利模式已经基本上被市场化的剩余型福利观（residual welfare ideology）取代。在剩余型的社会福利模式下，政府仅为无法有效参与市场的少数人提供有限的安全网，提倡个人责任，鼓励非营利性组织提供社会服务。因此，公益性的志愿服务组织在政府的支持和鼓励下快速发展符合社会整体利益。事实上，近年来，北京、深圳、杭州等大中城市在推动志愿服务发展方面都取得了不错的成效。[③] 不过，研究表明，志愿服务高度发展一段时间之后往往会遇到发展的瓶颈。[④] 因此，志愿服务的可持续发展一直是学界和实务界共同关心的话题。笔者基于前文对中国志愿服务发展的分析，尝试从政策、管理和服务三方面，提出促进未来志愿服务可持续发展的若干建议。

---

① 参见[美]汉娜·阿伦特：《公共领域与私人领域》，汪晖、陈燕谷主编：《文化与公共性》，北京：生活·读书·新知三联书店1998年版。

② 语出《诗经·大雅·文王》。

③ 参见中国志愿服务联合会编著：《中国志愿服务发展报告(2017)》，北京：社会科学文献出版2019年版。

④ Sundeen, R. A., "Differences in Personal Goals and Attitudes Among Volunteers," *Nonprofit and Voluntary Sector Quarterly*, 21, 1992, pp.271-291; Putnam, R. D., *Bowling alone: The Collapse and Revival of American Community*, New York City: Simon and Schuster, 2001.

在政策层面，首先，应加强现有法规的落实。例如，2016 年出台的《慈善法》，在发展慈善事业、规范慈善活动、保护志愿者等慈善活动参与者的合法权益方面提供了法律依据，但是各级民政部门缺乏明确的执行指引，除个别大城市外，目前不少地区慈善组织的认定、财税等优惠政策的落实仍然不到位。[①] 换言之，在《慈善法》落实不到位的地区，在过去的几年间，包括志愿服务组织在内的慈善组织生存和发展的制度环境仍然没有得到实质性的改变。[②] 因此，各地政府应进一步制定和确定已有法规的指引细则、相关部门的职责并督导法规和职责的落实。其次，各地在制定有关政策法规指引时，要吸取过去的经验教训，发挥公共领域的良性纠错和监督作用，广泛听取、吸纳志愿服务参与者和有关公民的意见和建议。

在管理方面，随着时代的发展，基层志愿服务组织对上级管理机构有了更高的期待：除了审批经费之外，还希望上级部门能提供更多的理论指导，实行服务型管理。所谓服务型管理，简单地讲，是指管理者向被管理者提供指导，将公共事务管理与公共服务统一起来，帮助被管理者由不成熟走向成熟。[③] 事实上，组织的管理并不仅仅是技术性的，它实际上包含着对价值的选择。[④] 既然志愿服务组织以增进人类或社会的福祉为目的，那么无论是官方组织还是民间组织，都应尊重参与者的需要、重视他们的意见，并提升志愿服务组织自我管理的能力，培育和鼓励志愿服务的公共领域。

在服务方面，应成立专门的培训部门，加强志愿者培训，提升志愿服务的服务水平。如果没有训练有素的人员对志愿者进行培训和督导，有时单凭热心与爱心提供服务，非但不能完成工作，而且某些不恰当行为（如只说不做、泄密、抱怨等）还有可能对服务对象和志愿机构造成伤害；[⑤]甚至有时志愿者还需要机构人员关照他们的情绪或对他们进行辅导，给机构增加不

---

① 参见张琳琳：《推动广东慈善事业依法规范发展——省人大常委会开展慈善法执法检查侧记》，《人民之声》2019 年第 10 期。

② 这也是笔者在精力、时间和研究条件有限的情况下，为进一步理解中国志愿服务发展的未来，在 2016 年以后重点在《慈善法》落实较好的 S 市收集资料的重要原因。

③ 参见马国贤：《政府预算理论与绩效政策研究》，北京：中国财政经济出版社 2008 年版。

④ L. M. Salamon, *The Tools of Government : A Guide to the New Governance*, New York : Oxford University Press, 2002, pp.600-610.

⑤ McNulty, G. & Klatt, S., " Volunteer and Volunteer Coordinator: Working Together and Liking It," *The Journal of Volunteer Administration*, 7(3), 1989.

必要的负担。[①] 从长远发展来说,志愿服务的精准度和服务质量要不断提高。因此,对志愿者的培训非常关键,有条件的城市应成立专门的义工培训部门。

二、研究反思和展望

人生朝露,艺业千秋。依据后实证主义的认识论,世界上不可能有绝对完美的研究,不过后人的研究却有可能在前人的基础上不断改进。在书稿即将完成之际,作为本书第三章提出的"系统化的研究设计"的最后一环,笔者将讨论可能存在的方法方面的争议和局限,并期待未来的研究者继续推进相关研究。

1.研究反思:尝试进行有限度的外部推论

麦克斯韦尔(Maxwell)认为,需要在质性研究中区分"内部推论"和"外部推论"。"内部推论指的是对研究情境或对象的推论;而外部推论指的是研究的结果可以推及到研究以外的人或情境。"[②]虽然学术界对于质性研究能否进行外部推论的问题还存在诸多争论,但是,诚如布迪厄和华康德(Wacquant, L.D.)所言:"一个特殊的案例,只要建构得完善,就不再是特殊的了。"[③]换言之,虽然质性研究在选题、研究目标、使用的具体研究方法或技术以及认识论基础等方面都不同于量性研究,但是基于精致的理论抽样得来的质性研究的结果也可以加以推论,而且其效度未必低于随机抽样得来的推论。

其一,从抽样的方法和样本选择看,不同的研究问题、研究目标和研究对象具有不同的特点,对于一些特定的研究问题进行的探索,由理论抽样得来的样本的代表性未必弱于随机抽样。这主要是因为,不仅社会科学的研究有时难以找到符合统计学要求的完整的抽样框,而且研究者根据调查目的、自己对总体的认识和以往的经验认识选择样本,"如果选择恰当,会提高

---

① Wilson, J. & Musick, M. A., "Who Cares? Toward an Intergrated Theory of Volunteer work," *American Sociological Review*, 62(5), 1997.

② [美]马克斯威尔(Maxwell, J. A.):《质化研究设计——一种互动取向的方法》,高熏芳、林盈助等译,台北:心理出版社股份有限公司 2001 年版,第 145 页。

③ [法]布迪厄、[美]华康德:《实践与反思:反思社会学导引》,李猛、李康译,北京:中央编译出版社 1998 年版,第 262 页。

抽样调查的代表性"[①]。

其二，从统计技术的角度看，我们不应基于评价量性研究的标准评价质性研究。在量性研究中，推论统计只适用于通过随机抽样得来的样本；否则，只能进行描述统计。而质性研究一般无须使用复杂的统计工具，所以基于统计学的抽样—推论法并不适用于质性研究。

其三，从认识论的角度看，近年来，随着信息技术、人工智能等领域不断出现新发展，越来越多的学者开始支持数理统计中的"贝耶斯主义"(Bayesianism)的认识论立场，即承认主观概率的存在，并将其视为理解人类的推理和行动的基本概念，认为主观概率可以弥补客观主义概率解释的不足。[②]

事实上，从方法论的角度看，本书围绕研究目标进一步讨论某些研究发现的做法，实际上是对研究发现进行有限度的"外部推论"[③]。主要推论及理由如下：

首先，在制度层次上，中国自公元前221年秦朝建立统一的国家以后，从中央到地方的政治、文化和社会管理体制就具有了高度的一致性，即具有"大一统"的特点。[④] 例如，民政系统和共青团系统就是中国任何城市都具有的对民间志愿组织进行管理的行政架构。因此，虽然本书以J市和S市为例进行个案研究，但是，至少在制度层次上，对J市和S市进行个案研究的结果可以进行有限度的推论，供国内其他城市借鉴。

其次，在组织层次上，本书采取了较精致的分层理论抽样方法，在研究准备阶段以文献回顾和实地考察为基础，提出的"中国志愿服务组织的类型的坐标结构"(见图1-1)能够较全面地概括20世纪90年代以来处于发展中的中国志愿服务组织主要的特点和类型。在国内各相关的部门没有比较完整的志愿组织的名册供研究者抽样的情况下，依据该分类坐标，采取分层理论抽样的方法，比随机抽样更有助于提高样本的代表性。因此，笔者对本研

---

① 刘冰：《非随机抽样与随机抽样的比较优势》，《辽宁行政学院学报》2006年第1期。

② 不少学者对此有过论述，如Kyburg (1978)、Joyce(1998)、胡志强(2005)、任晓明和臧勇(2007)、胡怀亮(2007)等。因有关文献信息已在本书"参考文献"部分列出，在此不再赘述。

③ 在下文中，如无特别说明，"推论"均指"外部推论"。

④ 参见孙丽娜：《从荀子到董仲舒：试论"大一统"思想的形成》，《三峡大学学报》(人文社会科学版)2007年第S2期；张德友：《反对政治分裂与构建和谐社会的相关思考》，《中共青岛市委党校青岛行政学院学报》2007年第3期。

究的抽样方法和样本选择具有较强的信心，并且认为本研究的发现至少在组织的层次上具有推论的价值。

最后，在理论建构方面，并非所有的质性研究都需要建构理论，但是一部分质性研究对样本的深入分析可以作为建立某种理论的基础。由于该理论将对类似的现象具有阐释的作用，所以对质性研究来说，理论的建构实际上是一种“外部推论”。[①] 本章第一节以前文的讨论为基础，归纳出一个旨在揭示影响中国志愿服务发展的主要因素以及各因素之间关系的理论模型（见图 8-1）。

对研究发现以理论模型的形式予以概括，主要基于以下两点理由：

一是建构理论模型符合本研究的后实证主义的认识论立场。一些研究者认为，质性研究的优势在于揭示样本本身[②]，所以研究报告中应尽量呈现原始材料的自然状态，而且研究者应避免对材料进行过多的推论或解释。[③] 然而，越来越多的研究者认为，所有的观察都会受到理论的影响（theory laden），所以“原始材料的自然状态或免除理论的知识（theory-free knowledge）是不存在的”[④]。

二是质性研究在理论建构方面具有独特的优势。笔者从后实证主义的认识论立场出发，主张抛开阐释学方法对建构理论的激进的排斥和笛卡尔主义对理论普遍性的绝对信心，进而思考社会科学理论领域的理论建构问题。一方面，“理论不是一种预言性的或纲领性的话语……它是一种形塑经验研究，但同时又为经验研究所形塑的临时性构造”[⑤]，因而通过质性研究得到的关于社会生活的理论具有单纯的理论研究所不具备的优势。另一方面，量化研究的效度在很大程度上依赖于研究假设的质量，而精致的研究假设需要以先前的理论为基础，所以量化研究的优势主要在于验证或修正已

---

① In Eisner, E. & Peshkin, A. (eds), *Qualitative in Education: The Continuing Debate*, New York: Teachers College Press; Yin, R. K., *Case Study Research: Design and Methods*, 2nd Ed., Thousand Oasks: Sage, 1994.

② Freidson, E., *Doctoring Together: A Study of Professional Social Control*, Chicago: University of Chicago Press, 1975.

③ 参见哈里·F.沃尔科特（Wolcott, H. F.）：《田野工作的艺术》，马近远译，重庆：重庆大学出版社 2001 年版。

④ Denzin, N. K. & Lincoln, Y. S., *The Sage Handbook of Qualitative Research*, 3rd ed., Thousand Oaks: Sage Publications, 2005, p.910.

⑤ [法]布迪厄、[美]华康德：《实践与反思：反思社会学导引》，李猛、李康译，北京：中央编译出版社 1998 年版，第 262 页。

有的理论或观点，而不是提出开创性的理论。但是，在探索性的社会研究中，"知识不可能由纯粹逻辑的或方法论的根源推演出来，而只能在社会现实的过程中加以理解"①。因此，质性研究在建构开拓性的理论知识方面具有其他研究方法难以企及的优势。

2.研究的局限

首先，研究方法方面，本研究主要采取质性方法进行研究。虽然本研究进行了"系统化的研究设计"，采用了较精致的分层理论抽样，并采取合众法等多种方法对资料进行收集和分析，以提高研究的效度。但像所有的质性研究一样，本研究也具有样本量较少、研究地点较单一等质性研究所固有的缺陷。

其次，资料分析方面，本研究始于 21 世纪初，当时可供参考的本土文献不多，所以笔者尽量全面收集有关国内志愿服务发展的独特的制度环境、组织特点和个人参与等不同层次的数据。面对多层次的、丰富的数据，在调研时间有限的情况下，本书更重视数据分析的视角以及研究发现的普遍性或解释力，对于具体个案的独特性的分析不够深入。例如，笔者发现，本书中组织乙的志愿者通过互联网进行的关于环保联盟及其组织结构问题的讨论已经具有了公共领域的典型属性，但是本书并没有进一步追踪这些志愿者在讨论中的主要争议、进展，也没有进一步追问在国家层次的立法仍然主要依赖政治传统或习惯法的情况下，民间组织如何在组织内部基于广泛讨论来确立自己章程的程序和做法。

3.进一步研究的设想

在本研究的基础上，有关的研究可望从以下三个方面进一步深化。

第一，在研究方法方面，针对量性方法与质性方法各自的优点和缺点扬长避短。作为对推动中国志愿服务发展的各核心要素的关系进行的初次探索，本研究采取了质性的研究方法，而且本研究提出的理论模型（见图 8-1）为进一步的量性研究提供了初步的基础。对于某个或某些具备一定规模、可以进行随机抽样的志愿服务组织，研究者可以依据本研究的理论发现提

① 陈向明：《社会科学质的研究》，台北：五南图书出版股份有限公司 2002 年版，第 321 页。

出研究假设,采取量性的方法或采用量性与质性相结合的方法加以研究。[①]

第二,研究的目标可以更加具体。如在志愿服务组织的层次上,对于比较正规的现代组织,其内部的公共领域的确立和决策程序如何?对更广阔的社会的政治和法律系统有怎样的影响?一些比较传统的志愿组织的负责人的更替对于组织的道德资源和政治资本会产生怎样的影响?等等。

第三,进行跨国或跨文化的比较研究。"政治资本"和"道德资源"的概念来自对J市志愿服务组织的分析,那么本书提出的分析视角和理论解释是否可以推广到其他非西方的、推行自上而下的改革的社会中?[②] 在西方志愿服务发展较成熟的社会中,道德资源和政治资本对志愿服务组织有怎样的影响?国际NGO在中国又是怎样选择道德资源和争取政治资本的?等等。这些都是值得研究的课题。

总之,本研究行将结束,但有趣的、充满挑战的关于志愿服务发展的研究历程远未结束,未来还有相当广阔的研究空间。

---

① 如前文指出的,由于缺乏必要的统计,目前还不具备在全国和大部分省、市进行大规模随机抽样的条件。但是,在某些志愿服务组织内部已经建立起较严格的志愿者登记管理制度。对于这些组织,我们可以进行随机抽样。例如,本研究中组织戊即建立了较完备的志愿者登记和管理系统。如果我们专门研究该组织,则可以进行随机抽样。

② 例如,在日本学者 Finatsu Tsuruyo、Prasertkul Seksan 和 Ryukoku Kazuhiro(2007)关于泰国"中央—地方"关系的一份研究报告中,描述了泰国政府自上而下的民主改革及其在推行中遇到的困难。笔者发现,泰国民主化改革中遇到的问题也可以用本书提出的模型加以分析和解释。

参考文献

一、中文文献

（一）著作类（含专著、论文集等）

［1］白秀雄：《志愿（义务）服务的理论基础》，《志愿服务的理论与实务》，台北：台湾省社会福利研究所1972年版。

［2］蔡汉贤主编：《志愿服务的理论与实务》，台北：台湾省社会福利研究所1972年版。

［3］曾华源、曾腾光：《志愿服务概论》，台北：扬智文化事业股份有限公司2003年版。

［4］陈弘毅：《法理学的世界》，北京：中国政法大学出版社2013年版。

［5］陈向明：《社会科学质的研究》，台北：五南图书出版股份有限公司2002年版。

［6］丁元竹、江汛清：《志愿活动研究：类型、评价与管理》，天津：天津人民出版社2001年版。

［7］韩克庆：《市民社会与中国慈善组织的发育》，《中华慈善文化（无锡）论坛暨首届市长慈善论坛：和谐社会·慈善中华论文集》，无锡：中国社科院社会政策研究中心、无锡市灵山慈善基金会，2006年。

［8］黄光国：《社会科学的理路》，台北：心理出版社股份有限公司2001年版。

［9］康晓光：《转型时期的中国社团》，《处于十字路口的中国社团》，天津：天津人民出版社2001年版。

［10］李丁赞：《导论——市民社会与公共领域在台湾的发展》，《公共领

域在台湾》,新北:桂冠图书股份有限公司2004年版。

[11]梁其姿:《施善与教化:明清的慈善组织》,石家庄:河北教育出版社2001年版。

[12]林胜义:《志愿服务与志工管理》,台北:五南图书出版公司2006年版。

[13]刘淑芬:《北齐标异乡义慈惠石柱——中古佛教社会救济的个案研究》,梁庚尧、刘淑芬主编:《城市与乡村》,北京:中国大百科全书出版社2005年版。

[14]马国贤:《政府预算理论与绩效政策研究》,北京:中国财政经济出版社2008年版。

[15]莫于川:《中国志愿服务立法的新探索》,北京:法律出版社2009年版。

[16]彭云业、李清:《我国志愿服务统一立法刍议》,《中国法学会行政法学研究会2010年会论文集》,北京:中国政法大学出版社2011年版。

[17]全汉升:《中古佛教寺院的慈善事业》,《现代佛教学术丛刊》第9册《佛教经济研究论集》,台北:大乘文化1980年版。

[18]谭建光、凌冲主编:《中国深圳义务工作发展报告》,广州:广东人民出版社2005年版。

[19]谭建光、周宏峰:《社会志愿服务体系——中国志愿服务的广东经验》,北京:中国社会出版社2008年版。

[20]陶行知:《武训先生诞辰》,《武训研究资料大全》,济南:山东大学出版社1991年版。

[21]魏雁滨、张宙桥:《香港青少年从个人层次到社会层次的发展指针》,王志鸿、姚伟兰编:《两岸四地青年发展指标研讨会论文集》,澳门:澳门教育暨青年局,2004年版。

[22]魏雁滨:《福利发展:政府与非政府福利机构的角色》,杨允中主编:《澳门社会福利发展:特点与趋势》,澳门:澳门大学澳门研究中心2006年版。

[23]吴美慧、吴春勇、吴信贤:《义工制度的理论与实施》,台北:心理出版社1995年版。

[24]吴忠泽、陈金罗主编:《社团管理工作》,北京:中国社会出版社1996年版。

[25]徐耀魁主编:《西方新闻理论评析》,北京:新华出版社2006年版。

[26]许英、穆玉娇、孙茜:《深圳志愿服务社会组织发展报告(2019)》,北京:社会科学文献出版社 2020 年版。

[27]许英编著:《城市社会学》,济南:齐鲁书社 2002 年版。

[28]杨团主编:《中国慈善发展报告(2019)》,北京:社会科学文献出版社 2019 年版。

[29]袁方主编:《社会研究方法教程》,北京:北京大学出版社 1997 年版。

[30]张国良主编:《传播学原理》,上海:复旦大学出版社 1995 年版。

[31]张钟汝编著:《城市社会学》,上海:上海大学出版社 2001 年版。

[32]中国志愿服务联合会编著:《中国志愿服务发展报告(2017)》,北京:社会科学文献出版社 2019 年版。

[33]朱健刚:《行动的力量:民间志愿组织实践逻辑研究》,北京:商务印书馆 2008 年版。

[34][德] 康德:《纯粹的理性批判》,邓晓芒译,北京:人民出版社 2004 年版。

[35][德]尤尔根·哈贝马斯:《公共空间》,汪晖、陈燕谷主编:《文化与公共性》,北京:生活·读书·新知三联书店 1998 年版。

[36][德]尤尔根·哈贝马斯:《公共领域的结构转型》,曹卫东等译,上海:学林出版社 1999 年版。

[37][德]尤尔根·哈贝马斯:《交往行动理论》,洪佩郁、蔺青译,重庆:重庆出版社 1994 年版。

[38][法]布迪厄、[美]华康德:《实践与反思:反思社会学导引》,李猛、李康译,北京:中央编译出版社 1998 年版。

[39][法]雷蒙·阿隆:《社会学主要思潮》,葛智强译,北京:华夏出版社 2000 年版。

[40][加]泰勒(C.Taylor):《原民间社会》,文一郡等译,《社会主义:后冷战时代的思索》,香港:牛津大学出版社 1995 年版。

[41][美]保罗·费耶拉本德(P.Feyerabend,):《反对方法》,周昌忠译,台北:时报文化出版企业股份有限公司 1996 年版。

[42][美]波斯纳(Richard A.Posner):《法理学问题》,苏力译,北京:中国政法大学出版社 1994 年版。

[43][美]道格拉斯·C·诺思:《经济史中的结构与变迁》,陈郁、罗华平等译,上海人民出版社 1994 年版。

[44][美]哈里·F.沃尔科特:《田野工作的艺术》,马近远译,重庆:重庆大学出版社2011年版。

[45][美]汉娜·阿伦特:《公共领域与私人领域》,汪晖、陈燕谷主编:《文化与公共性》,北京:生活·读书·新知三联书店1998年版。

[46][美]马克斯威尔:《质化研究设计——一种互动取向的方法》,高熏芳、林盈助等译,台北:心理出版社股份有限公司2001年版。

[47][美]迈克·赫德森(M. Hudson):《未被开发的"域"》,李亚平、于海编选:《第三域的兴起——西方志愿工作及志愿组织理论文选》,上海:复旦大学出版社1998年版。

[48][美]乔纳森·H.特纳:《社会学理论的结构》,吴曲辉等译,浙江:浙江人民出版社1987年版。

[49][美]萨托利:《民主新论》,冯克利、阎克文译,北京:东方出版社1998年版。

[50][美]约翰逊(D.P.Johnson):《社会学理论》,北京:国际文化出版公司1988年版。

[51][挪威] 加尔通(Galtung):《基本需要的方法》,[东德]勒德雷尔主编:《人的需要》,邵晓光等译,沈阳:辽宁大学出版社1988年版。

(二)论文类(含期刊论文、会议论文等)

[1][美]杰弗里·萨克斯、胡永泰、杨小凯:《经济改革与宪政转轨》,《当代中国研究》2000年第3期。

[2]鲍晓晔:《我国志愿者权益保护立法研究》,《湖北社会科学》2012年第6期。

[3]曾胜光:《大学生对志愿工作特质的认知和参与意愿之研究》,《东海学报》1994年第35期。

[4]陈向明:《"本土概念"分析》,《外语教学与研究》2000年第3期。

[5]陈泽伟:《认识身边的志愿者》,《瞭望新闻周刊》2002年第16期。

[6]邓国胜:《中国志愿服务发展的模式》,《社会科学研究》2002年第2期。

[7]丁元竹:《我国志愿服务的发展现状与问题》,《志愿服务论坛》2001年第1期。

[8]方奕:《利他精神的弘扬与志愿服务的发展》,《当代青年研究》2002年第4期。

[9]冯姬:《基础道德教育的理论构想》,《教育研究与实验》2006 年第 2 期。

[10]高亮 :《践行“两学一做”让党员志愿服务常态化》,《沈阳干部学刊》2016 年第 6 期。

[11]何荣山、宋宗宇:《志愿者激励机制法制化研究》,《西南民族大学学报》(人文社科版)2017 年第 2 期。

[12]何云峰:《正确认识我国城市基层直接民主的主体错位问题》,《上海师范大学学报》(哲学社会科学版)2005 年第 3 期。

[13]胡怀亮:《人工智能发展中的哲学问题》,《重庆工学院学报》(社会科学版)2007 年第 3 期。

[14]胡志强:《作为认识论研究纲领的贝耶斯主义》,《哲学动态》2005 年第 3 期。

[15]纪秋发:《北京青年参与志愿服务现状》,《北京青年政治学院学报》2005 年第 14 卷第 3 期。

[16]江汛清:《关于志愿服务若干问题的探讨》,《中国青年政治学院学报》2002 年第 4 期。

[17]姜广秀:《我国志愿服务立法刍议》,《东北农业大学学报》2020 年第 2 期。

[18]李保军:《深圳志愿服务的创新与可持续发展》,《特区实践与理论》2012 年第 4 期。

[19]李磊、席恒:《英美志愿服务立法的经验及启示》,《郑州大学学报》(哲学社会科学版)2017 年第 2 期。

[20]李庆刚:《近几年“大跃进”研究若干问题综述》,《当代中国史研究》2010 年第 1 期。

[21]林爱菊:《青年志愿者与小区建设》,《广西青年干部学院学报》2002 年第 12 卷第 2 期。

[22]刘冰:《非随机抽样与随机抽样的比较优势》,《辽宁行政学院学报》2006 年第 1 期。

[23]刘军:《国外志愿服务的发展与 2001 国际志愿者年的发起及各国的活动》,《志愿服务论坛》2003 年第 1 期。

[24]刘君、逄艳:《坚实的足迹——长春市人大常委会 30 周年立法回眸》,《吉林人大》2010 年 7 月 15 日。

[25]陆光:《我国志愿服务推展之过去、现在及未来》,《社区发展季刊》1994 年第 65 期。

[26]陆建华:《大陆民间组织的兴起——对北京三个绿色民间组织的个案分析》,(香港)《中国社会科学季刊》2000 年第 4 期。

[27]潘秀珍:《对现阶段我国利益集团参与公共决策的矛盾分析与思考》,《行政论坛》2006 年第 4 期。

[28]齐红:《结社自由与非法人社团制度》,《环球法律评论》2004 年第 3 期。

[29]秦晖:《公共权力、公共责任与限权问责》,《吉林大学社会科学学报》2006 年第 3 期。

[30]任晓明、臧勇:《主观贝叶斯主义的概率理论》,《华北水利水电学院学报》(社会科学版)2007 年第 2 期。

[31]宋喆:《我国志愿服务立法的实践困境与现实对策》,《江汉论坛》2014 年第 10 期。

[32]孙立平:《实践社会学与市场转型过程分析》,《中国社会科学》2002 年第 5 期。

[33]孙丽娜:《从荀子到董仲舒:试论“大一统”思想的形成》,《三峡大学学报》(人文社会科学版)2007 年第 S2 期。

[34]谭建光、凌冲、朱莉玲:《现代都市志愿者心态分析》,《中国青年研究》2005 年第 1 期。

[35]谭建光:《深圳青年志愿者的个案研究》,《中国青年政治学院学报》2001 年第 20 卷第 6 期。

[36]田凯:《组织外形化:非协调约束下的组织运作——一个研究中国慈善组织与政府关系的理论框架》,《社会学研究》2004 年第 4 期。

[37]王漠:《德国志愿服务立法的特点》,《新疆人大(汉文)》2016 年第 1 期。

[38]王善中:《建国初期三反五反运动述评》,《中共党史研究》1993 年第 1 期。

[39]王易鸣:《香港的“第三部门”与“青年义工服务”发展》,(香港)《青年研究学报》2001 年第 2 期。

[40]魏娜:《我国志愿服务发展:成就、问题与展望》,《中国行政管理》2013 年第 7 期。

[41]翁铁慧:《青年志愿者活动:大学生德育践履的良好方式》,《中国青年研究》2002年第6期。

[42]徐伟、季新玉:《拷问我国的应试教育》,《教书育人:高教论坛》2007年第S2期。

[43]许英:《互联网·公共领域与生活政治——刍议数字民主》,《人文杂志》2002年第3期。

[44]许英:《论信息时代与公共领域的重构》,《南京师大学报》(社会科学版)2002年第3期。

[45]姚大志:《善治与合法性》,《中国人民大学学报》2015年第1期。

[46]余扬:《转型社会时期的应试教育》,《教育与考试》2007年第3期。

[47]俞可平:《中国公民社会:概念、分类与制度环境》,《中国社会科学》2006年第1期。

[48]张德友:《反对政治分裂与构建和谐社会的相关思考》,《中共青岛市委党校青岛行政学院学报》2007年第3期。

[49]张娟:《志愿活动在中国——访北京大学志愿服务与福利研究中心主任丁元竹教授》,《今日中国:中文版》2004年第11期。

[50]张利平:《关于非政府组织的伦理学思考》,《齐鲁学刊》2005年第2期。

[51]张琳琳:《推动广东慈善事业依法规范发展——省人大常委会开展慈善法执法检查侧记》,《人民之声》2019年第10期。

[52]张敏杰:《欧美志愿服务工作考察(上)》,《青年研究》1997年第4期。

[53]张天铸:《激励理论视角下的党员志愿服务研究》(未发表论文),2018年。

[54]张瀛、马谊平:《志愿服务在服务型党组织建设中载体作用的思考与实践》,《北京教育(高教)》2015年第9期。

[55]赵宝爱:《近代济南慈善事业论略(1904～1937)》,《济南大学学报》2005年第1期。

[56]制度与结构变迁研究课题组:《作为制度运作和制度变迁方式的变通》,(香港)《中国社会科学季刊》1997年冬季卷。

[57]中国青少年研究中心、团中央青年志愿者行动指导中心课题组:《中国青年志愿者行动研究报告(续)》,《中国青年研究》2001年第3期。

[58]中国青少年研究中心、团中央青年志愿者行动指导中心课题组：《中国青年志愿者行动研究报告》,《中国青年研究》2001 年第 2 期。

[59]钟万荣:《适应新形势做好省会城市地方立法工作——在“中国特色社会主义法律体系与海南立法”座谈会上的发言(摘要)》,《海南人大》2011 年 7 月 1 日。

[60]周岸标:《公民社会与深圳共青团》,《青年探索》2004 年第 3 期。

[61]周秋光:《现代城市社会福利事业的兴起、变迁与模式转换》,《湖南师范大学社会科学学报》1994 年第 3 期。

[62]朱莉玲:《志愿者三类型:资深、骨干与普通》,《志愿服务论坛》2004 年第 4 期。

[63]朱士群:《公共领域的兴衰——汉娜·阿伦特政治哲学述评》,《社会科学》1994 年第 6 期。

[64]朱晓明:《中国民间组织生存发展的法律环境研究》,《浙江社会科学》2004 年第 3 期。

(三)其他资料(含政策文件、新闻宣传、在线文献等)

[1]北京国际志愿人员协会(BIVA):《志愿精神在中国》,http://www.civa.org.cn/public/one-1.htm。

[2]《北京市社会发展七大领域发展指数的评价分析报告》,中国统计信息网,2005 年 1 月 7 日,http://www.stats.gov.cn/was40/detail? record=4&channelid=6697&presearchword=%D6%BE%D4%B8%D5%DF。

[3]陈金贵:《志愿服务工作的功能与推行》,http://vol.moi.gov.tw/ScholarArticle_1.aspx? NO=9&ClickNo=1&CurPageNo=1。

[4]《大力发展社会工作事业 积极推动和谐社会建设》,中央人民政府门户网站,2007 年 1 月 9 日,http://www.gov.cn/zwhd/2007-01/09/content_490813.htm。

[5]大学生服务西部计划:《关于实施大学生志愿服务西部计划的通知(2003 年)》,http://cyc90.cycnet.com/othermis/xibu_new/content.jsp? id=8581&s_code=1809。

[6]邓国胜:《我国 NGO 的变化与发展趋势》,https://wenku.baidu.com/view/0b0d6f6105a1b0717fd5360cba1aa81145318fd0.html。

[7]《第六届中国十大杰出青年志愿者揭晓》,《中国青年报》2006 年 2 月 25 日。

[8]国际义工年策导委员会:《2001 国际义工年活动荟萃 中国香港:义工无疆界,关爱共欢怀》,香港:国际义工年策导委员会,2002 年。

[9]国务院 :《民办非企业单位登记管理暂行条例》(1998 年 10 月 25 日国务院令第 251 号发布),http://www.mca.gov.cn/article/gk/fg/shzzgl/201507/20150715847908.shtml。

[10]国务院 :《志愿服务条例》(中华人民共和国国务院令第 685 号),http://www.gov.cn/zhengce/content/2017-09/06/content_5223028.htm。

[11]国务院:《基金会管理条例》(国务院令第 400 号),http://www.gov.cn/zhengce/content/2008-03/28/content_6434.htm。

[12]国务院:《社会团体登记管理条例》(国务院令第 250 号),http://www.gov.cn/gongbao/content/2016/content_5139379.htm。

[13]国务院:《社会团体登记管理条例》(国务院令第 43 号),《中华人民共和国国务院公报》1989 年 21 期。

[14]侯君红:《ZS 学院 2004 社会工作国际交流周活动圆满结束》,2006 年 11 月 20 日,基于匿名原则网址略。

[15]《环境信息公开办法(试行)》(国家环境保护总局令,第 35 号),中央人民政府门户网站,2007 年 4 月 20 日,http://big5.gov.cn/gate/big5/www.gov.cn/ziliao/flfg/2007-04/20/content_589673.htm。

[16]贾西津、潘建会:《社会转型期的治理:中国公民社会指数》,澳门:第二届“21 世纪的公共管理:机遇与挑战国际学术研讨会”论文,http://www.umac.mo/fsh/pa/2nd_IntPAConference/JiaXijin&PanJianhui.doc。

[17]《锦绣乡村谱华章——农村党员干部现代远程教育试点工作综述》,中国共产党新闻,2007 年 5 月 3 日,http://cpc.people.com.cn/GB/64093/64100/5678064.html。

[18]联合国经济及社会理事会:《社会发展委员会第三十九届会议的报告》,http://documents-dds-ny.un.org/doc/UNDOC/GEN/N01/287/24/doc/N0128724.DOC? OpenElement。

[19]民政部:《〈关于支持和发展志愿服务组织的意见〉解读》,http://www.mca.gov.cn/article/gk/jd/shgzyzyfw/201607/20160715001163.shtml。

[20]民政部:《基金会管理条例》(国务院令第 400 号),http://www.mca.gov.cn/artical/content/PMJN/200431993542.html。

[21]民政部:《民政部关于对部分团体免予社团登记的通知》(民发

〔2000〕257 号），http://www. mca. gov. cn/artical/content/WJYL_MJZZ/20041013152515.html。

[22]民政部:《民政部关于对部分团体免予社团登记有关问题的通知》（民发〔2000〕256 号），http://www. mca. gov. cn/artical/content/WJYL_MJZZ/20041013152515.html。

[23]民政部:《取缔非法民间组织暂行办法》(民政部令第 21 号)，http://www. mca. gov. cn/artical/content/WJYL_MJZZ/2004820113458.html。

[24]潘跃:《社区志愿者已达 1600 万 我国城市人口志愿服务参与率仅 3%》,《人民日报》2005 年 12 月 6 日。

[25]全国人民代表大会:《中华人民共和国宪法》,http://www.npc.gov.cn/wxzl/wxzl/2000-12/06/content_4421.htm。

[26]《全国卫生城竟成"垃圾城"》,新华网,2006 年 5 月 4 日,http://big5.china.com.cn/chinese/kuaixun/126753.htm。

[27]《全球已建 548 所孔子学院 遍布 154 个国家和地区》,中国新闻网,2018 年 12 月 3 日，http://www.chinanews.com/hr/2018/12-03/8691543.shtml。

[28]《十届人大三次会议开幕 温家宝作政府工作报告》,新华网,2005 年 3 月 5 日，http://news.xinhuanet.com/newscenter/2005-03/05/content_2653213.htm。

[29]香港义务工作发展局:《培训及支持》,2006 年 5 月 9 日，http://www.avs.org.hk/pub/tc/vq.php。

[30]谢伟:《浅谈团的"地位"与"作为"》,《青年探索》2006 年第 4 期。

[31]曾国雄:《了解义工服务》,https://www. volunteering-hk. org/attachment/eb639e2205c9011195f3edd607aa05fa/9d7910f2dd167c9d261de3ba2e252e01/ICanFly%28Ⅱ%29.ppt。

[32]曾中明:《志愿服务法规汇编》,2002 年。

[33]《"做好事"不再受欢迎？让学雷锋远离形式主义》,新华网,2003 年 3 月 5 日，http://news. xinhuanet. com/newscenter/2003-03/05/content_758833.htm。

[34]郑赞源:《志愿服务之法律环境:新世代志工运用与管理的冲击与挑战》,http://vol. moi. gov. tw/ScholarArticle_1. aspx? NO＝13&ClickNo

=1&CurPageNo=1。

[35]《志愿服务条例》,中国政府网,2017 年 9 月 6 日,http://www.gov.cn/zhengce/content/2017-09/06/content_5223028.htm。

[36]《中国共产主义青年团章程》,中国共青团网,2020 年 3 月 22 日,http://www.ccyl.org.cn/ccylmaterial/regulation/。

[37]中国共青团:《关于印发〈中国注册志愿者管理办法〉的通知》,http://vweb. cycnet. com/cms/2004/ccylorg/documents/zqf/2006/200611/t20061108_487574.htm。

[38]中国共青团:《关于做好 2003 年普通高等学校毕业生就业工作的通知》,http://www.ccyl.org.cn/search/zuzhi/leaders_talk/2003year/ttb14b.htm。

[39]中国志愿服务联合会:《福建省青年志愿服务条例》,https://www.cvf.org.cn/cvf/contents/12098/5639.shtml。

[40]《中国志愿者已达 8 千万》,新华网,2002 年 12 月 4 日,http://news.xinhuanet.com/newscenter/2002-12/04/content_649328.htm。

[41]《中华人民共和国慈善法》,中国政府网,2016 年 3 月 19 日,http://www.gov.cn/zhengce/2016-03/19/content_5055467.htm。

[42]中华人民共和国国家统计局:《中华人民共和国 2019 年国民经济和社会发展统计公报》,http://www.stats.gov.cn/tjsj/zxfb/202002/t20200228_1728913.html。

二、英文文献

[1]Adorno, T. , *Problems of Moral Philosophy*, edited by Thomas Schroder, trans. by Rodney Livingstone, Stanford, C. A.: Stanford University Press, 2000.

[2]Arendt, H., *Lectures on Kant's Political Philosophy*, edited by Ronald Beiner, Chicago: University of Chicago Press, 1982.

[3]Baert, P., *Social Theory in the Twentieth Century*, New York: New York University Press,1998.

[4]Barber, B. R., *A Place for Us: How to Make Society Civil and Democracy Strong*, New York: Hill and Wang, 1998.

[5]Eisner, E. & Peshkin, A., eds, *Qualitative in Education: The Continuing Debate*, New York: Teachers College Press, 1991.

[6] Barnes, S. H., "The Changing Political Participation of Postcommnist Citizens," *International Journal of Sociology*, 36(2),2006.

[7]Berg, B., *Qualitative Research Methods for the Social Sciences*, Boston: Allyn & Bacon, 1998.

[8]Berger, P. L. & Kellner, H., *Sociology Reinterpreted: An Essay on Method and Vocation*, Harmondsworth: Penguin, 1982.

[9] Bernard, H. R., *Social Research Method: Qualitative and Quantitative Approaches*, Thousand Oaks: Sage Publications, Inc., 2000.

[10] Blau, P. M., *Bureaucracy in Modern Society*, New York: Random House, 1956.

[11] Blau, P. M. & Duncan, O. D., *The American Occupational Structure, with the Collaboration of Andrea Tyree*, New York: Wiley, 1967.

[12] Bourdieu, P., *Practical Reason: On the Theory of Action*, Cambridge: Polity Press, 1998.

[13] Briggs, J., *Gender and Political Participation*, Palgrave Macmillan UK:Gender and Political Participation, 2017.

[14] Brilliant, E. L., *The United Way: Dilemmas of Organized Charity*, New York: Columbia University Press, 1990.

[15]Brilliant, E. L., ed., *Encyclopedia of Social Work Vol.3*, New York: National Association of Social Work, 1997.

[16]Campbell, K. N., "Keeping Our Eyes on the Mountain Top," *The Journal of Volunteer Administration*, 15(4), 1997.

[17] Capital., *Encyclopedia Britannica*, Encyclopedia Britannica Online:http://search.eb.com/eb/article-9020146.

[18]Chambre, S., "Being Needful: Family, Love, and Prayer among AIDS Volunteers," *Research on the Sociology of Health Care*, 12, 1995.

[19]Cnaan, R. A., Femida, H. & Margaret, W., "Defining Who is a Volunteer: Conceptual and Empirical Consideration," *Nonprofit and Voluntary Sector Quarterly*, 25(3), 1996.

[20]Cohen, J. & Arato, A., *Civil Society and Political Theory*, Cambridge, Mass.: MIT Press, 1992.

[21]Crawford, S. & Ostrom, E., "A Grammar of Institutions," *The American Political Science Review*, 89(3), 1995.

[22] Creswell, J. W., & Plano Clark, V. L., *Designing and Conducting Mixed Methods Research*, London: Sage Publications, 2007.

[23]Creswell, J. W., *Research Design: Qualitative & Quantitative Approaches*, Thousand Oaks, Calif.: Sage Publications, 1994.

[24]De Schweinitz, Karl, *England's Road to Social Security: From the Statute of Laborers in 1349 to the Beveridge Report of 1942*, New York: Barnes,1961.

[25] Denzin, N. K. & Lincoln, Y. S. *The Sage handbook of qualitative research*, Thousand Oaks, C.A.: Sage Publications, 2005.

[26]Denzin, N. K. & Lincoln, Y. S., ed., *The Sage Handbook of Qualitative Research*, Thousand Oaks, London, New Delhi: Sage Publications,1994.

[27]Doelker, R. & Lynett, P. A., "Strategies in Staff Development: An Ecological Approach," *Social Work*, 18(5), 1983.

[28] Dunn, P. C. ed., *Encyclopedia of Social Work (19th)*, New York: National Association of Social Work, 1995.

[29] Edwards, M., *Civil Society*, Cambridge, UK: Polity Press; Malden, MA: Blackwell, 2004.

[30] Falk, R., *Predatory Globalization: A Critique*, Cambridge, UK: Polity Press, 1999.

[31] Feyerabend, P., *Against Method: Outline of an Anarchistic Theory of Knowledge*, London : NLB ; Atlantic Highlands, N.J. : Humanities Press, 1975.

[32]Field, D. & Johnson, I. "Satisfaction and Change: A Survey of Volunteers in Hospice Organization," *Social Science and Medicine*, 36,1993.

[33]Fraser, M., Taylor, M.J., Jackson, R. & OJack, J., " Social Work and Science: Many Ways of Knowing?" Social Work Research & Abstracts,27(4), 1991.

[34] Freidson, E., *Doctoring Together: A Study of Professional*

Social Control, Chicago: University of Chicago Press, 1975.

[35]Furlong, A. & Cartmel, F., *Young People and Social Change: New Perspectives*, Maidenhead: McGraw-Hill/Open University Press, 2007.

[36]Geertz's,C., *Works and Lives: The Anthropologist as Author*, Cambridge: Polity Press, 1988.

[37]Geertz's,C., *Local Knowledge: Further Essays in Interpretive Anthropology*, London: Fontana, 1993.

[38]Geller,E., *Conditions of Liberty: Civil Society and Its Rivals*, London: Penguin Books, 1996.

[39]Glaser, B. G. & Strauss, A. L., *The Discovery of Grounded Theory Strategies for Qualitative Research*, Chicago: IL Aldine Transaction, 1967.

[40]Global Service Institute Network, *GSI's Working Definition of CIVIC SERVICE*, 2005, http://gwbweb. wustl. edu/csd/gsi/library/def.htm.

[41]Graff, L.L. *Emerging Trends and Issues in Volunteerism and Volunteer Program Management*, 2002, https://www. health. gov. bc. ca/library/publications/year/2006/keefe_social_isolation_final_report_may_2006.pdf.

[42]Van Til, J., eds., *Critical Issues in American Philanthropy*, San Francisco: Jossey-Bass.,1990.

[43]Harris, J. W., *Legal Philosophies*, London: Butterworths,1980.

[44]Heiderich, K. W., *Employee Services and Recreation Programs*, Champaign, IL: Sagamore Publish, Inc. ,1991.

[45]Heron, J. & Reason, P. A., "Participatory Inquiry Paradigm," *Qualitative Inquiry*, 3, 1997.

[46] Hodfkinson, V. A. & Weitzman, M. S., *Giving and Volunteering in America 1990*, Washington, D. C.: Independent Sector, 1992.

[47]Huang, P. C. C., "'Public Sphere'/'civil society' in China? : The third Realm between State and Society," *Modern China*, 19(2), 1993.

[48]Hustinx, L. & Lammertyn, F., "Collective and Reflexive Styles of Volunteering: A Sociological Modernization Perspective," *Voluntas*, 14(2), 2003.

[49]Joyce, J. M., "A Nonpragmatic Vindication of Probabilism," *Philosophy of Science*, 65, 1998.

[50] Kahler, M., "Conclusion: The Cause and Consequences of Legitimacy," *International Organization*, 54(3), 2000.

[51] Kallinikos, J., "The social foundations of the bureaucratic order," *Organization*, 11(1), 2004.

[52] Katz, A. H., "Self-Help Organizations and Volunteer Participation in Social Welfare," *Social Work*, 15(1), 1970.

[53]Kuhn, T. S., *The Structure of Scientific Revolutions*, 2nd ed., enl. Chicago: University of Chicago Press, 1970.

[54] Kyburg, H. E., Jr., "Subjective Probability: Criticisms, Reflections, and Problems," *Journal of Philosophical Logic*, 7, 1978.

[55]LeCompte, M. D. & Goetz, J. P., "Problems of Reliability and Validity in Ethnographic Research," *Review of Educational Research*, 52(1),1982.

[56]Lincoln, Y. S &. Guba,E. G., *Naturalistic Inquiry*, Newbury Park: Sage,1985.

[57]Lohmann, R. A., *The commons: New Perspectives on Nonprofit Organizations and Voluntary Action*, San Francisco: Jossey-Bass, 1992.

[58] Lough, B. J., "Social Work Perspectives on International Volunteer Service," *British Journal of Social Work*, 5, 2014.

[59] Maslow, A. H., *Motivation and Personality*, Harper : New York, 1954.

[60] Maxwell, J. A., "Understanding and Validity in Qualitative Research," *Harvard Educational Review*, 62, 1992.

[61] Maxwell, J. A., *Qualitative Research Design: An Interactive Approach*, Thousand Oaks: Sage,1996.

[62] McFarland, D. A. & Thomas, R. J., "Bowling Young: How Youth Voluntary Associations Influence Adult Political Participation,"

American Sociological Review, 71, 2006.

[63] McNulty, G. & Klatt, S., "Volunteer and Volunteer Coordinator: Working together and Liking it," *The Journal of Volunteer Administration*, 7(3), 1989.

[64] Miles, M., & Huberman, M., *Qualitative Data Analysis An Expanded Sourcebook*, Thousand Oaks, C. A .: Sage Publications, Inc., 1994.

[65] Milligan, C. & Fyfe, N., "Preserving Space for Volunteers: Exploring the Links between Voluntary Welfare Organisations, Volunteering and Citizenship," *Urban Studies*, 42(3), 2005.

[66] Morris, T., *Social Work Research Methods: Four Alternative Paradigms*, Thousand Oaks, C.A.: Sage Publications, 2006.

[67] Morrow-Howell, N., and Mui, A., "Elderly Volunteers: Reason for Initiating and Terminating Service," *Journal of Gerontological Social Work*, 13, 1989.

[68] Mylers, J., "Developing Managers: A View from the Non-profit Sector," *Journal of European Industrial Training*, 28(8-9), 2004.

[69] National Association of Social Workers, *Code of Ethics*, Retrieved on Oct. 4, 2005, http://www.naswdc.org/pubs/code/code.asp.

[70] Netting, F. E., H. Wayne Nelson Jr, Kevin Borders, & Ruth Huber, "Volunteer and Paid Staff Relationships: Implications for Social Work Administration," *Administration in Social Work*, New York: 28(3-4), 2004.

[71] Oakeshott, M., *On Human Conduct*, Oxford: Clarendon Press, 1975.

[72] Perlmutter, F. D. & Cnaan, R. A., "Challenging Human Service Organizations to Redefine Volunteer Roles," *Administration in Social Work*, 17(4), 1993.

[73] Pickert, M. A. , *Creating citizens: Volunteers and Civil Society, Japan in Comparative Perspective*, Unpublished doctoral dissertation, University of Washington, 2003.

[74] Putnam, R. D., "Bowling Alone: America's Declining Social Capital," *Journal of Democracy*, 16(1), 1995.

[75]Putnam, R. D., *Bowling Alone: The Collapse and Revival of American Community*, New York City: Simon and Schuster, 2001.

[76]Ritzer, G., *Sociology: A Multiple Paradigm Science*, Boston: Allyn and Bacon, 1975.

[77]Ru, J., *Environmental NGOs in China: The Interplay of State Controls, Agency Interests and NGO Strategies*, Standford University, Retrieved from ProQuest Digital Dissertations, 2004.

[78]Salamon, L. M., "Of market Failure, Voluntary Failure, and Third-party Government: Toward a Theory of Government-nonprofit Relations in the Modern Welfare State," *Nonprofit and Voluntary Sector Quarterly*, 16(1-2) ,1987.

[79]Salamon, L. M., "The Rise of the Nonprofit Sector," *Foreign Affairs*, 73(4), 1994.

[80]L. M. Salamon, *The Tools of Government: A Guide to the New Governance*, Oxford, New York: Oxford University Press, 2002.

[81]Sandelowski, M., "Rigor or Rigor-Mortis: The Problem of Rigor in Qualitative Research Revised," *Advances in Nursing Science*, 16 (2), 1993.

[82]Saxon-Harrold, S. K. E., "Levels of Participation and Promotion of Volunteering Around the World," *Journal of Youth Studies*, 4 (2), 2001.

[83]Scioli, F. R. & Cook, T. J., "How Effective Are Volunteers? Public Participation in the Criminal Justice System," *Crime and Delinquency*, 22(2), 1976.

[84]Shek, D. T. L., Tang, V. M. Y., & Han, X. Y., "Evaluation of Evaluation Studies Using Qualitative Research Methods in the Social Work Literature (1990-2003): Evidence That Constitutes a Wake-Up Call," *Research on Social Work Practice*, 15(3), 2005.

[85]Sherraden, M. S., Stringham, J., Sow, S. C., & McBride, A. M., "The Forms and Structure of International Voluntary Service," *Voluntas*, 17(2), 2006.

[86]Sundeen, R. A., "Differences in Personal Goals and Attitudes

among Volunteers," *Nonprofit and Voluntary Sector Quarterly*, 21,1992.

[87] Tashakkori, A. & Teddlie, C. Eds., *Handbook of Mixed Methods Research in Social and Quantitative Approaches*, Thousands Oaks, C.A.: Sage, 2003.

[88] Tindall, D. B., Davies, S., &Mauboules, C., "Activism and Conservation Behavior in an Environmental Movement: The Contradictory Effects of Gender," *Society and Natural Resources*, 16, 2003.

[89] Verstraeten, H., "The Media and the Transformation of the Public Sphere: A Contribution for a Critical Economy of the Public Sphere," *European Journal of Communication*, 11(3), 1996.

[90]Wagner, A., "Redefining Citizenship for the 21st Century: From the National Welfare State to the UN Global Compact," *International Journal of Social Welfare*, 13(4), 2004.

[91] Walter, P. W. & Dimaggio, P. J., "The Iron Cage Revisited: Institutional Isomorphism and Collective Rationality in Organizational Fields," *American Sociological Review*, 48,1983.

[92] Wandersman, A. & Alderman, J., "Incentives, Costs, and Barriers for Volunteers: A Staff Perspective on Volunteers in One State," *Review of Public Personnel Administration*, 13(1), 1993.

[93]Weber, M., *The Theory of Social and Economic Organization*, New York: Free Press, 1947.

[94]E. Phelps Eds, *Truism Morality and Economic Theory*, New York: Russel Sage, 1974.

[95] Wilson, J. & Musick, M. A., "Who Cares? Toward an intergrated theory of volunteer work," *American Sociological Review*, 62 (5),1997.

[96] XU, Y., "Beyond the Structural Boundary? Exploring the Challenges and Options for State-led Youth Civic Service Programmes in China," *China: An International Journal*, 16, 2018.

[97]XU, Ying, "Volunteer Participation and the Development of Civil Society in China: A Case Study of Jinan," *Nonprofit Policy Forum*, 15

(1), 2014.

[98] XU, Y., "Moral Resources, Political Capital and the Development of Social work in China: A Case Study of City J in Shandong Province," *British Journal of Social Work*, 43(8), 2013.

[99]XU, Y., "Chinese Communist Youth League, Political Capital and the Legitimising of Volunteering in China," *International Journal of Adolescence and Youth*,17(2-3),2012.

[100]XU, Y. & Ngai, N., "Moral Resources and Political Capital: Theorizing the Relationship Between Voluntary Service Organizations and the Development of Civil Society in China," *Nonprofit and Voluntary Sector Quarterly*, 40(2), 2011.

[101]Yin, R. K., *Case Study Research: Design and Methods*, 2nd ed., Thousand Oasks: Sage,1994.

后 记

千禧年的钟声，送走了20世纪的风风雨雨。时光如箭，新年钟声又敲过了20次，21世纪走过了五分之一。在过去的20年间，笔者完成了从硕士生到博士生再到教师的角色转变。笔者深知教师的责任并不限于科研，然而不断探索新知却是大学教师的使命和价值之所在。因而，虽然因工作需要，笔者的研究领域有所拓展，但是对志愿服务的研究和思考从未间断。

改革开放以来，我国的志愿者和志愿服务组织的数量持续增长，与志愿服务相关的制度或政策也不断发展有关。除了20世纪80年代中叶以后偶有介绍海外志愿服务的文章发表之外，我国学者对本土志愿服务的关注始于20世纪90年代。根据中国知网数据，以“志愿服务”为主题的文章发表量(不计以外文发表的期刊文章)，20世纪90年代每年只有数十篇，到2019年时猛增到3834篇。

发文数量成百倍地增长，从一个侧面反映了21世纪初我国志愿服务迅速发展的事实，同时也提示当代研究者应适时担起及时总结我国志愿服务发展的特点、反思可能存在的问题及其趋势变迁的责任。本书即是此种努力之一。

笔者正式开始研究志愿服务，始于2005年读博期间，研究地点主要在J市。毕业以后的十年间，笔者每年返回J市收集、更新资料，努力理解当地志愿服务的发展情况。2016年《慈善法》、2017年《志愿服务条例》、2018年《民政部办公厅关于做好志愿服务组织身份标识工作的通知》等一系列法规条例相继颁布实施，从制度上赋予志愿服务相关组织更大的发展空间。然而，由于缺乏执行细则、激励等原因，在包括J市在内的很多城市，这些法规的落实仍然滞后。

为更全面地了解我国志愿服务发展的现状和趋势，笔者于2016年开始关注我国志愿服务比较发达、对《慈善法》等法规落实较好的S市。事实上，过去十几年间，J市等不少城市的团市委领导、志愿服务团队都曾来S市学习有关志愿服务立法、组织和管理的经验。换言之，在一定程度上，如果说J市志愿服务的情况和我国众多的二线城市具有相似性，那么S市志愿服务发展的现状则是J市等二线城市未来希望实现的大致状况。此外，笔者在研究中发现，J市和S市的志愿服务在发展中也表现出一些相似之处，例如志愿服务过程中公共领域的出现、某些服务流于形式等问题。不过，笔者研究的宗旨并非是比较两市的异同，而是尝试通过补充S市的资料，更全面地呈现和分析我国最近十多年志愿服务发展的特点。

本书是笔者采取质化研究方法，对21世纪初中国志愿服务的发展进行探索的初步成果。理论框架以笔者的博士论文为基础，结合后来的有关研究进行了较大的修改，呈现的研究资料和研究发现八成以上为首次发表的新成果。本书的文献格式按出版社要求呈现，书末的参考文献部分则依惯例将中文和英文资料分开排列。需要说明的是，部分早期文献或在我国香港和台湾出版的中文译著，译者多会直接列出作者的原名，并不会把作者的名字音译为中文。例如，Maxwell, J. A. 在我国内地最近的出版物中多译为"麦克斯韦尔"，但在港台译著中则直接用"Maxwell, J. A."。因此，如果读者在参考文献的英文文献部分无法找到某位外国作者的著作，请在中文参考文献部分查找；反之亦然。

学海茫茫，路漫漫，求索无限。

对于社会科学研究而言，没有完美的研究方法，任何时代的研究者也都有自己的局限。笔者自觉本书仍有不少不足之处，因此期待同行专家批评和各界读者指正，并期望本书能起到抛砖引玉、承前启后的作用。

最后，感谢深圳市哲学社会科学"十三五"规划2018年度课题项目（编号：SZ2019B003）为本研究提供了部分经费支持。

许　英

2020年9月